哈佛经济课

刘长江　编著

吉林文史出版社
JILIN WENSHI CHUBANSHE

图书在版编目（CIP）数据

哈佛经济课 / 刘长江编著. -- 长春：吉林文史出版社, 2017.5（2021.12 重印）

ISBN 978-7-5472-4072-4

Ⅰ. ①哈… Ⅱ. ①刘… Ⅲ. ①经济学—通俗读物 Ⅳ. ①F0-49

中国版本图书馆CIP数据核字(2017)第091787号

哈佛经济课
HAFO JINGJIKE

出 版 人	张 强
编著者	刘长江
责任编辑	于 涉 董 芳
责任校对	薛 雨
封面设计	韩立强
出版发行	吉林文史出版社有限责任公司
地 址	长春市净月区福祉大路5788号出版大厦
印 刷	天津海德伟业印务有限公司
版 次	2017年5月第1版
印 次	2021年12月第5次印刷
开 本	640mm×920mm 16开
字 数	202千
印 张	16
书 号	ISBN 978-7-5472-4072-4
定 价	45.00元

前　言

先有哈佛，后有美国。这句话一点也不假。在哈佛历史上先后诞生了多位美国总统，多位诺贝尔奖得主和多位普利策奖得主。大经济学家萨缪尔森，美国第一位诺贝尔经济学奖得主，就是哈佛的毕业生。他编写了西方经济学集大成之作《经济学》，还成为人类历史上第一个参与政府经济核心的职业经济学家。他的老师，奥地利人熊彼特是哈佛经济系的奠基人。在熊彼特的主持下，哈佛经济系于数年间一跃成为世界一流学科中心。而在此之前，美国还不存在一个像样的学术流派中心。甚至在萨缪尔森后出现了一个奇怪的景象，世界的经济学似乎变成了美国一家的经济学，而这个框架就是哈佛经济学的框架。20世纪的多数诺贝尔经济学大师，都和哈佛有一定的缘分，他们或多或少地受到哈佛的影响。

可以说，倘若把当今世界上的经济学比做高楼大厦，最富丽堂皇的一座一定是哈佛。在全球每个顶尖的领域，都会有哈佛人的身影，哈佛俨然已经成为成功的代名词。不懂哈佛经济学为何，也就根本不懂美国精英们的所思所想。美国在各个方面都取得了巨大的成就，如果要想超越美国，那么首先一定要了解哈佛经济学，了解经济学家们思考方式和解决问题的办法。

提起经济学，可能大多数人都觉得深奥枯燥。提起哈佛经济学，更会觉得高深莫测。经济学是研究人类社会在各个发展阶段上的各种经济活动和各种相应的经济关系及其运行、发展规律的学科，小到街角咖啡店总有卖不完的面包圈，大到国与国之间的贸易顺差，都是经济学的研究内容和方向。我们日常生活中的消费、投资、理财、婚恋、工作等大事小情都是经济活动，背后都蕴含着一定的经济学规律。若能懂得一些经济学常识，那么我们在日常消费中会更加精明，在有关恋爱婚姻的抉择中会更加理性，对于人生道路的规划也会更加合理……懂点经济学，会让我们的生活更加顺遂和美。而哈佛经济学萃取了经济学的精华，浓缩了美国精英们的智慧，读懂了哈佛经济学，无异于站在众多优秀经济学家的肩膀上，直接摘取世界经济学殿堂中的成果，获取崭新的生活、工作、情感、社交等各方面的启示与教益。

为帮助广大读者朋友们读懂经济学，尤其是哈佛经济学，我们特编写了《哈佛经济课》一书。本书立足于精英经济学的框架，抽丝拨茧地解读美国经济学，让广大读者朋友们真正感受到精英理念的精髓，从中理解经济学深邃与质朴并存的一面。本书将哈佛经济系各类经济学内容进行了深度的整合，特别将行为经济学和实验经济学课程内容也纳入本书介绍范围，趣味性地解读了哈佛学派的核心内容。

黄金一代，是萨缪尔森对于 20 世纪 30 年代哈佛师生们地位的高度概括。本书在数百名黄金一代成员中，选取了一些代表性人物，如熊彼特、里昂惕夫、勒纳、加尔布雷斯、斯威齐和萨缪尔森等的经济学说进行简要介绍，对他们的人生际遇也进行了新的解读和阐释。本书还对哈佛经济系黄金一代的经典学说内容进行了梳理。在这个基础上，融合了凯恩斯主义流派为主的萨缪尔森经济学的绝大部分核心内容，同时也兼顾近来芝加哥和麻省理工、斯坦福大学取得的经济学成果。

通过本书，广大读者朋友可以直接聆听现任哈佛明星教授的观点箴言，亲历他们在金融危机前后的政策观点的变化，体味他们的心路历程，包括从明星教授萨默斯有趣的传奇生涯，到耳熟能详的曼昆教授的趣味经济学观点，再到巴罗、库铂的犀利言词，本书将展示大多数哈佛经济学教授们的观点，多角度、多方面地呈现了哈佛经济学家的个人及学术风采。希望读者朋友能通过本书加深对经济学的认识和领悟，体会到哈佛大学的文化传统及其所代表的美国精神，从中汲取对生活和人生道路的教益。

目　录

第一章　为什么哈佛经济学者"官员"多

第一节　哈佛教授那些俗事：
跳槽、变性和吃饭俱乐部

2011年10月中文版的《哈佛商业评论》刊出一篇文章《关于跳槽的四个谬论》，作者是西班牙企业学院的管理学教授莫妮卡·哈默利。莫妮卡是一位长期关注世界大企业机构薪酬和人力资源管理的学者，在这篇文章里她指出："换个东家就能更快地升至高层职位吗？根据我的研究，答案是否定的。事实上，我在研究中发现了关于经理人职业发展的四大谬论，'跳槽族更容易高升'便是其中之一。"而且她还进一步指出，在职场当中"大鱼不去小池塘"也是经不起实际检验的说法之一，非但"大鱼可能进小池塘"，而且离开知名公司（这里"知名公司"是指被《财富》杂志评为"最受推崇的企业"或上了类似排行榜的企业）的经理人中，64％会去那些不在榜单上的公司。

"跳槽"，对于身处企业职位激烈竞争的年轻人，当然不是什么稀奇事情。抱怨职场天花板，脚底板抹油，炒老板的鱿鱼还是某些人的谈资之一。反过来，人们都很羡慕像教授、公务员、社会工作者这些相对稳定的职业身份。

有些人直言不讳地声称：跳槽只是竞争性企业才有的。言外之意，跳槽事件应该很少会发生在相对稳定的职业身份上，特别是教授，加上某种神圣的文化光环，教授跳槽，几乎是不可思议的事情，象牙塔尖的神灵们怎么会做俗人的事情呢？

真实的一面是，象牙塔尖相对稳定的一批神灵们，哪怕是身处世界学术最高殿堂的哈佛教授，跳槽实际也是家常便饭。就跳槽的频率和总数来说，教授们作为跳槽族更加活跃，甚至名气越大，学校越好，跳槽的功夫也越高。而且他们和俗人一样，面临着种种跳槽的压力和竞争，甚至在工资和报酬的问题上，烦恼多过普通人。

现在哈佛大学的经济系班底，还是前任校长萨默斯的底子。据说，萨默斯最突出的贡献是在"执政"的几年里，从本校的老师中提了两个人做了荣誉教授。荣誉教授是最高的学衔，属于可以"拿钱不做事"的铁饭碗。哈佛这样的顶级大学，吃这种铁杆粮食的人，也屈指可数。其他的教授，比如终身教授、讲习教授、副教授之类的人都得自食其力，拿项目，争地位，还要不断和三个问题纠缠。这三个问题，其实和普通人的职场问题没有本质的区别：第一，接下来假如高升一步，变成荣誉教授，跟所有的竞争者说再见，凭资格吃饭，如果不能，那么是不是考虑到一个小点的地方找饭吃；第二，如果不能成为荣誉教授，那么马上可能有经费缩减难题，讲习教授和研究型的教授，如果没有了项目费，申请不到课题，没客户支持，第二年就没法继续，连工资都发不出来，只能另谋高就或者下海；第三，勉强保住现有地位，怎么顶住外来的和尚们竞争。萨默斯以前的老传统证明，荣誉教授的校内升迁率异常地低，靠苦挨是不会有出路的。看看哈佛经济系现任教授们的履历，虽然哈佛毕业的不少，可是有对面的麻省理工学院经历的更多。麻省理工的经济学如今可是美国的头号招牌，任何一位哈佛经济系教授对于潜在的竞争者都不敢掉以轻心。

在哈佛的荣誉教授里，阿罗肯定算得上佼佼者。不过一般人不知道，他也是斯坦福大学的荣誉教授，在 20 世纪 70 年代斯坦福崛起的时候,哈佛起初没有让他做荣誉教授,结果阿罗跳槽到了财大气粗的斯坦福大学。很快哈佛校方后悔了,斯坦福商学院这个对手的崛起,让沃顿商学院十分头疼,为了挽回损失,哈佛又开出高价,将阿罗请回哈佛。这件事可算得上大教授们跳槽的一个经典案例。萨缪尔森得诺贝尔奖比阿罗还早,却没能留在哈佛,原因是哈佛当时并不打算给他终身教授一职,一来二去,萨缪尔森只得在哈佛对面的麻省理工安营扎寨了。有些根本没有机会角逐哈佛的人,则只好远走他乡,跑到一些更加偏远的学校甚至第三世界国家的大学任教。中国经济学界的周恒甫教授自嘲是"三五流经济学家"的说法,很大程度上也是与当年的任教情况有关。

其实,即使在哈佛经济学者们自己的认识里,这也不是什么难堪的事情。经济学的基础是理性,理性人都是自私的,教授也是人,自然不能免俗。有些教授认为,学术能力和工资待遇是存在某种等价关系的。学术本身无价,但做学术还是有价格的,同样存在一个学术界市场,开价高的雇佣方,往往也就能吸引最优秀的人才;反过来,学术能力强的也会开出高的要价,证明自己的学术能力。

自从芝加哥学派的斯蒂格勒的《知识分子与市场》一书出版,这就是一种学术界的共识。只因信息不对称,大众还没有获得普遍的认识而已,即使在美国,人们也很少对大学教授们这一特点有多少清楚的认识(当然,有些学生最后走出学术界,跑到世界银行或者政府或者华尔街工作,那是另一回事情了)。

教授们在工资问题上不能免俗,斤斤计较是常事,碰到某些强大的传统阻力,有些人不得不付出身体改良的代价,甚至还要建立社交圈子保护自己的地位。

经济学界常常被看成是男人们最擅长的领域,新古典经济学的开山人物马歇尔的妻子,20 世纪 40 年代和哈佛一干教授们吵成一锅粥的琼·罗宾逊夫人、弗里德曼的妻子都是名震一时的经济学家。不过直到 2010 年，诺贝尔经济学奖才第一次颁给女性。迄今为止 69 个诺贝尔经济学奖获得者只有埃莉诺·奥斯特罗姆一位女性，68：1 这样绝对悬殊的比例在其他奖项中是绝对看不到的。在奖项评选上如此，女性实际的学术处境可想而知。

萨默斯最早是在 2005 年 1 月的一次会议上提出女性在理工科方面天生不如男性的观点，依据是在过去的一年中获得终身教职的教员当中，只有 12% 是女性。当时与会的麻省理工学院生物学教授南茜·霍普金斯，即时退出会场表示抗议。但随后南茜就受到大批匿名网络信件的攻击。2006 年，原来在哈佛取得硕士学位的芭芭拉·巴雷斯因为决定要改变学术上的不利地位，经变性手术成了男性。后来到了芝加哥伊利诺伊大学的唐纳德·麦克罗斯基教授，他本来是个男人，在 53 岁的时候居然决定变成一位女性。不过，糟糕的是，这好像影响了她的前程，后来她开玩笑说，"如果她仍然是当初的唐纳德的话，后来挣的钱会多上那么一点点。"

事实上，女性的确会给男性经济学家的地位带来挑战。比如南茜，虽然她的学术能力极为出众，远超过男同学，可是最好的奖学金轮不到她。说到头还是一个工资问题，要知道，正像一些经济学家们所认识到的那样，这也是制度的一部分。与性别的传统制度性歧视一样，哈佛教授们实际还有别的更加固定的工资制度，比如吃饭俱乐部和教师工会制度。

吃饭俱乐部，这种俱乐部传统上禁止女性成员进入，一直带有很大的争议，像前总统亚当斯、罗斯福这类的人物都是这类俱乐部的成员。哈佛的教授吃饭俱乐部看上去像是一个维护工资、党派观点的秘密组织，有点像耶鲁的骷髅会和全美的共济会。这个传统本来源于凯恩斯的俱乐部文化，凯恩斯在 20 世纪初一直是一个小规模的文化批评圈的核心成员。因为秘密，所以外界的人几乎无从知晓其讨论的内容，只是从一些细节中观察到这些圈子的森严。像一些外围学者们，经常慨叹这种俱乐部的无形距离。说是咫尺天涯也不过分。

20 世纪 50 年代，哈佛的著名思想转变者保罗·斯威齐组织建立起哈佛公开的教师工会，这个工会从建立之初，就鲜明地为教师们的待遇和社会观点辩护。到后来，随着斯威齐在麦卡锡案件中胜诉，再也无人敢挑战教授们的工资要求，即使哈佛校方的管理公司出现亏损，校方对于教授们的资金方面的话语权也几乎可以完全忽略。2010 年大概是哈佛亏损最多的一年，但校方慑于传统，绝口不提降工资，而用停涨工会教师工资来蒙混过关。

这种吃饭俱乐部的潜规则和工会的明规则同样发力的制度，加上开始所说的跳槽竞价，构成了今天教授们工资方面的全部内容。

工会作为一种集体谈判的制度，无疑增强了教授们讨价还价的能力，而形形色色的俱乐部则构成一个高不可攀的门槛，让任何外来者都难以彻底地挑战它们在议价上的话语权。这也是后来芝加哥的对手们诟病哈佛教授们的借口之一。

现在，谁敢说哈佛的教授们是一群书呆子呢？斤斤计较工资，可能有点俗气，不过话又说回来，读书人的事情，能说是"俗"吗？萨缪尔森说得好，不是他不想留在常春藤，而是那个地方太糟了——为什么糟糕呢，因为钱不够多。

第二节　哈佛的学生很青睐政府吗

金融危机过后，哈佛学生更加青睐稳定型的行业，如教育、医疗、艺术之类。从事教育的人数从 10% 上升到 15%；而从事医疗的人数也翻倍了，从 6% 上升到 12%。读研究生的人数从 21% 上升到 25%。在被问及如果钱不是问题，你会选择什么样的职业的时候，大部分哈佛学生的回答是"艺术"，16%的学生认为这是他们梦想的领域。与之类似，大部分学生选择了公共服务（占12.5%）与教育（占12%），而选择金融与咨询行业的仅各占5%。

麻省理工学院的学生认为，哈佛的学生都带有某种艺术的神经质。所以这个调查说明，选择艺术没什么特别的，哈佛有着浓重的人文艺术气息是不争的事实。一般的美国学生，从小学起就开始受着所谓的艺术熏陶一步步走到大学。

美国的义务教育和中国的义务教育是两个概念，中国学生大搞学好数理化的时候，美国学生正在考虑今天的音乐剧演出，明天的风景写生，后天的篮球或者棒球比赛。到大学时代，美国学生保留这种梦想也是很正常的，并不能作为择业的一项决定因素。

公共服务和教育，这样的选项看起来才更加符合实际。换句话说，哈佛的学生的确青睐跟政府相关性强的行业，虽然不一定是政府直接控制的行业。

哈佛学生从数据统计结果看，的确更偏爱公共性质的行业，虽然各行各业哈佛骄子甚多，不过大部分的学生还是选择平淡无奇的公共事业，比如打算从事教育和研究的学生。绝大多数的大学是私立性质的，实际和联邦政府的关系相对松散。只能说是"公共事业"，而不能说是"公立事业"。

为什么哈佛的学生不是向往着在华尔街谋生或者当一个律师、医师？这些行业的平均工资水平一直处于美国的最高端。

首先，每个人的心中都有一个梦想，而这个梦想与金钱并不直接挂钩，但是梦想毕竟是梦想。尽管经济还是这么糟糕，但哈佛毕业生的平均工资要求却没有太大变化，哈佛学生对自己的实力还是颇为自信的。当然，这只是平均，不同职业的差别还是很大的。这么高的平均工资，其实还是分布在华尔街、律师和医生当中。也就是说，不想做华尔街人士的哈佛学生，毕业后,通常也会身不由己。就算你是哈佛毕业生,无论你多么优秀,多么精英,也绝不会在走出大学校门的第一天就能实现职业梦想。总有一段找工作的过程,也有一份从基层做起的艰辛,也得面对理想和现实的抉择。马歇尔以来的经济学家都认为经济学是一门通向幸福的选择课,不过这个说法,早已经受到挑战。所以现在的经济学基本上已经不再提所谓的"幸福"。经济学和幸福挂钩的说法如今早已过时,心理学教授和哲学教授们的幸福课如今比经济学家的受欢迎得多。

其次,公共事业的狭小就业范围,更多地让学生们只能去华尔街,金融危机以来,更多人想找个避风港,所以政府也就变得可爱起来。虽然传说一流的学生在大学,二流的在华尔街,可是大学最多能吸纳 5% 左右的学生。随着雷曼、美林这两大投行倒闭,华尔街像是发生了一场瘟疫,就业形势不容乐观,一些人从那儿逃出,一些人避之唯恐不及,只有少数人还把那里当作冒险家的乐园,准备去试试运气。针对哈佛毕业生的调查表明,2009 年去金融与咨询行业的学生下降了一半,只有 1/5 的学生打算在这两个行当里找全职工作。这也可以在很大程度上解释,哈佛学生们青睐政府的原因,说到底,和经济周期不无关系。

第三,哈佛和政府的关系的确比较亲近,便于发挥比较优势。在政府工作,可能也算得上是一种成功的标志。比如 1991 年,萨默斯从哈佛告假,到世界银行做首席经济学家。1993 年,他成为克林顿政府的财政部副部长。1995 年,当时的财长鲁宾把他提拔为代理财政部长。等鲁宾卸任后,他于 1999 年荣升为财长。他仍是哈佛大学肯尼迪政府学院的教授,仍然在哈佛上课。曼昆曾经嘲笑芝加哥大学的新货币主义,其中,很明显的证据就是哈佛的偏凯恩斯主义的经济学者更受政府重视。而且哈佛多数的学者,若干年以后也会进入政府任职或者充当顾问。比如曼昆就是罗姆尼的顾问,萨缪尔森则是肯尼迪政府的顾问。

芝加哥学派虽然名气很大，充当过顾问的人却寥寥无几。

哈佛毕业生，一开始就有着这种浓厚的政府背景，自然受老师的影响，学生也更加乐意把进入政府当作是一种成功，而不会把进入华尔街当回事。大概 20 年前，哈佛的一位教授就给现在雷曼的一位副总裁论文低分。很大部分是因为在教授的眼里，华尔街世界的年轻人是不太入法眼的。在哈佛的潜意识里，华尔街和二流两个字是基本挂钩的。这种情况下，就算哪个学生有志于赚钱做高管，也不敢或者不好意思提出。

华尔街的处世行为和规则，在哈佛的教授眼里是不成气候的。过去的几十年里，对华尔街的最低评价并不是出自反犹反美人士之口，恰恰是出自那些在哈佛讲课的经济学大师们之口。比如不久前去世的加尔布雷斯，哈佛更早一些的拥护旧制度主义的老人，在他们的著作里，经常可以看到挖苦华尔街的贪婪和投机的句子。

在这种环境下，很难在哈佛的学生那里建立华尔街的美好形象。即使在最近的抵制华尔街的运动中，也很难看到一位哈佛教授对此表示异议的，没有人关心华尔街的名誉好坏。说学生们青睐政府也许并不百分之百正确，但不看好华尔街倒是完全没有错。

第三节　经济学界也有"罗斯柴尔德家族"吗

经济学出现的 300 年以来，对世界经济发展和生活具有最直接、最深远的影响的人，并不是亚当·斯密，实际上另有其人——梅耶·罗斯柴尔德和他的子孙。从 19 世纪开始发家的罗斯柴尔德家族，先是控制了世界金融中心伦敦的金融业，后来染指新大陆和世界各地的产业，直到二战后才逐渐没落，影响消退。

在差不多 200 年的时间里,生活在欧洲大陆的人,无论达官显贵,还是平民百姓,可能直接或间接地被这个家族的金钱所控制,利奥波德·列昂内尔的父亲,也就是内森·罗斯柴尔德的经典语录就是"金钱一响,毁言立绝"。像梅耶这样的人用垄断货币发行权的办法,成了"看不见的手"的真实代理人。这个家族干预政治,比如利奥波德·列昂内尔就可以迫使英国人亲善犹太人;这个家族干预普通人的生活,比如梅耶干的事情就直接导致数百万人的财产成为废纸。

上帝好像确实是最公平的,也就是在 1947 年,罗斯柴尔德家族基本上已经算是彻底式微。而被内森家族所贬斥的东欧犹太人后裔,现在走上了前台,这个人毫不客气地在美国宣称:"只要让我写经济学的教科书,我不在乎这个国家的政府是谁控制的。"

这个东欧犹太人就是保罗·萨缪尔森。在战后的所有诺贝尔经济学奖获得者中,像他这样的犹太人就占据半壁江山,包括弗里德曼、里昂惕夫等在内。萨缪尔森在经济学所有的方面都作出了自己的贡献,近半个世纪以来,所有的经济学教材和普及性认识,都不会超过萨缪尔森的经济学教科书;像亚当·斯密的《国富论》的影响已经基本上可以忽略不计,即使是哈佛的学生,读到这个"英国佬"的文字,也基本上感觉生硬晦涩。现在的经济学天下,从马萨诸塞州的哈佛到西海岸的斯坦福,北至芝加哥,南至夏威夷大学,基本上都被萨缪尔森这样的东欧犹太系学者的著作所掌控。

而在世界上,从世界的旧金融中心伦敦,到新金融中心纽约,即使是罗斯柴尔德家族的老根据地之一的法兰克福,人们也已经不再乐意谈论罗斯柴尔德家族的辉煌往事,取而代之的是萨缪尔森说了什么,弗里德曼说过什么。罗斯柴尔德家族现存的唯一"遗迹"不过是荷兰银行下面的一个小小代办处而已,孤零零地立在热闹繁华的交易场之外。

在人们已经不记得上一个掌控全球经济的犹太家族的时候，往往忽略了一个事实，其实在经济学界，已经形成一个新的犹太家族。萨默斯，这个长期穿梭在白宫和哈佛之间的犹太人，是明星经济学家，还做过哈佛校长，进过白宫。同时他是萨缪尔森的侄子，也是哈佛的另一位著名人物诺贝尔经济学奖获得者肯尼斯·阿罗的外甥。还有更重要的事情是，他在麻省理工受教育的时候，老师就是萨缪尔森。和自己的叔叔一样，萨默斯同样的是从物理转到经济学。稍微有所不同的是，萨缪尔森进入经济学领域纯属偶然，而萨默斯是觉得无聊才这么做的。此外，萨默斯的父亲和母亲也是经济学家。这种现象，自从穆勒父子经济学家后，还是第一次出现。

穆勒父子的最大成就还不过是写了两本流行教材，还不能对英国的经济产生足够的影响，那个时代毕竟还是罗斯柴尔德家族说了算。但现在，像萨缪尔森这样的人物，可以说战后美国肯尼迪政府的措施就是他的大手笔，至于萨默斯，从小布什到奥巴马的任期里，那些让美国人多少有点憎恨的经济措施，同样出于他的设计。

如果评价罗斯柴尔德家族最好的说法是掌握人们的命运，那么像萨缪尔森和萨默斯这样的人，可以说他们更加直接地参与到影响普通人命运的诸多法令和规则的设计中。罗斯柴尔德家族控制了金钱，但是还无法控制人们的经济思想，但如今的经济学家族，毫无疑问，从事的是类似于中世纪教皇角色的职业。人们可以对教皇不满，可是很少有人能够辩驳。

萨默斯差不多20年前发表过一篇论文，谈到了未来金融危机的可能形式。该论文刊载于由费尔德斯坦主编的一个NBER会议论文集，书名为《经济危机的风险》（1991年出版），萨默斯把对金融危机的预测与对战争的预测进行类比，认为二者有相似之处：即技术进步使得过去的历史经验变得没那么重要了，相反，出现的是新的威胁。他进一步认为，金融创新以及由此带来的更高的杠杆交易，导致投资性泡沫在今天更容易产生。可是，就在 1991 年的《经济学》一书中，萨缪尔森同样预言经济危机的发生，而且更有意思的事情是，在这版书的前一版，他断言，资本主义的经济形式并不比当时苏联的形式看起来更高明。虽然后来一度随着苏联的解体成为笑柄，可惜当经济危机光临美国的时候，美国人的确再也笑不起来了。如果你说这不是教皇的话，任何一个经济学家都不太相信。因为萨缪尔森的观点给人的印象是，所有的经济周期现象的确是和资本主义的生产特别是凯恩斯主义的方式直接关联的。

萨默斯这个姓氏和萨缪尔森本来是一个，只是稍微变形后人们就开始忘记了他和另一个经济学界的顶级人物的关系。比较一下我们开头引用的罗斯柴尔德祖孙的名言和后面经济学叔侄的话，便能看出这里面的微妙之处。

前者断言当代的经济控制在货币发行者手中，后者其实断言当代经济控制在经济决策者手中。有一种经典的阴谋论说，美国的精英思潮就是犹太经济学者的思想，这不是空穴来风，而是证据确凿。对于这一点，事实上包括在哈佛内部，也不大存在异议，因为各种神秘的地下组织，事实上已经表明这是个事实。

只不过，像萨默斯和萨缪尔森这样的新式罗斯柴尔德家族，现在更加的隐蔽，他们不是以商业金融家的面目出现，而是学者和教师。也正是因为这一点，哈佛"精英之中的精英"的概念也就更加有价值。从这一现象说，不懂哈佛的经济学，基本上可以看作是不懂美国，不懂美国精英。

第四节　为什么哈佛不直接招官员当教授

罗伯特·卢卡斯算得上哈佛的宿敌。这个历史学出身、靠给学生补数学课的外行，比米尔顿·弗里德曼要可怕得多。虽然弗里德曼把哈佛教授们从神坛上拉下来，可毕竟哈佛理论余威还在。而卢卡斯这个"坏人"，则干脆把哈佛教授们擅长的凯恩斯主义给颠覆了。

这不等于砸哈佛的饭碗嘛！这个人的确可怕，但别以为哈佛教授们就拿他没有办法了。曼昆就解释得很风趣，他通常自豪地宣称新凯恩斯主义有多少多少人进入白宫，而调侃卢卡斯那一帮人居然到现在还没有人做过官。曼昆的意思好像是说，都说你们的新古典宏观主义厉害，怎么根本不起作用呢！

斯蒂格利茨评价卢卡斯为什么没能进入政府时说道："作为总统，怎么能指望一个认为政府干预政策大多'不是无效就是有害'的人帮得上忙呢？"

这里有一个尖锐的问题，既然卢卡斯的理论本身可能没有问题，只是总统们根本没法利用，无从下手。教授资格高低，说到头还得看决策上说不说得上话，为什么哈佛不直接招官员当教授，立竿见影？这不是可以证明曼昆的自豪感了吗？

如果你查一下哈佛现任教授们的简历，你就会发现，没有一个人在大学毕业后做官员，然后回到哈佛做教授的。就是熊彼特在任的那个时代，哈佛也是奔着波恩大学的大人物去的。

像哈佛这样的美国名校，从一开始就有着壁垒森严的职场规则，从预备教师的那一刻起就注定了官员们被淘汰的命运。博士出身的毕业生首先要"过五关，斩六将"，才能从论文招聘市场上过关，就算官员们才干了得，要从经济学那一堆公式中脱颖而出，几乎是天方夜谭。而在第一关就被淘汰的人，从此学术界的大门对他们基本上就算是关上了。

现代的经济学，已经不是靠一支粉笔和几页文字就能打发的。如果说以前想成为一名经济学家得有一本过硬的专著或教科书，那么现在，就是要有几篇叫得响、引用率高的论文。专著有时候被看成是论文的"稀释版"，因此还是以论文为先。这就是所谓专业化和分工的结果。分工和专业化本来是经济学最基础的思想之一，但是往往因为司空见惯，倒不像从前一样能够找得到特别好的案例；官员们没法混进经济学界，这倒是个绝妙的例子。

一般来说，政府的官员们也接触经济，也具有部分经济上的经验和认识，但是这些经验并没有什么逻辑性和规律性。教授们的经济学则是经过规范了的语言和论证方式，说理性强，可以广而告之的那种指南。而且由于经济领域涉及范围日渐扩大，任何一个官员所能得到的经验都是极小的部分，这样他们的经验的适用范围就进一步减少，结果只有经济学家有专门的时间研究这些内容，获得更好的认识。长期演化磨合的结果，就是经济学家们形成自己的组织，自己的一套制度和规范，也就是经济学的各种模式。很早以前，官员出身的经济学家是不少的，但现在随着分工的深入，这种可能性几乎下降到零。

分工的扩大导致专业化，最后排斥非专业人群，这种现象并不稀奇。就像曾经兴旺的手工作坊，现在被大规模的流水线替代一样，只有极个别的手工作坊还能生存下来。这倒不是因为专业化出了问题，而是通常非专业人群被排斥，市场也跟着缩小规模，在这个小规模的市场里，这些原来不专业的，也变成专业化人群了。又如在哈佛一些学院里，能够懂得稀有的印第安语言的人，虽然可能不识字，也是专家。

当然，我们这里的教授都是实实在在的教授，不是那种所谓访问学者或者访问教授。哈佛可能给你个访问教授虚名，但是工资是不打算发的，教授委员会也不会向一个挂名教授开放，甚至连一些像样的学术会议都不打算邀请访问教授。

奥地利派的奠基人物米塞斯在纽约大学不被认同，结果该大学直到米塞斯退休也从没发给他一分钱，工资全部是一家基金赞助。做教授当然好，可是白干活，不发薪水的义务劳动，谁也没办法支撑下去。在内外夹击下，就算官员们身家底子本来就厚，信奉绝对奉献的精神，支撑起来也是相当困难的。

访问学者，哈佛每年都要接待数百人，只不过他们的经费全部由第三方来赞助，跟哈佛没半点关系。对哈佛来说，访问学者的好处是可以增加学校的"人气"，还可以增加社会资源，许多访问学者都是潜在的哈佛顾客。比如一些发展中国家的官方成员，往往就通过先做访问学者，接着进入肯尼迪学院或者商学院给自己镀金。如果让镀金者自己做老师，哈佛岂不是要赔了夫人又折兵。所以就实际利益而言，官员直接做教授也是不可取的。

说到这，看来不用官员做教授，既是现实的，也是合理的。分工和专业化是市场规律的起点之一。没有谁能敌得过这方面规律的约束。至于曼昆奚落新古典宏观学者，那并不能作数。除非在专业领域内，曼昆一派超过了新古典，否则多少有点酸溜溜和心虚的感觉。

在哈佛校内，巴罗就是新古典宏观学者的奠基人，他和曼昆教授的是同一门课，但是在名誉上，他却高于曼昆，因为曼昆虽然是终身教授，却不是校内讲座教授。巴罗才是货真价实的瓦格纳学者，这个讲座教授是专门授给学术界的掌门级别的人的，这是哈佛的历史传统，巴罗地位可见一斑。

经济学教科书给曼昆带来了世界性的影响，他还做过总统的幕僚，有从政的经历。所以，曼昆更像一位学术明星，不太像卢卡斯那样安于书斋。恐怕也正因为如此，一些人对曼昆的学术不以为然，觉得如果和巴罗作比较的话，他还差点。曼昆自己也承认，他自己做得太分散，给人肤浅的感觉。毕竟人的能力是有限的，因为有限，所以分工和专长才有其意义。

第五节　美国精英的第一大本营

哈佛大学的"坡斯廉俱乐部"，始建于1794年，又称"猪头俱乐部"，"坡斯廉"顾名思义，就是猪的意思。这个俱乐部原禁止犹太人和黑人进入，直到 30 年前才第一次接纳犹太学生和黑人进入。它每年只招收 10 名新成员，严格按照家庭背景挑选，成员均为男性，实行一种终身荣誉制。一般都是在秋天从二年级学生中挑选"贵族子弟"，邀请他们参加猪肉宴会做入会仪式。

在罗斯福家族中，除了富兰克林·罗斯福外，西奥多·罗斯福和其他家族成员都曾参加过"坡斯廉俱乐部"。当西奥多·罗斯福把自己的女儿嫁给白宫发言人尼古拉斯·朗沃思时，他特意强调："尼古拉斯和我都是坡斯廉俱乐部的。"

富兰克林·罗斯福总统曾说："没有被选中加入'坡斯廉俱乐部'是我一生中最大的遗憾"，大概和老罗斯福的这种贵族俱乐部偏执有关。

斯坦福和麻省理工这样的平民学校，其实缺的就是猪头俱乐部这样的神秘小团体。你只要看一下"猪头俱乐部"就知道是怎么回事了。"坡斯廉俱乐部"的活动地点选在哈佛大学马萨诸塞街奥古斯特服装店的楼上，石灰石大门上印有"坡斯廉"字样，并雕刻着一个猪头。按照规定，每个被选中的会员，都要经历一种原始而阴森的入会方式，他们将身裹寿衣，由一名陌生人为其举行祈祷。据说美国前总统西奥多·罗斯福在接受这一仪式后，曾经写信给自己的母亲，"我觉得自己将遭到屠杀，但我的心中充满快乐"。

这种神秘仪式在新教立国的美国，本来是一种传统。早期的美国上层人士，包括华盛顿本人，都是虔诚的教徒，围绕他们的一群政治人物，也是依靠教会的组织建立政治和社会上的联系。最早一批到达新大陆的人群都是在欧洲被迫害的人群，为了保证信仰，这群人的宗教仪式都十分神秘。像这种猪头宴会加上神秘的仪式，和耶鲁的骷髅会一样，都带有明显的秘密宗教的特点。

哈佛大学能够和英国的牛津大学一样闻名遐迩，与该校著名的"坡斯廉俱乐部"不无关系。哈佛大学历史悠久，但最能彰显其地位和荣誉的，主要是哈佛的精英和社会影响。精英和巨大的社会影响中间的纽带，就是这种神秘的贵族俱乐部。本来也毫不奇怪，大概和中国传统的天地会入会形式是类似的，但久而久之，随着这种组织在政治和社会生活中影响越来越大，也就成为上层人物的一种象征。随着势力的上升，特别是美国贵族利益的深化，这些团体反过来利用这种关系，阻断别的阶层的人挑战其利益。本来是一群逃亡者的暗语和掩护，现在却变成一种身份的象征。对于这一点，争议不少，自福格尔来到哈佛大学推销公平观点和经济史，传统经济观点受到所谓更强有力挑战后，连这种经济身份也受到指责。

　　哈佛常被看成美国精英的典范，这种优越感的表达是形形色色的。比如，常春藤盟校领袖，实际上也就是类似哈佛的学校的结盟团体。又如说先有哈佛，后有美国，突出哈佛的老大地位。再如校园内所建的约翰·哈佛像虽然不是哈佛本人，却一直矗立着，意在告诫所有的人，这里的一切不可动摇。约翰·哈佛是个新教牧师，职责就是代表上帝发言。

　　但对于现代哈佛校内的多数人来说，文章和泥塑并没有新鲜感，也没有多少可畏的力量。20世纪60年代女权运动风起云涌，加上犹太家族在美国的崛起，贵族和宗教的神圣感荡然无存。神学院的影响已经沦落到接近靠边站的地方，许多人甚至不知道哈佛有神学院。到如今，真正还能让哈佛的学生们——精英们感觉到优越感或者具有精英标识的，就剩下神秘的俱乐部。

　　如果有人告诉你哈佛是精英大本营，这个精英不是通常意义的学术地位的崇高，而是指小部分规则特殊、性质神秘的小团体、集团盘踞在这里。按中国人的文化，其实就是一群有钱有势的世袭贵族。在中国历史上，只有魏晋的士族差不多如此，但是士族贵族嘴里并不天天高谈"人人平等"。说精英不意味着学术地位崇高，其实道理很简单，因为这个地位，是可以被随时替代的。比如哈佛的经济学就比不上一墙之隔的麻省理工，萨缪尔森认为，那里才是个"做学问"的地方（萨缪尔森是个犹太人）。但是没有人认为麻省理工是美国的精英学校，麻省理工也不是常春藤成员，一向被视作是一群"数学工人"的大本营。

关于精英们的性质，美国经济学家布坎南则将之定性为"利益集团"，跟在他们身后的人群又被叫作游说人群和寻租者。因为据布坎南的观点，这群人建立联系的根本纽带都是经济利润。布坎南接下来的理论是著名的公共选择理论，不过，那时候他发泄的对象正是类似哈佛的精英层们占主导地位的地方。布坎南在中年以前，应该是很受这种俱乐部的排斥的，因为他和萨缪尔森一样，都是犹太人，也没资格进"猪头俱乐部"。

哈佛的经济学教授都竭力避免谈起这种神秘俱乐部的问题，多数人对其中的细节，也是缄口不言。只有一些非常春藤的教授，比如像斯坦福大学的黑人教授索维尔，受马克思主义影响的一些前犹太教授，芝加哥学派的经济学家才对此俱乐部表达不满和抨击，认为这是一种封建残余和美国不平等的象征。

哈佛大多数教授对此基本上抱着坦然的态度，一来他们不大愿意丧失丰厚的捐献，要知道"猪头俱乐部"的校友们是哈佛最大的金主，平民子弟毕业后的第一年年薪都未必达到俱乐部的入会费的水准。二来，纯学术的学者对于这些神秘集团而言，是很不感冒的，一些知名的经济学家并不太乐意和这些团体挂上钩，甚至连口头上谈起，都觉得是个麻烦。

除去费正清研究中心的情报局出身的官员教授们以及法学院和政治学院的人——像基辛格之类的大人物，大概到如今，已经很难看到哈佛教授们谈关于这种神秘俱乐部的话题了。萨缪尔森所说的经济学家无法避开立场问题，也是由衷之言。

美国精英第一大本营——下次当人们还在拿哈佛的学术论证哈佛精英的时候，告诉他真正的精英是那些缄口不言的人他们才控制着美国，也控制着教授们的嘴。另外，只有利益集团成员才可能是美国精英。

第二章　曼昆的教科书为什么如此流行

第一节　为什么曼昆的经济学如此流行

1998 年，美国德赖登出版社开出 250 万美元征集一版经典经济学教科书。有位教授那时候正在赶这样一部稿子，但是还没有完成，不过出版方的热情似乎已经超过作者本身。接下来，这位教授在大名鼎鼎的经济学巨匠萨缪尔森的眼皮底下（1998 年，萨缪尔森的那部经典《经济学》刚刚出版第十六版），创造了两个看似不可能的神话。第一个神话是，这部书还没有出版，就已经拿到了 140 万美元的天价约稿费。要知道萨缪尔森写第一部《经济学》的时候，他还在为自己的吃饭问题担忧。第二个神话是，这本书出版后，仅仅 3 个月就被美国 300 多所大学采用作为教材。其英文版发行量在 1998 年出版当年就高达 20 万册，超过了萨缪尔森的出版记录，成为世界上首版最成功的经济学教材。

这部传奇教科书被西方称为"最令人期盼的经济学教科书"。英国《经济学人》也撰文预言它将取代萨缪尔森的《经济学》，成为天下第一。这本教科书就是现今风靡世界的《经济学原理》，作者是现任哈佛经济学教授格里高利·曼昆。

对从 20 世纪 90 年代才开始大规模引进西方经济学教材的中国来说，这本书前四版的中译本，自 1999 年出版以来也一直是国内选用最多、最受欢迎的经济学教材。其流行的程度可以说达到了让人惊讶的程度，书中所提出的"经济学十大原理"，几乎成了国内学生对经济学的标准认识。街谈巷议，市井闲话，冷不丁地就有人会以所谓"十大原理"表明自己也是个经济学的"行家"。这种流行之风，让人在不得不赞叹的同时，追问为什么一本外国人写的普通教材能如此流行？

曼昆写书的时候，经济条件和时间都并不宽裕，他实际上只到过一次中国，还是随一队经济学家来华访问，行程简短。曼昆本人很少做国际旅行，他家里有 3 个孩子，根本不具有弗里德曼或者萨缪尔森那样广泛的游历经验和国际文化体验。

解释一个创造出人意料的神话，引爆流行的现象，有必要使用曼昆提出的十大原理中的第六个：市场通常是组织经济活动的一种好方法。这个原理虽然排名靠后，却是最早被人们发现的原理。

"对我的教科书评判最终不是来自我本人，市场反馈才是对此类事情的最佳评判标准"，这是曼昆自己对自己的作品如此流行的解释。

这句话其实说出了两个真相。第一，教科书流行是市场的正常结果，与作者本身的倾向无关。第二，流行与否，决定权在市场，作者曼昆不是决定性的因素。

这本流行的教材，并不是作者呕心沥血、主动响应内心召唤的所谓创作，而是教学的任务。对于当年的年轻教师曼昆来说，显然是某种巧合。1985 年起，曼昆作为助理教授在哈佛负责经济学原理的教学。1992 年，他接受了为其课程撰写配套书籍的委托。曼昆说："在从学校毕业多年之后，没有什么比执教原理性课程更能使一个经济学家不时想起他的领域中真正重要和令人兴奋的东西了。我们在此提炼专业积累的知识，教育我们的同胞如何更好地认识我们所在的世界。"

时间并不宽裕的研究教授是没有时间染指这样的教科书的，只有讲课教授，才有可能面临学生和学校两方面的课程需求，事实上，如果不像曼昆那样缺钱花，一个讲习教授根本不会考虑编写一部教科书的。教学市场的需要，才让配套教材产生成为可能。

但有需要和生产者，不一定就有市场。萨缪尔森的《经济学》当时占据了经济学畅销书的大部分市场，就算有无数的教授能写新的教科书，但能不能挑战市场，挑战萨缪尔森的书是很难说的。

以教课出名的曼昆，最大优势是比别人有动力写一本通俗教材。曼昆的课程以经济学原理的导论课最为著名，选修该课程的学生多达 1000 人。经常上课出现观者如堵的壮观场面，虽然语速较快，但是因为幽默，他的学生常常引来不同的系的学生旁听。

在教学市场的构成要素中，有如此众多的学生愿意买账可不是一件简单的事情。伯克利大学的一位教授坦言，调动学生们胃口的最好办法就是评估的时候大放摇滚乐。

所以有了好的市场起点，还需有好的产品，整整 5 年，曼昆全身心地投入到了这本教科书的编写。后来自然诞生了那本著名的《经济学原理》。最初，曼昆的课程受欢迎和他的优秀的外形有关，曼昆是哈佛有名的帅哥之一，但是帅气不能当饭吃，更不能持久地影响受学生们欢迎的程度。也就像王婆卖瓜不能只是自夸一样，所以，幽默的笑话和适当的讲课内容就成为必需的一部分。更重要的是，为了搞清学生们的爱好，曼昆的课程还有诸多的问答环节。久而久之，曼昆就积累了学生最关心、最熟悉的经济学素材。这些材料就构成畅销书的内容。

这本书之所以如此流行，说来也不是什么怪事，逻辑链条其实是这样的。因为曼昆的课符合教学市场的口味，所以才引起学校的注意，校方希望有一种新的产品满足学生们的兴趣。反过来，学生们的问答，增加了曼昆的书的趣味性。正像读者反映的那样，曼昆的书，几乎从第一章就开始按照学生的兴趣安排内容，从政策到原理，再到现象，一步步以读者的兴趣阐释内容，引人入胜。

如果说曼昆的书有什么流行的秘密的话，大概就是利用了萨缪尔森《经济学》的传统的弱点——灌输式的阐述方式是熊彼特以来的老教师们的习惯。当流行的书都有灌输的嫌疑的时候，学院里的学生们已经有了新的需求的时候，曼昆的书投其所好，自然反响异常。

曼昆的书虽然很流行，距离萨缪尔森的业绩还是差一大截的。这也侧面地印证了我们上面的解释，曼昆的书只是发掘和顺应了经济学教科书市场的部分需求，不是什么革命性的改造。根本不能彻底替代萨缪尔森的教科书——与哈佛一墙之隔的麻省理工还在坚持用萨缪尔森的《经济学》。学术市场上，即使在哈佛，不买曼昆账的也不在少数，像巴罗和马格林都是对台戏的主角，马格林甚至打算用另一门课和另一本教科书抢夺曼昆的市场。

曼昆开玩笑说："中国经济表现如此好是因为他的书特别流行。"不过，这终归是一种玩笑。

第二节　萨缪尔森的最大成就：是不是就一本《经济学》

1984 年，是大师萨缪尔森人生最后 25 年的开始，也是他最终决定正式退休的第一年，他在当年的一次演讲中这样说道："行将迈入古稀之龄，我的感觉如何？和音乐家瓦格纳与威尔第同登高寿的歌德曾说，年老与年轻之别，在于年轻人的体力总是呼之即来，随时待命；反之，八旬老翁只有在巅峰状态下，才能有最佳表现。以我个人而言，行年虽已 69，状况仍如 25，日子似乎总还是一如既往般美好。然而一如诗句，9 月已至，残存的美好时光终将逐渐消逝。"

2009 年 2 月 13 日,94 岁高龄的萨缪尔森在贝尔蒙特家中去世,第二天全球各大财经报纸的头版头条就是这一消息。几乎所有的报纸,谈到萨缪尔森这个 20 世纪最后的通才的时候,都认为他最大的贡献是编写经典教科书《经济学》。

《华尔街日报》评论说:"虽然他年事颇高仍笔耕不辍,但最为世人铭记的可能是他的两本早期著作:《经济分析基础》和教科书《经济学》。前者为沿用至今的正统经济学奠定了基石,后者向数百万学生普及了新古典经济学理念。"《经济分析基础》只有学术界的人士比较熟悉,受众很小,这句话也就等于给萨缪尔森盖棺定论,他一生最大的成就就是那本《经济学》,问题是,有那么简单吗?

萨缪尔森在早期曾经自负地称自己是"最后一个通才",所谓通才,实际上说的是古典时期那种百科全书式的经济学家。他也自称是万事不缺的人,自称是才能太高、工作太少的那号人物,甚至自问"对于万事不缺的人,神仙还能赐给他什么呢?"

萨缪尔森可从来不想被人当作一个"写畅销教科书的"。萨缪尔森曾毫不掩饰地说:"在我自己的价值天平上,无论是《新闻周刊》专栏作家的头衔、因眼光独到而投资获利数百万乃至成为权贵或总统顾问而掌握的权力,如果与对科学王国的贡献所能赢得的认可相比,可说都是轻于鸿毛了。"

甚至斯蒂格勒有次讥讽萨缪尔森和他的教科书时说"不久之后,马萨诸塞贝尔蒙特即可闻到燃烧房地产抵押证明的烟味"。在耶鲁巴克利抨击萨缪尔森诋毁上帝与人。这些同行们不知是出于嫉妒,还是玩笑,可不是他自己想看到的。显然,把萨缪尔森的最大成就说成是一本教科书,估计萨缪尔森也绝不心甘情愿,虽然他现在已经听不到了。

再说,萨缪尔森的教科书的经典,以经济学家的眼光,并没能完成他自己想要的集大成。有些人批评萨缪尔森的书就是吃三明治，结果只吃到一片面包。比如按照他的那本书的突出方法——混合折中方法，把市场经济和计划经济混在一起称为是"混合经济"。可读完萨缪尔森的书的内容，人们发现，市场和政府总是在不断地打架，微观和宏观好像是强点的鸳鸯一样，这和马歇尔的《经济学原理》好像并不是一回事情。

斯蒂格利茨的新教科书，就是因为这一点，搭着萨缪尔森的顺风车上道。为了补充萨缪尔森的不足，他提出了更加标准的经济学观点。

比如他利用了萨缪尔森的图表经典，拿生产可能性曲线和帕累托最优做道具，提出：经济学所有研究的范围都在生产可能性曲线以内部分，只不过在线上的部分是萨缪尔森的微观经济学，线内的点则是宏观经济学，常常不符合帕累托最优，所以政府干预有效。要说集大成，倒可能是斯蒂格利茨的观点有点集大成的意思，这个观点不就把宏观经济学和微观经济学天衣无缝地说明白了吗？

更为糟糕的是，本来哈佛的集大成者应该是萨缪尔森，可现在，通常哈佛自己的教授们，也倾向同意把斯蒂格利茨的观点加进曼昆的十大原理之中。至于在中国，这种观点就更加地流行，唯一的萨缪尔森遗迹是还要用到萨缪尔森式的图表。

所以，有些人凭此认为，萨缪尔森在经济学原理上毫无特点，就相当于经济学这个瘾君子，吸食毒品的工具从烟枪改成注射器而已——经济学家通常也含蓄地说这是方法上的改进，可他们从不这样说凯恩斯或者马歇尔。

最后，萨缪尔森在经济学内容上的成就也许更大。当然限于他的畅销书，人们已经不知道，萨缪尔森是第一个优化管理工具的发明者，像天气预报和大工厂中怎么找到最省钱最省料最节省时间的优化配置研究，都是来自他的一个方法上的改进。特别是那些大工程的计算尤其要用到。甚至金融市场的风险也是萨缪尔森最早研究的。

社会福利最大化这个词，到如今已经普及到五湖四海。但这个很有人文关怀意识的概念也是萨缪尔森的创造。萨缪尔森也是唯一一个在教科书里提供经济思想史内容的经济学家。更为重要的是，真正意义上的教科书，只有等到萨缪尔森的那本《经济学》出版的时候，才算得上第一次出现。以往的马歇尔、凯恩斯、约翰·穆勒、李嘉图、亚当·斯密的书，根本不是教科书，而是论文集或者是专题研究。甚至论述的内容也是彼此矛盾，需要逻辑上的整理。

为什么现在的人几乎没法看懂那些古典经济学名著，除去时代的因素，很大一部分是因为这些书，根本就是那个时代的专业论文根本不是畅销书。也正因为如此，写畅销书，实际上可能比写专业论文更加困难。所以客观地评价萨缪尔森，必须建立在他的坚实的专业水准上，只有大师的学术，才能缔造大师的教科书。正是萨缪尔森创造了经济学畅销书的时代，然后才带动其他财经类图书像现在流行的金融炒股管理书的出版热潮，否则到现在大家可能要读的还是那种被叫作沉闷科学的大部头。

所以说，萨缪尔森的最大成就，绝不可能是《经济学》本身那么简单，正确地说，萨缪尔森的最大成就应该是缔造了一个全新的经济学教科书时代才对。

第三节 最短的教科书和最长的教科书谁会占上风

萨默斯 2008 年重返哈佛课堂后，曾经开了一门全球化的课程，这门课事实上没什么像样的教科书。甚至连像样的完整讲义都没有，假设这门课由历史学教授尼尔森来讲，也不会发生什么吓人的事情。课程三本必读书是：沃尔夫的《为什么全球化有用》，斯蒂格利茨的《推动全球化》和弗莱登的《全球资本主义》，外加长达 8 页的参考书目。有的经济系教授还说，他们要求的阅读量比起文史学科要求的阅读量少多了。

参考书目已是如此，真正的教科书文字量就更加大得惊人。像格里高利·曼昆的经济学畅销书《经济学原理》，英文本长达700 页，足足有数公斤重，看上去像砖头一样。比较而言，这还是目前世界上最短的经济学畅销教科书。而且自从它出版以来，一直在吉尼斯的世界榜单上占据一席之地。看来经济学教科书冗长，绝对是个特点，那么最长的教科书又是哪一本呢？答案是这个世界上没有最长的教科书。

所谓"长江后浪推前浪"，大概经济学的教科书只能越来越长。比如 300 年前亚当·斯密时期，经济学的内容里还没有图表，要是问斯密啥叫宏观经济学，估计"经济学之父"可能会把《国富论》的手稿当场烧掉。

现在的经济学教科书，每年都添加新的内容保证与时俱进。像萨缪尔森的《经济学》，原书第一版内容仅有现在的 1/4 多点，到萨缪尔森绝笔的 19 版，这本书已经变成一本厚厚的砖头。大部分的内容，都是后来增订的。所以不客气地说，越往后看，可能经济学的教科书也就越长。

随着时间的推移，经济学的原理会越来越多。大家现在知道的最通俗的经济学十大原理，也许半个世纪后，就可能变成二十大原理。新兴古典学派已将早先凯恩斯学派的原理作了 180 度的翻转。在这个信息爆炸的年代，经济学的原理也在爆炸性地扩张。

这里有个问题，曼昆的《经济学原理》能否保持吉尼斯纪录长盛不衰，或者说超过那些越来越长的教科书呢？

任何一种产品的销路，当然是顾客们说了算，可是顾客们的喜好可不一定是不变的。事实上，萨缪尔森的书，截止到去年，他的销量已经从从前的数百万册，下滑到不足一百万册。

因为多数学生都不想看冗长的纸本书了。看上去列维特的那种书才便于大家上班和吃汉堡的时候当休闲甜点看。好在曼昆的书也没有因为对手的下滑占什么上风。

其次，这里不得不承认经济周期这种经济学现象，其实可能同样适用于教科书。就算有那么一天，数千页的电子版新教科书把萨缪尔森或者曼昆排挤出去，曼昆的教科书说不定仍然能够回归。举个例子，当大家都以为前苏联解体后，萨缪尔森的教科书销量会因称赞前苏联计划经济下滑，没想到仅仅过了几年，这本书又再次恢复了王者的地位。而曼昆的经济学到底能不能长期胜出，关于这一点，经济学家只能说这个肯定的答案，真没有。

最后，占不占上风，不是由嗓门大小决定的。也包括经济学书籍的畅销数量。你也许不知道的是，在萨缪尔森之前，最畅销的书曾经是马尔萨斯的人口原理，不过在今天这本书已经变成无人搭理的一部书。对于这部书的内容甚至连批判声音都几乎可以忽略不计。

如果列举一下，从《国富论》到最新的一版教科书，除去有限的几本书。在现代家庭中，除去狄更斯的小说和圣经外，几乎找不到它们的影子。甚至萨缪尔森的书，也只有签名版看上去才算家庭收藏版。

虽然，在历史上，依照学科的贡献，肯定是亚当·斯密的著作更大些，不过，就算在斯密的故乡，这本书的收藏量也可能没有超过现在的萨缪尔森的《经济学》。经济学这门学问，本来是英国人和法国人最擅长的，可是到现在整个英伦半岛和欧洲大陆，近半个世纪也没有几个欧洲来的经济学家获得世界性的影响。

总而言之，这个时代要说长短教科书最后谁输谁赢，恐怕根本不会有结果。大概30年前，事实上许多年以来，围绕经济学的影响力，经济学家和他们的教科书一直都处在混战之中。

对于这一点，最短教科书的发明者曼昆总是回答说："对于他的教科书的评价，最终取决于市场。"现在看来，在市场上，卖家们的竞争才刚刚开始。这又是一个让人必须无数次期待，等待结果的事实。

有些经济学的批评家断言，最新的经济学教科书的内容都是无用的或者最没有用处的。事实上，经济学三百年，并没有完全脱离亚当·斯密时代的框架。这一点看来，萨缪尔森或者曼昆的书能否经得起考验还是一个未知数。虽然教科书倾向越来越长，可是笑到最后的经济学教科书到底是哪一种，还真不是现在就可以盖棺定论的。

第四节　为什么最牛的杂志"哈佛"没有冠名权

"中国真正意义上的经济学家，最多不超过 5 个，国内有的著名经济学家连在国际上最好的 50 个经济系里当研究生的资格都不够。"哈佛大学的博士毕业生，香港科技大学社会学教授丁学良如是说。

当然这个说法一度引发中国经济学家公信力的群众质疑，在网民和学生群体中引发强烈的反响。过去的几十年里，中国经济学家积累了近 20 年的巨大名誉也因为这个半路出家的哈佛博士变得摇摇欲坠。

真正意义上的经济学家到底是怎么样的经济学家，怎么评价确实是有一套标准的。事实上，真正的标准是学术标准，其中最核心的内容是看发表论文的质量和数量。比如丁教授就举例提到在著名经济学学术杂志上发论文的硬指标。

曾经在某个年代，"在《经济研究》这样的杂志上发一篇文章就够一个人吃一辈子的了。"因为，一般而言，在《经济研究》上发表论文，是一种巨大的学术荣誉，可以被当作升职为教授的重要依据。

就哈佛这个顶级名校的好杂志来说，倒是有件怪事，因为这本哈佛的名刊，上面不署哈佛的大名，而是写着隔着大西洋的英国地名。而且这个杂志，还居然可以不给行业的大人物，比如美国经济学的开山祖师约翰·克拉克面子。这杂志的牛气可见一斑。

原本哈佛经济系有一本重量级的学术杂志《经济学季刊》，目前由哈佛的经济学教授巴罗主编。这是哈佛经济系在19世纪末自创的刊物，前四期网罗了不少大家包括马歇尔、埃奇沃斯、杰文斯、庞巴维克等人的文章。这个杂志的全名本来是《哈佛经济季刊》，不关英国人的剑桥和牛津什么事情的。后来马歇尔称赞说，美国的这本学术杂志很了不起，在英国还没有可以与之相媲美的刊物。正是受到《经济学季刊》的影响，英国后来创办了《经济杂志》。

20世纪初，哥伦比亚大学的克拉克教授创办美国经济学会。美国经济学会觉得《经济学季刊》实在是办得好，于是打算把自己想出的学会季刊与哈佛经济系的季刊合二为一。但是，骄傲的哈佛当时拒绝了这一请求。他们当时的骄傲理由很简单，哈佛是一批剑桥毕业生建立的，是正宗的英国经济学的传统，不能接受暴发户德国和奥地利学者。

现在看来，这一拒绝为经济学的发展作出了巨大贡献。由于不能说服哈佛合二为一，美国经济学会只好于1911年自己出了一份刊物，这便是现在执经济学之牛耳、学子们心向往之的、鼎鼎大名的《美国经济评论》。不过这份刊物的现主编，也是哈佛的毕业生，他就是大名鼎鼎的美联储主席伯南克。

但从经济学行业来看，一本杂志上的一篇论文决定一个人的命运，也并不是天方夜谭。当然这也毫不稀奇，即使大名鼎鼎的萨缪尔森，让他蜚声学术界的也正是一篇篇学术专题论文。比如奠定他的地位的《经济分析基础》，其实是哈佛发表的论文合集。

万一一篇好论文发表在一本差一点的杂志上，或者一个人一生都在二流的杂志上发表文章，基本上可以判定这个人在经济学界没有地位。丁学良教授的立论依据，也就在这里。

当然，这里面有偶然因素，比如科斯的论文就很少，也没有发表在一流刊物上，但问题上，科斯只有一个，百年不遇。当然，这也就是所谓信号选择理论了。好杂志，就是体现一个学者的学术能力的最优信号。

不要以为学术界和哈佛就没有学术上的信息不对称和歧视，这个不对称和歧视通常就是靠论文显露出来的。

当哈佛办出一本好杂志的时候，也就等于反过来证明自己就是最优秀的。所以才理直气壮地不冠名哈佛，有没有哈佛的名气不说，单这本杂志本身就是最好的招牌。

对于普通的学子和经济学家而言，有了一篇好文章发表在好杂志上，就等于敲开了名校和荣誉的大门。一个初出茅庐的年轻人，只要在那些著名杂志上发表一篇正式论文，就可以立刻脱胎换骨，麻雀变凤凰。比如国内复旦大学的宋铮教授在《美国经济评论》上发表一篇论文后，除去《人民日报》正式刊文介绍外，宋铮还立刻由副教授晋升为教授，一时被各大院校视作佳话。这篇文章在 2009 年也被看成是影响中国和世界的名篇。"中国式增长"这个名词，就是那篇文章发明的。

对于一所名校而言，有一本业内评价颇高的杂志，就等于拥有了崇高的学术地位。武侠小说中，少林武当也是武林秘籍汇聚之地，其实三百六十行，行行皆如此。像哈佛这样的世界名校，首要的一条硬标准，实际上是精深的学术和优秀的老师，而最能体现学术造诣的就是好杂志。实际上就算有一大群名师，也未必能称作名校，到头来还得看有没有好杂志。比如美国国民经济研究局，论大教授的集中程度，远远超过世界其他地方的经济系所，可是这个地方根本算不上名校。因为它从来只出工作论文，好论文还必须挪到哈佛的《经济学季刊》和《美国经济评论》，这才算数，否则不过是一个好观点、好材料而已。

所以，就算美国经济学会再怎么软硬兼施，哈佛也不上道。因为很明显的事情，美国经济学会的规模比哈佛大，这就和大公司兼并一个强有力的小企业一样，兼并后，必将面临换牌子、换人的问题。学术水平和知名度都将下降，很可能面临风险。这事情，哈佛当然不能让步。

经常听到人们谈起宁缺毋滥，再看哈佛最牛杂志不写哈佛大名，不屈服美国经济学会，除去让人感到哈佛的骄傲，相信自己独一无二之外，也更加看出这里面透露出的哈佛个性和气度来。不用说，有这样牛的杂志的学校，自然有顶尖的学术，顶尖的课程，顶尖的教授和学生。

总而言之，从杂志这个关键细节上看，哈佛可不只有好大楼、好老师、好的学术氛围那么简单。

第五节　哈佛黄金一代是怎么炼出来的

"欧洲精英齐集美国，在人数上，美国拥有的经济学者就比其他国家占上风。二战前，希特勒就为我们送来了一批欧洲大陆的精英。芝加哥是美国波兰人最多的城市，同样地，就瑞典人聚居的城市来说，纽约仅次于斯德哥尔摩。

"奥地利学派的成员几乎都到了美国。除了爱因斯坦、冯·诺依曼与费米这些大名鼎鼎的科学家，我们还看到了经济学者库普曼、里昂惕夫、熊彼特、马尔夏克、哈伯勒、库兹涅茨等许多人。"

这是萨缪尔森一篇回忆自己的"黄金时代"的论文中的一段话。这里面提到的任何一个经济学者，都是经济学历史上响当当的人物。

　　这些人不是萨缪尔森的同学，就是同事，或是师友。他们要么是某个理论的第一个开创者，要么是后来的诺贝尔经济学大师。有的人，后来成了美国战后决策的制定者，影响了整个战后美国和世界的经济走向。有的人则占领了世界思想的课堂，成为现今人们思考的起点。

　　这些经济学历史上的风云人物，包括萨缪尔森在内，当时绝大多数都在哈佛大学学习。从 1932 年熊彼特到达美国算起，到 1976 年弗里德曼获得诺贝尔经济学奖，芝加哥大学取代哈佛大学地位，这 45 年间，可以称得上哈佛大学经济学的黄金时代，也是美国经济学和经济的黄金时代。

　　这是一个如此大规模的群体：人数近百人，时间跨度超过一个世纪，观点影响整整五代人。几乎随便提及经济和社会热词，就能不经意间感受到他们的影响。黄金一代生活的时代也是经济学对人类影响最大的半个世纪。用萨缪尔森的话说"1932 年到 1975 年是有利于我这种经济学者发展的时期，大学大幅扩充，工作机会比比皆是"。

　　这样的黄金一代，几乎令所有人都十分感兴趣，就像很多人对乔丹时代的公牛王朝感兴趣一样。人们同样想知道这个黄金一代是怎么锤炼出来的，为什么能够成为哈佛的不朽传奇。

　　也许在今天的人看起来这有点不可思议。哈佛的黄金一代是奥地利人熊彼特培养出来的。换言之，哈佛经济学的遗传主体基因是奥地利学派和英国的马歇尔的盎格鲁—萨克森经济学实际没有关系。人们经常误导性地把哈佛和剑桥大学的经济学家们纠合在一起，有失偏颇。哈佛是剑桥大学的产物，不代表哈佛经济学和剑桥大学经济系有关系。

　　1932 年，熊彼特接受哈佛大学的聘任，成为哈佛的一名教授。当时《哈佛大学学报》社论掩饰不住兴奋地写道："我们衷心期望，这位即将到来的伟大的德国籍教授能在这里停留得久一些，或者说越久越好。"而此时的哈佛，在经济学上正是最黯淡的时期，作为一所享誉世界的顶级学府，长久以来哈佛大学的经济学科却一直处于无圭臬可奉的尴尬境地。经济学院曾是美国首屈一指的商学院，但随后使哈佛经济学院名声大噪的经济学家们——弗兰克·陶西格、托马斯·卡特、埃德温·盖伊、查尔斯·布洛克、威廉·里普利，还有奥利弗·斯普拉格，他们更多地埋头于办公室的琐事中，早就已经过了各自学术研究的黄金年代。

熊彼特的到来，可以说彻底改写了哈佛的历史，并且从教学、思维、学术三方面改变了哈佛的命运。正是这位当时在德国遭遇挫折的世界一流学者，改变了落后的哈佛经济系，由此开启了一个全新的时代。

熊彼特的第一项改革是教学方式上的。熊彼特教学法，后来就成了哈佛那种流行的公开课。前文曾经提到过哈佛曼昆教授的公开课是全球最流行课程。这个传统就是熊彼特创造出来的。萨缪尔森曾回忆道："不是通过讲笑话，也不让学生们掉进事先挖好的'陷阱'，但他（熊彼特）总有办法把课上得趣味十足，而且丝毫不影响其思想深度。"

熊彼特还把个人爱好变成了授课方式，最大限度解放了封闭保守的哈佛经济学：只要有学生或者自己想到某个问题，就写成小纸条记录下来，并且鼓励他们；把他们的问题形成材料，在课堂上作为典型范例予以解答；阅读学期论文、博士论文，给出自己的建议；每个星期都拿一张纸给学生们相互传递，要求他们在上面登记参加咨询答疑的时间。这就是后来哈佛的案例式教学和课堂互动方式的雏形。在此之前，哈佛的课程是系主任陶西格教授的问答式，也就是老师按部就班讲课，学生完全抄笔记的那种形式。

熊彼特还从思想上给年轻的人们以最大冲击。熊彼特是历史上第一个"睁眼看世界"的经济学家。甚至在他之前，极少有人关注现实的垄断、不完全市场、经济危机等问题。熊彼特在哈佛，第一次向年轻的哈佛学子灌输了这样的思想：经济学必须从现实出发。萨缪尔森从芝加哥来到哈佛，第一次听到熊彼特的课，不亚于受到一次电击。萨缪尔森感叹："他带领学生们从呆板且平铺直叙的课本中跳出来，进入真实的经济世界，认识活生生的经济学家们。"熊彼特热衷最新的经济学理论，积极支持数学、历史和社会学方法在经济学中的应用。这直接导致了经济学方法上的革命性突变。

第三是学术组织方面的激进。熊彼特特别喜欢和年轻人在一起，他将很大一部分精力投注在青年学者以及学生身上，定期和他们聚会。没多久时间他就开始积极把这些年轻人组织起来，建立一个对话圈。他本人管这个圈子叫"内部学术讨论小组"，每次聚会的流程一般先是一顿丰盛的晚餐，之后由其中一位经济学家就某个经济问题作报告，而后就针对这个报告展开讨论，大家畅所欲言，场面活跃热烈，酣畅淋漓。

此前，哈佛除去吃吃喝喝、旅游和教会活动外，甚至根本不存在学术交流圈，学生们被排斥在这个圈子以外。除去学术杂志，缺乏像样的沟通。熊彼特的改革无疑第一次让学生们能够接触到最新鲜、最前沿的学术成果。

这个改革，让哈佛的经济学出现了一种特殊的学术圈子。萨缪尔森等黄金一代在熊彼特为核心的圈子中逐步汇集起来，此后，这种传统被保留和发扬光大。他们彼此交流，共同促成经济学的重大发展。哈佛经济系那些著名的学术圈，那些让人十分羡慕的学术交流，也正是熊彼特的最大产品。

直到如今，北美最顶尖的经济学院的培养人才模式，都离不开这三个要素。所谓哈佛大学顶尖的经济学教育，也就是在这个熊彼特个人色彩相当浓烈的模式下不断发展的。熊彼特一直居住在离现在哈佛校园中心不远的地方，直到他在哈佛去世，一个崭新的哈佛模式建立起来。这就是如今我们看到的北美经济学的基本样式。

第三章　九个经济学家十种经济学建议

第一节　"九个经济学家十种意见"是错的吗

　　大概 1985 年左右，中国第一次请外国经济学家做经济顾问，那时中国最尖锐的问题是高通胀和逆差问题。哈佛大学和斯坦福大学的资深教授们都表示出强烈的兴趣，第一批来华的是哈佛著名的经济学家托宾和退休后在斯坦福工作的弗里德曼。前者是凯恩斯主义者，后者是货币主义者，互相之间一直有不小的分歧。

　　一般大家会想，请不同流派的学者开出的药方可能会有所不同，这样可以互相参照，可没想到，两人的药方惊人地相似。为什么会这样？难道他们原本是"一伙"的吗？托宾居然和弗里德曼有共同意见？

　　难道说广泛流传的"九个经济学家十种经济意见"是错的？事情也许并不是那么简单，说经济学家们观点各异、互相矛盾、七嘴八舌，这事情千真万确是存在的。比如在哈佛大学的任何一个小型研讨会中，这种争论几乎是不可避免的。就算是嘲讽经济学家的段子，也是这种研讨会的成果之一。

　　"就算你让全世界的经济学家躺在一起，他们也不会得出一致的结论。"斯蒂格利茨和阿罗后来也来到中国，不过他们开出的药方，居然又完全一致地和托宾、弗里德曼不一样。而在人们的常识看来，斯蒂格利茨和阿罗是属于弗里德曼那一阵营的。

后来斯蒂格利茨指出，他开的药方是拒绝站在美国政府一方的中立态度的。经济学家的观点有时候确实存在分歧。当理论出现分歧时，通常是因为经济学家看待世界的方法是不一样的，不确定用哪个理论最为合适，或者我们可以说经济学家持有各自的价值判断。这里面首先是价值判断，而非经济观点的意见。

这个价值判断到底是什么意思，到现在似乎还没有多少中国人明白。其实这个价值判断，类似于站队或者个人倾向。它存在的前提就是经济学的小圈子。或者说，这个立场是经济学家们自己的事情，和百姓们的经济观点无关。

我们可以另外找个例子，比如曼昆可能支持向富人多征税来补贴穷人，但费尔德斯坦的建议是对富人少征税来鼓励他们更加努力工作，加大投资，从而刺激经济快速发展。前者认为公平比发展经济更为重要，而后者的价值判断正好相反。但是多数情况下，不管是哪个经济学家，通常都不会告诉你他是共和党还是民主党。好在曼昆是个共和党成员，否则不会去做罗姆尼的高参，不过问题是共和党的传统方式却是更加看重效率。

经济学家们的确在许多方面是有着共同的观点和意见的。毕竟在很多事情上经济学家达成了共识，像房屋租金管制在经济上是低效的，科技进步对于经济增长十分重要，关税通常保护的是那些效率低下的产业，消费税比所得税对穷人更加不利等等。有些共同的经济现象，其实不管是马克思主义的经济学家，像大名鼎鼎的斯威齐（他是哈佛的高材生，萨缪尔森的同学，熊彼特的亲传弟子）等，还是主流经济学家们，他们所用的工具和研究对象都是一样的。

举个例子，比如如今被我们到处使用的国民经济统计方法，是前苏联的经济学家们使用的工具。后来由华西里·里昂惕夫带给美国。萨缪尔森、弗里德曼等人的数据统计研究最初都是建立在这种政府经济预测手段上的。追随凯恩斯的学者们，慢慢把这一学说拓展，并在此基础上，发展出了一系列关于宏观经济结构的模型。有了这些模型，加上积累的数据，就可以进行预测了。大规模的模型预测在 20 世纪 60 年代很盛行。

有时候，那些意见看似对立的学者，其研究态度却都是客观的，也就是只是就事论事，只问是什么。比如，不管是哪个经济学家，都承认一点，他们关注资本的价值，但未必尊重资本家。这一点在萨缪尔森和曼昆的课堂上，都被作为经济学者的通识观点宣讲。在关于经济学的确要让人们的生活更好这一点上，没有任何一位经济学家有异议。

熊彼特说："这里不应该有等级之分或尊严等感情方面的因素，一门学问被称之为科学并不意味着抬高它或相反。"这一点在哈佛的经济学家那里，是一个严格的世代相传的家训，任何违背这一原则的人，都会被驱逐出经济学家的市场。比如奥地利学派，之所以在哈佛不受待见，很重要的原因之一是，奥地利学派除去熊彼特以外，都带有浓重的尊严和理念的说法。这等于先天地违背客观性的原则。因此，哈耶克很早就被排挤出经济学市场了。

有些诺贝尔经济学者，特别是哈佛的学者，他们在公众场合表达的其实并不是什么经济学的共识，而是一类人观点。当然新闻记者们，通常会把这些观点作为给自己贴金的材料。可是事实上，这些观点只能作为一家之言。不明事理的老百姓，据此嘲笑经济学家的政策分歧，其实这多半是一场美丽的误会。

最后，经济学家研究的内容，除去部分技术性的研究对象外，大多数都是来源于生活的。这一点上，没有一个经济学家真的能够脱离俗人的生活。比如哈佛的经济学家们很愿意从小问题着手，小到一个螺丝的数量是不是会影响生产线的效率，大到美国政府的一项税收引发美国人可支配收入变化的结果。有些经济学者，着迷于这类研究，每年关于这方面的细节的论文大概占到世界经济论文的 50％ 以上。可以说，就关注生活细节本身来说，这些经济学家已经达到空前的程度。

就算是所谓非主流的经济学家，比如哈佛的马格林大师，他的研究范围也很广。他自己制定的一项课程计划，其实是对照着曼昆的公开课内容来的。大概曼昆公开课所有的内容，他都要涉及，并提出有利于己方经济理论的观点与之针锋相对。

还有一个共识是，现在的经济学家的从业人群都已经高度专业化，导致貌合神离，同事异梦。哈佛的各个系别的内部分布自不待言，就是同一个系里，研究的分支也是差别很大。这种情况就可能带来这样的结果，同事们可能不熟悉各自领域，甚至缺乏交流互不相识。举个例子，中国的学生到哈佛经常没有真正交流的感觉，实际上，由于分工的细化，这是正常的事情。许多经济学家，完全可能不懂同系的另一个同事的同领域的分支的学术。要说经济学家里有鸡同鸭讲，一般人可能不信，但是这是千真万确的事实。

举个例子，比如曼昆研究的是菜单成本，可是处于同领域的巴罗搞的是理性预期的动态研究。在早期两个人的学术甚至没有任何交集。至于说话交流，那更是不可能。

马格林说："我和我的同事们彼此之间很礼貌，但是没有观点上的交流。"这话正是现代经济学多元化和分工化的极好说明。既然领域各有不同，术业有专攻，那鸡同鸭讲自然是常见现象了。

第二节　为什么美国人不喜欢最早的"市场经济"

1920 年，德国的两位教授，卡尔·宾丁和阿尔弗雷德·霍赫出版《准许毁灭不值得活下去的生命》，主张杀死"无法治愈的白痴，披着人皮的废物，没用的饭桶"，抛弃"他们的臭皮囊"，说不定能让国家腾飞。为了支持这一论点，他们计算了医疗成本，并概括为"以食物、衣物和取暖费等形式表现出来的巨额资本，它们全无半点产出，可以从国民生产总值中减去"。

哈佛大学的本杰明·弗里德曼教授指出"人们对经济政策和社会问题的看法与人们的信仰密切相关。"人们的经济主张包括经济学的观点，要受制于历史和宗教信仰的立场影响。在20世纪20年代的美国历史上，由于德国在美国学术界的巨大影响，这种观点在美国同样受到追捧。

美国的实际生活里的表现，也许比那两位教授的观点还要赤裸裸得多。1841年，波士顿的女教师多萝西娅·迪克斯对马萨诸塞州的神经错乱者的状况进行调查。之后她向州议会提交了一份请愿书称："目前关在本州境内的囚笼、密室、地窖、牛栏、畜厩之中的神经错乱者的状况，真是惨不忍睹！他们脚镣手铐，赤身露体，还被鞭笞棍打。"

1929年，美国一半以上的州允许雇佣童工，以防止他们吃闲饭。1935年8月14日，《社会保障法》援助对象却仅限于残疾儿童、盲人、未成年人和65岁及以上的老年人。即使如此，这个法案执行的艰难程度不亚于如今奥巴马的医疗改革方案。

在罗斯福时代以前，经济学家们相信，自由社会中出现的种种问题，比如那些先天残疾和保障不到的人群，是一种自然和个人的结果。政府和社会无须干预，应该任其自生自灭。凡有政府打算出面改善这一局面的时候，经济学家会拿出亚当·斯密的守夜人理论加以反驳。著名的《美国经济史》指出："在那一时代的美国，以个人为核心的观点被用来解释贫困，而且认为贫困的后果主要由个人承当。由于衡量个人生活状况的标准不是财富，而是生活素质和生存机会，所以穷人的贫困对周围境况较好的人来说也是一种不幸。"最极端的观点是源于国父华盛顿的做法。因为极端的观点是，人同样也是商品，也可以按照财富的标准计算：

"几个黑奴中，最后两个是于1759年8月从一艘非洲船上买来的，他们的英语极其蹩脚，很难听懂。他们中的第二个，杰克，和他们是同乡，英语相当流利，因为他在此地待了好几个年头。其中一个奴隶佩罗斯，英语比其他奴隶说得都要好得多，甚至几乎已经听不出他的方言口音了，我们认为他是一个聪明而有见地的黑奴。

"他们出逃时没有引起任何怀疑，也没有与任何人发生摩擦或争执，工头也没有对其有过任何呵斥和虐待。因此，我们推测他们不大可能隐藏在附近地区，而是会直接沿着某条线路前进，希望得以逃脱。或者没准是由于黑奴佩罗斯在威廉斯堡生活多年，杰克也在米德尔塞克斯居住了许多年头，他们有可能前往其中的某一地区。

"无论何人，若是在本县抓住上述黑奴，并使得悬赏者可以迅速得到他们，他们都将获得法定报酬外加 40 先令。若是在更远的地方或是超出本殖民地的范围抓获他们，抓获人将获得相应的补偿。"

总的来说，这就是早期的美国人的市场自由的观点。不过随着历史的变迁，美国人已经逐渐放弃了这种观点。现在和过去的美国人坚持的是两套不同的经济模式。

一部分经济学家喜欢不考虑宗教信仰等的模型，只问社会具体是什么样的，比如有多少人需要交税，税收结果如何，不再确定地假设"市场自由就是最好的"，比如哈佛人都坚持的凯恩斯主义观点。一部分经济学家则喜欢另一类模型，在这些模型中，人要受他的信仰和观点支配，好不好要看目标和实际相匹配的结果。这类经济学家部分地保留意见，但同样对早先的奴隶制度和放任自由表示拒绝。福格尔来到哈佛任教前，曾经写了一本名为《十字架上的岁月，美国人黑人奴隶经济学》的书，在这本书的前言里，福格尔毫不犹豫地说出个人对奴隶制度的厌恶。尽管这本书的主要观点是：南方奴隶制度效率高于北方自由工人的生产效率。

2009 年，奥巴马医改案，有 45% 的民众支持，48% 的民众反对，但这两部分都认为政府有责任干预那些穷人、儿童残疾者的生活。像极端的观点，比如某些州长倡议的老人应该早死为年轻人腾出位置的做法，则被彻底边缘化，成为美国社会的异类观点。

其实从 1882 年到 1896 年间，人均收入几乎没怎么增长，财富两极分化，城市贫民生活悲惨。持改良主义观点的教会更关注财富的分配，主张建立必要的社会保障制度，例如，设立每小时最低工资，每天最长工作时间等等。这时候，像胡佛总统等人都支持对富人开征重税，以缓和大众的情绪。

这一时期因为美国巨大的贫富差距，原来被福音教会倡导的和谐美国理念不断受到挑战。各种罢工和暴乱迭起，也促使慈善活动的兴起。社会满目疮痍，这种现实是新教不能解释的。此后马歇尔的经济学就代替了美国本土的和谐经济学概念。挪威籍美国经济学家凡勃伦更是斥责美国存在一个愚蠢的有闲阶级。那时美国的大众便开始逐渐相信，只有向富人征税，美国才能恢复从前的和谐传统。美国可能需要的是和谐生活，而不是所谓自由的纯粹理念和个人主义。罗斯福的新政，彻底断绝了自由市场的绝对观点，而且在凯恩斯主义流行后，政府和大众都认识到，没有政府干预，绝对的依赖市场是不切实际的。

哈佛法学院的罗尔斯教授则认为，将天生弱势的人弃之不顾，是一种伦理上的不道德行为。既不正义，也不公平。这种观点在二战后更加流行，深入人心。从此将绝对的自由主义观点边缘化。这样现在的美国人更加喜欢现在的温情脉脉的市场，而不是那种冷酷的做法。

后来的凯恩斯主宰的经济学还认为，税收减少人们追求私利的动力，因为利润的一部分被政府收走了，但税收在一定条件下可以使其他人获得好处。政府管制在一定程度上限制了个人自由，但在防止市场失灵、市场垄断、过度剥削等方面可以起到增加整体福利的作用。

弗里德曼指出，自食其力、自我实现、日新月异地提高自我和社会的乐观主义思想已经成为美国文化的一部分，而且美国人相信，物质生活水平的提高会为精神生活的提高创造条件，整个社会也更有可能成为有道德、讲美德的社会。

从经济史的角度理解大众和经济学家观点的分歧和共同点，这大概也算得上是哈佛经济学的一大特色。

第三节　为什么巴罗和萨默斯的课听起来都不怎么样

巴罗的课恐怕够不上精彩。与哈佛经济系的一些学生聊起来，他们说，有意思的课当推霍普曼的国际贸易以及坎贝尔的资产定价课，而老巴的课比较枯燥，尽管对其学问大家都竖大拇指。这一方面是因为他讲的主要是自己的教材，缺乏新鲜感，另一方面是因为他说话的声音很平，没有抑扬顿挫、起伏变化，如同催眠曲。尽管他也经常运用手势来加强语气，但摊开的双手有时像有东西束缚一样，舒展不开，非常拘谨。他不是一个善于演讲的人，远不是《大国崛起》中接受采访时侃侃而谈的样子。

尽管如此，巴罗现在还是做学问的优秀教授。另一位课讲得不怎么样的教授萨默斯，离开学术圈已经有很久了。自从20多年前离开讲坛以后，萨默斯基本上不再讲有关经济学的大部分课程。和他在学术上的合作方式差不多，他的课现在则成了拉客方式的讲课。也就是请几个嘉宾，让嘉宾们和自己一问一答，来完成课业。

萨默斯的课，就课程来说，实在谈不上有趣，唯一的精彩之处在于提问和即兴举例环节——通常90分钟的课时，多数时间都花在这个环节上了。27页的PPT，一般只来得及放映包括标题在内的9页。从表面上看，萨默斯讲课时思维连贯、出口成章，并不需要 PPT 的提示，PPT 对他来说只用于用图表显示数据、说明问题。但是，萨默斯是个语速相当慢的人，这样看来，以效率衡量，他的课程属于干货极少的那种，信息量不大。

总的来说，在不少的哈佛学生眼里，哪怕是听过两回以上巴罗和萨默斯课程的人，都会产生莫名其妙的情绪。巴罗和萨默斯的课讲得根本不怎么样，可是这是为什么呢？

说白了，学问好、阅历多不代表就能教好学生的经济学课程，比如能够把《论语》讲得天花乱坠的未必就真正理解了《论语》。再说，这些经济学的大道理一开始也不是美国人的创造，美国人顶多只是奉行了拿来主义。

不管怎么说，课讲得好，需要一定的演讲才能，这可不是像做学问一样有章法可循。做学问只要多看论文，多下工夫，积年累月必有所成。但演讲是另一回事，这需要某种天赋。经济学家特别是曼昆和克鲁格曼认为，这是两种不同性质的资源。前一种类似于我们平常听到的人力资本的深化，后一种则是先天的禀赋。

课程讲得好，这属于先天的优势和资源约束，一般来说，这样的人很少很少。上帝在这方面的确是不公平的，在经济学和数学、物理学方面的确存在天才。比如约翰·穆勒，被认为是 19 世纪智商最高的人，又比如李嘉图，他只翻了几页《国富论》就成了经济学大家。这种人在经济学历史上极少，人数大概占不到 5%。按照经济学的观点，这种人就是一种稀缺的资源，不管人们多希望天才越来越多，可是在人群中，按照科学的预测，这种人的数量总是少得可怜。

在讲课方面，萨默斯和巴罗当然没什么优势，可是在学问研究方面，随着经济学的发展，需要的知识储备和训练越来越多，必须下苦功才能学有所成，这时候，耐心和毅力就开始起作用了。多数经济学者，只要足够勤奋，还是可以在研究上占据优势的。举个例子，像米尔顿·弗里德曼和皮罗·斯拉法、卢卡斯就是这方面的代表，他们和萨缪尔森比起来，当然天分不足，可是勤奋有余。所以，只有他们在现代经济学上成了革命性的人物。

经济学认为，在资源稀缺的条件下，只要利用好有限的资源，同样可以获得最大化的结果。哈佛的大多数学生，虽然成绩优异，可是并非都是天才。如果你到了哈佛，经常可以看到通宵达旦看书的学生，单就这一点来说，你会相信，天才只是少数，多数人必须依靠勤奋这一点。即使如此勤奋，每年哈佛的博士生真正能毕业的也只有不到14％。

另外，以哈佛的经济学家的观点，勤能补拙在经济学上是完全成立的。因此，课讲得虽然不一定能赶上天才演说家，但是后天训练，仍然可以补充不足。比如，巴罗时不时冒出的一些话，也会引起大家的兴趣。比如讲到拉姆齐－凯恩斯条件的时候他不忘加这么一句："我搞不清楚这跟凯恩斯有什么关系，或许因为凯恩斯以前是搞数学的?"说到蓬齐对策的时候，他也要和学生们核实一下"蓬齐真的是个大骗子吗?"

萨默斯虽然讲课不够精彩，但是可以借助第三方的优势，比如找个讲课不错的好搭档，掩饰自己的不足。另外，萨默斯还是个老当益壮的时髦爱好者。他离开课堂的时候还没有PPT，回到哈佛后萨默斯第一堂课还不会摆弄这个玩意。但是到第二节课，他已经能熟练地掌握动画和标题结合的这种现代化工具了。所以借助现代技术，有些本来不够聪明，不够有某方面天赋的人，仍然可以把事情办得更好。

另外，萨默斯虽然课讲得不太好，但是他的官场阅历丰富，这可以部分地解决个人演说魅力不足的问题。光是那一堆的头衔，就让学生们很感兴趣，虽然这和课程本身无关，但是有了这一层面纱，萨默斯的课也总是人满为患。

所以，在大腕云集的哈佛，懂得利用自身优势，脱颖而出，不失为一种生存的良策。

第四节 "占领华尔街"是欢迎斯蒂
格利茨还是赶走曼昆

2011 年 11 月,阿什和巴亚在校报《哈佛红》上发表了一封致曼昆的公开信,称他们带领大约 70 名哈佛学生公然退出曼昆的课程是为了表达"我们对于这一入门级经济学课程中之根深蒂固偏见的不满""我们深切地担忧这些偏见将影响到我们的同学、我们的大学以及我们所身处的整个社会"。在 11 月 2 日当天,正当曼昆在课堂上开讲的时候,这群学生公然有秩序地退出课堂。这种行为,自从熊彼特来哈佛以后,除去麦卡锡主义盛行和越南战争爆发后学生罢课抗议之外,从未发生过。

事实上,早在学生们策划抗议活动,响应纽约的"占领华尔街"运动,大搞"占领哈佛"仪式的时候,曼昆就有所耳闻,他在自己的博客上半嘲讽地写道:"我很遗憾,这些抗议者将错过这节课。"

这群哈佛大学新生,这一次毫不犹豫地把哈佛的明星教授撇在了一边,自己当起主角来。当然这很可能是一种行为艺术。他们显然粗略地认为曼昆的个人"偏见"对学生、哈佛大学和整个社会起负面影响。他们的观点是"作为选择经济学原理课程的本科生,我们希望能学到经济学理论的广阔根基,而这些广阔的根基可以支持我们今后在多种知识领域中深造,无论是经济学、政治学,还是环境科学与公共政策"。学生们很懂得利用网络,4 分钟校园中心连续喊口号、驻扎帐篷的情景录像,也同时上传到著名的视频网站 YouTube 上。

"占领哈佛"的这场运动,从学术观点转入政治事件。毕竟哈佛有着浓重政治传统(这是美国精英大学的治校传统)。客观地说,参加抗议的学生人数小于整个课堂人数的 10%,而且学生们的看法，即使在哈佛教授的心中，也不是特别的异端。但显然，校方不喜欢这个运动的流行。几天后，哈佛东南西北四个方向上都开始入驻警察，外边的普通人开始被禁止入校，学生必须凭证件出入。派警察进入学校，这是自从1992年洛杉矶骚乱事件以来的第一次。911事件以后，虽然哈佛的学校安全管制措施升级，但是学校依旧是很开放的。

曼昆教授在这场近乎行为艺术的罢课行动中，显然是最淡定的。第二天，这个教授继续开始讲他的课。而且他对学生们的行为并未作出批评。

可是有位比曼昆名气更大、地位更高的教授正开始受到哈佛学生们的追捧他就是斯蒂格利茨。斯蒂格利茨没有在哈佛上过学，而是在邻校麻省理工上的博士，出来执教也是在普林斯顿。算来在波士顿待的时间足足有20多年。他现在是整个"占领华尔街"运动的红人。

"占领华尔街"运动的口号"我们都是99％，反对华尔街的1％"，实际是从2010年斯蒂格利茨一篇文章开头的句子中摘录出来的。加拿大左翼组织在社会主义政党获得大选后，将这种提法公之于众。所以，说斯蒂格利茨是"占领华尔街"运动的精神领袖是完全没有问题的。

斯蒂格利茨可表现得比曼昆激进得多。哈佛学生罢课半年前，斯蒂格利茨就公开说："看着别国街头的乱象，我们该扪心自问：什么时候会轮到美国？在很多重要的方面，美国正变得跟这些遥远的、动荡的国家一样。""占领运动"最初发生的几个星期，斯蒂格利茨就走进那一大群抗议的学生中，发表演讲。其中这样的言论，完全可以称得上在给学生们撑腰："塔尖1％的人群住着最好的房子，享受最好的教育、医疗和最美妙的生活方式，但是有一样东西钱是买不来的——那就是意识到自己的命运取决于其他99％的人生活得如何。纵观历史，无数1％的人群最终都明白了这一点，但往往为时已晚。"

曼昆虽然被学生们放鸽子，不过他仍然坚持认为"这次抗议说明学生在思考一些广阔的社会问题，这是对的。'占领华尔街'运动引发人们重新思考这些重要的社会问题。从这个意义上说，这个运动是好事"。

可是学生们过于着急地打倒一个教授的课程，而忘记了追根溯源。如果从学术角度看，曼昆和斯蒂格利茨的主张并没有多大区别。这两个人在华尔街问题上，态度是完全一样的。

学生们的导向也许是错的，这种激进本身就反映了他们的知识和认识局限。早在金融危机以前，曼昆本人就对美国的自由主义措施有过警告，按照新凯恩斯主义的观点，这属于反对政府干预的行为。因为新凯恩斯主义一直认为政府干预是有效的。斯蒂格利茨，其实曾经是新自由主义的代言人之一，他原本的观点就是支持金融自由。直到最近观点才开始有所转变。学生们指责曼昆偏心亚当·斯密，其实最早把自由的斯密当作杀手锏的正是斯蒂格利茨。

学生们的误会，很大程度上还在于根本没有分清，什么是曼昆的观点，什么是曼昆的经济内容。很多经济学家是很好的分析员，能把各方面的利弊关系分析得头头是道。他们常用的关联词语是"On the one hand（从一方面说）……On the other hand（从另一方面说）……"后半句话的意思总会否定前半句话的意思，令听众不清楚这位经济学家到底同意前半句话还是后半句话。但任何事物都是具有两面性的，不这么陈述，本身就是不客观的。事实上，这些课程讲述的是一些已经发生的事实。不管它们的好坏与否。

曼昆的课程内容和全世界的经济学没有什么差别，就是和日本的马克思主义经济学教授讲的也没什么区别。换言之，这些内容和曼昆的思想无关，谁都是一样讲。这部分相当于经济学所说的"实证经济学"内容，本身没有任何偏向性。

而曼昆的观点，则暴露在他的论文和财税政策建议中，可是课堂并不是发表个人观点的合理场所。没有哪一个教授可以背弃真理，把个人观点强加给课堂。所以在这一点上，罢课学生显然犯了逻辑上的错误，错误地将课堂内容和曼昆的经济观点画等号。

斯蒂格利茨在报刊上的文章，完全是个人观点的表述。学生们却错误地将个人观点，视同他本人的经济学理论。政治本身就带有利益倾向性，自然哈佛教授们更乐意不顾事实地凭着倾向说话。

实际上，直到今天，大众甚至哈佛的学生们，多数都很容易把事实和个人观点这两者搞混。那些形形色色的误解，也多数源于分不清两者区别的这种错误。正如大师所言，如果分不清这两者的区别，那么你离现代经济学的大门还有更加遥远的距离。

第五节　最伟大预言家的五大预言：这可不是玩笑

他可能是人类历史上个子最高的经济学家，身高 2.04 米，他的对头米尔顿·弗里德曼站在他面前，就像童话中的巨人和矮子。他活了 97 岁，是最长寿的经济学家之一，老对头萨缪尔森和弗里德曼都没有他长寿。他是经济学家中获得名校的荣誉博士头衔最多的人，有 52 个，其实这个记录在人文科学中也是少有的。他是诺贝尔奖金获得者中最多产的，一生共写出 56 本畅销书，估计这个记录很长一段时间将无人打破。他是凯恩斯的第一个美国弟子。他也是战后第一个没有靠数学模型论文，而是靠写专栏文章拿到诺贝尔经济学奖的人物。

这个人就是加尔布雷斯（1900～2006 年）。加尔布雷斯一生如此辉煌，堪称哈佛最著名的经济学家，可是这个人一生却始终不属于理论经济学家的行列。加尔布雷斯整个一生都在和农业经济打交道，1934 年获得博士学位的论文题目就是《1934 年加利福尼亚的县支出》。这篇论文讨论的内容还是加州农场的支出问题。对于农民出身的父母期望他也成为一个农民的加尔布雷斯来说，关注农场是个不用考虑的问题。

加尔布雷斯一生的 5 个预言，分别出自下面几本书：《美国资本主义》、《丰裕社会》、《新工业国》、《1929 年大崩盘》，这几本书曾多次再版。

加尔布雷斯的第一个预言是美国经济会走向新社会主义。

他认为美国经济是由计划体系和市场体系两部分构成的。计划体系是指一千多家大公司的权力掌握在技术和管理人员手里，这些人控制价格，制约市场。市场体系指的是小企业约束于大公司。大公司在市场上的巨大影响力，使"消费者主权说"成为遥远的神话，消费受制于生产活动，而不是激励着生产，政府的公共政策实际上往往成为大公司获利的先锋，最后是各种社会失衡出现。为应对这种失衡趋势，加尔布雷斯认为政府应通过限制计划体系的权力，提高市场体系的地位，以实现两者权力和收入的均等化，继而实现"新社会主义"，同时计划将取代市场。

这个预言，在奥巴马政府执行新政以后，似乎只是部分地实现。加尔布雷斯眼中最大的汽车垄断巨头通用现在也成了美国政府直接控制的企业。大约数十家最大的银行和金融机构，也开始掌握在美国政府手里。但是美国政府并没有打算用计划替代市场。

第二个预言是匮乏的丰裕社会。

1958 年，他断言美国已经进入以"收入均等化""社会福利""充分就业"和"经济安全"为主要内容的"丰裕社会"。美国已经富裕到"死于食物的人比饿死的人还要多"，富裕到"有些人，特别是男人，有时故意把衣着穿得破烂一些"。

随后的事实证明，所谓美国的橄榄形社会，的确在之后成型，直到现在人们还对于美国的战后富裕感到吃惊。在加尔布雷斯第一次提出这个观点的时候，居然有人斥责是疯言疯语。

美国的大大小小的商家都把"顾客是上帝"当成原则时，加尔布雷斯却指出这项原则只不过是生产者要求消费者接受它们产品的帮凶。他认为，现实的情况是厂商并非根据消费者喜好安排生产，而是厂商自行设计产品、自行安排生产、自行规定价格，通过广告网、通讯网和推销网向消费者进行劝说，竭力设法让消费者按照生产者提供的商品的品种、规格、价格来购买。

到金融危机前，证明这一结论的最明显证据出现了。苹果公司伟大的斯蒂夫·乔布斯，他的格言是"我不在乎消费者怎么想（产品是否符合他们的需求）"。苹果公司的任何一款产品的确惊人地符合加尔布雷斯的观点。特别是乔布斯的植入性说服广告，甚至成为苹果的主打产品模式。

第三个预言是抗衡力量的匮乏。

"抗衡力量"主要是指垄断性大公司的对立力量，而不是同类公司的竞争，例如工会、经理层、非政府组织（NGO）、零售商的联合、消费者组织等等。社会的失业大多数是技术性失业，即从事旧产业的工人的人力资本储备不足以胜任现代高科技产业的需要，因而被淘汰，因此加强教育和职员培训对于消除失业具有至关重要的作用，这导致工会力量不断下降。很可能让美国成为政客们随意摆布的国家。

这一点，在现代美国的历史上最为明显。正如人们看到的那样，曾经力量强大、风起云涌的工人运动，现在基本上销声匿迹。"占领华尔街"运动中，美国航空公司罢工只维持了十多个小时就打了退堂鼓。在美国，除去选举的时候，根本听不到工会的声音。这种现象甚至是全世界的现象。甚至在有着激烈的工人运动传统的阿根廷也是如此。

第四个预言是政府的角色将向"社会主义"转变。

在加尔布雷斯畅想未来的"新社会主义"时，认为政府应该扮演重要的角色，政府应当限制垄断性大公司的权力，鼓励小企业力量的成长，使得大公司和小企业在权力和收入上均等化，修正单纯追求 GDP 的增长，实现社会各方面的均衡。

在加尔布雷斯预言之后的很多年里，美国政府的确向着他的方向前进。比如美国的反垄断法案例，在 20 世纪 70～80 年代，美国的反垄断大案产生了世界性的影响。连思科公司和 IBM 也未能幸免。而硅谷的中小企业的兴旺发达，现在成了美国精神的支柱。美国本身也放弃了追求国民收入的传统，从战后到现在，美国的平均增长率一直在 2％左右。总体而言，美国还算是一个均衡的社会。

第五个预言是华尔街的大崩盘。

他的《1929 年大崩盘》，至今仍是无数价值投资者在股市寒冬之际借以取暖的读物。看看他 95 岁时写的《无罪欺诈的经济学分析——我们这个时代的真相》虽然主要思想来源于前面的那本书，但是却在五年前就预言了华尔街的下场。据加尔布雷斯的观察，美国经济实力的衰弱，一部分是由于金融业等对分配权力的占有和对制造业实业形成掠夺，另一部分是因在一些制造业内劳动者保护的减弱，这些都影响了美国生产力的进一步跃升。

随着金融危机突然爆发，这五个预言除去第一个还没有发生，其他的已经应验。而在西方经济学界，很少有人像加尔布雷斯那样具有卓越洞察力。尽管在经济学的圈子里，加尔布雷斯教授经常成为人们取笑的对象。萨缪尔森的《经济学》甚至讥讽加尔布雷斯是"全能型天才"，可是萨缪尔森生平所作的预测几乎全部都是错的。

这个天才人物虽已经逝去，最后一个预言还在一些经济学家的耳边回响。既然一个人能够成功地预言四个现代社会的根本性的社会现实，谁知道第五个会不会发生？更何况，这个社会主义的预言，马克思预言过，斯威齐预言过，熊彼特也预言过。这可真不是开玩笑。

第四章　前苏联教授的阴谋是
让美国科学家变懒吗

第一节　前苏联教授的最大长处是
让美国科学家变懒吗

在世界范围内，前苏联数学家都占有显著的地位。早在1904年，法国数学家亨利·庞加莱就提出了个拓扑问题，即庞加莱猜想，为计算宇宙形态和大小提供线索。2002年11月，当时仍然默默无名的俄罗斯数学家——格里高利·佩雷尔曼成功地解开了这个过去100年来困扰全世界数学界的难题。这样的结果就像前苏联发射第一艘载人飞船"Sputnik 号"一样让西方数学家备受打击。因为西方的数学界光是理解和验证佩雷尔曼的解法，就花去了3年时间。

20世纪90年代，前苏联解体后，许多俄罗斯数学家移民到美国等西方国家。1993年，俄罗斯通过《公民自由出入境法》，放松了对公民出入境的限制，俄罗斯出国学习、工作的人数骤增，当年移民人口达到创纪录的67.3万多人。当时俄罗斯的对外移民潮以高端知识分子为主，因此被俄罗斯媒体和学者痛心地称为"智力流失"。

1941年纳粹德国进攻前苏联仅3周，前苏联的空军力量就被彻底毁坏。斯大林试图将民航机改造为轰炸机来重建空军。但民航机速度太慢，无法预测和控制打击目标。当时安德雷·

柯尔莫哥洛夫等前苏联数学家重新制定前苏联空军的所有轰炸计算系统，消除了斯大林的烦恼。此后斯大林向数学家提供优惠待遇的同时，将他们当作秘密人员进行了严格管理。俄罗斯政府向数学家提供稳定的工作、收入、住房、汽车和食品等，但切断与外界的一切联系，使他们全身心投入到研究当中。如果与外国人接触，就会以间谍罪进行处罚。

不得不承认，前苏联数学家在国际数学领域都有着前所未有的天赋和巨大的贡献。或者说，俄罗斯是培育天才数学家的温床，俄罗斯记者葛森在其发行的著作《完美的计算：一位天才与世纪数学发现》中也主张："数学是斯大林隐藏的苏联最大的秘密武器。"可见，数学之于前苏联有着何种重大的意义。谁有了这样一批数学家，看上去就将无往而不胜。

斯大林逝世后，数学家们仍无需担心生计、意识形态、人际关系、讲课和论文等负担，可以一心一意研究数学。前苏联的40多座城市的秘密军事研究所等地，培养出了近100万名数学家。正是领导人的这种重视和绝对倾斜的政策倾向，使得数学家在前苏联前所未有地发展壮大。

同前苏联一样，在美国，数学家也有着较高的地位。一份针对全美两百个职业的调查结果显示，美国最好的职业是数学家，最差的职业则是伐木工。这份职业调查结果是从环境、收入、前景、能力要求和压力等五项指标入手进行打分后，得出的结论。

不言而喻，随着前苏联的解体，大量人才外流，无形中给美国的发展提供了便利。早在两国争霸的时代，在激烈的竞争下，两国的数学家、科学家等都用足了劲在学术上创新、在科技上突破，争取在自己的科研领域取得显著的成果。然而，结果并非如此，看似大量前苏联教授的加入使得美国这个大国如虎添翼，但从学术论文的数量来看，似乎并非如此。

哈佛大学教授乔治·鲍哈斯在最近的一篇工作论文中指出，

　　尽管很多经济学家相信知识的生产对长期经济增长的重要意义，但是这个结论实际上很大程度上受着比较优势的影响。教授和同事研究了数学家的论文发表、引用以及所属研究机构后，评估 1992 年后大批前苏联数学家流入对于他们美国同行生产率的影响。结果发现这一流入对那些研究方向与前苏联同行重叠的美国数学家的生产率产生了负面的效果。他们还发现这一流入带来流动性（这里的流动指的是流转到较低质量的研究机构以及退出论文发表）增加以及更少可能生产文章。

　　比较优势理论认为，国际贸易的基础是生产技术的相对差别，而非绝对差别，以及由此产生的相对成本的差别。每个国家都应根据"两利相权取其重，两弊相权取其轻"的原则，集中生产并出口其具有"比较优势"的产品，进口其具有"比较劣势"的产品。比较优势贸易理论在更普遍的基础上解释了贸易产生的基础和贸易利得，大大发展了绝对优势贸易理论。

　　数学大国美国和俄罗斯继续领先，西欧紧随其后，日本也正在迎头赶上。那么根据比较优势理论，前苏联教授的大量移民，是否就使得美国在数学方面取得更加巨大的突破呢？答案是否定的。据统计，前苏联教授的移民加入，并没有使美国数学领域的论文数量增加。

　　在人力和知识流动上，比较优势经常会以反面的形式表现出来。两个同样是急脾气的夫妻俩，通常不会在小事上妥协，结果是针尖对麦芒，各走各路。数学家们进入美国，同样是产生了这样的问题。由于前苏联数学家的要求待遇通常低于美国教授，而且他们往往更加勤奋地写论文搞研究，对于一所大学来说，这意味着同样的 24 万美元年薪，只能雇佣一个美国教授，却可能雇佣一个半前苏联教授。结果大学自动选择前苏联教授，这样美国教授们随着经费的减少，研究水平也逐渐落后，到最后完全被前苏联教授挤出了一流的杂志和学校。

　　到后来还出现一种极端的情形，美国数学家甚至把专业领域论文的主体部分外包给前苏联数学家。自己却去做其他的事情，比如休假和跑课题，俨然把合作者当成了工人。久而久之，这些数学家的研究能力也下降了，最后就退出学术界了。

俗话说"强强联合"，但是看看美国数学的学术领域现状，大量前苏联数学教授的加入，不仅没有使美国数学突飞猛进，连基本的论文数量都没有明显增加。看来，前苏联教授们的加入使得美国数学家变得更懒了啊。

在前苏联人最初移民的时候，不管是哪一个美国总统都是十分愿意看到这些"神秘武器"在未来发挥威力的。遗憾的是，世事难料，事与愿违，总是出现谁也没有想到的结果。谁又能想到为了一件新武器，反倒把自己原来的好武器弄坏了呢？

第二节　为什么加州盛产美酒还要进口法国葡萄酒

继 1976 年巴黎的判决后，加州葡萄酒在 30 年后的 2006 年 5 月 24 日再次完胜法国波尔多葡萄酒，包括五大庄中的木桐庄园（又译武当王，Chateau Mouton Rothschild）、奥比昂庄园（又译红颜容，Chateau Haut Brion），二级名庄中的玫瑰庄园（Chateau Montrose）以及雄狮庄园（Chateau Leoville Las Casea）。事实胜于雄辩，加州葡萄酒拥有超越波尔多的震撼品质，感动了世界。法国葡萄酒除了八大名庄外，在世界范围内的销量普遍下降，在中国市场也有逐渐被取代之势。

加州葡萄酒产区包括 680 家商业酒厂及几千个独立的葡萄种植者。支持酿酒和葡萄种植的配套产业广泛存在，其中包括葡萄苗、灌溉和收获设备、桶子和标签的提供者，专业化公关和广告公司，众多针对消费者和贸易受众的酒类出版商。许多当地机构也涉足酿酒，如加利福尼亚大学的葡萄栽培和酿酒学课程、葡萄酒研究所等。这个产业群与加州在农业、食品和餐饮以及酒乡旅游等方面的产业群也有较弱的联系。

说到葡萄酒，大家很自然地就会想到法国。法国盛产葡萄酒，这是世人皆知的事情。法国波尔多是世界上最大的美酒之乡，也是法国葡萄酒的骄傲，这里盛产的红酒在全世界最为有名。

美国是葡萄酒新世界国家，说到美国葡萄酒，就不得不提加州。加州是世界第六大酿酒区。其葡萄酒产量占美国的90%，大约有850家酒庄。加州的葡萄酒产量要比整个澳大利亚总产量高出1/3。如果把加州当成一个国家，它将是全球第四大葡萄酒产区。

美国同时也是法国葡萄酒最大的国际市场。法国的香槟酒一直以来的最忠诚客户，既不是为了葡萄酒而战的英国人，更不是法国人自己，而是美国。仅仅2010年，美国就预订了1780万瓶香槟酒，相比过去，法国葡萄酒在美国市场份额已经显著下降，但法国仍然是全世界网上评论率最高的葡萄酒生产国。尼尔森公司调查关注了互联网上的葡萄酒评论次数，对网上聊天室、公告栏和Twitter等社交网站的评论情况进行了分析，并将评论按肯定、否定和中性进行分类，结果发现，法国葡萄酒受谈论的数量比例远远超过其市场份额。

俗话说："人往高处走，水往低处流。"两地之间的贸易往来就如同流水一样，一个地区缺什么，另一个资源相对充裕的地区产品就会流向该地。供需的失衡推动了贸易的发展。但是看看美国加州和法国之间的葡萄酒交易我们就会疑惑，美国加州本身就盛产葡萄酒，在世界范围内的市场也很大，为什么它还要向法国进口葡萄酒呢？

在葡萄酒问题上，存在两种不同的葡萄酒，一种叫作数量型的葡萄酒，全世界几乎都可以生产的葡萄酒。另一种则叫作口味型的葡萄酒。从理论上说，这两种葡萄酒随着历史的变迁，已经完全不再同质，可以看成是两种商品。比如香槟和赤霞珠，原料类似，却是两种酒。

法国葡萄酒的特点，在于其先天的地理和文化优势，在同样的产量下，法国葡萄酒因为独特的地理优势，口味要优于美国葡萄酒。生产相同的葡萄酒，法国的成本要远远低于美国。法国拥有的酿造好酒的地方，要远远多于美国。换言之，法国在质量上有优势。而且在人工和成本方面，由于葡萄酒从业人员较多，法国葡萄酒的成本其实更低些。

美国的葡萄酒，则正好相反，美国葡萄酒实际上是一种良种葡萄规模化生产的产品。同等条件下，美国葡萄酒的产量要超过法国很多。美国加州地区依靠现代灌溉技术，根治葡萄害虫和疾病，使产量不断上升。由于美国的劳动力较为缺乏，实际上美国葡萄酒的人工成本反倒要高些。

这里还是要回归到比较优势之中，比较优势理论是在绝对成本理论的基础上发展起来的。根据比较优势原理，一国在两种商品生产上较之另一国均处于绝对劣势，但只要处于劣势的国家在两种商品生产上劣势的程度不同，处于优势的国家在两种商品生产上优势的程度不同，则处于劣势的国家在劣势较轻的商品生产方面具有比较优势，处于优势的国家则在优势较大的商品生产方面具有比较优势。两个国家，专业化生产分工，出口其具有比较优势的商品，进口其处于比较劣势的商品，则两国都能从贸易中得到利益。

美国加州进口法国葡萄酒的问题，在生活中我们也能够遇到，例如上海的羊毛衫产量要高于内蒙古，但是上海还要大量地从内蒙古运回羊毛衫。比较优势的贸易能否发生的前提是，首先要承认偏好和历史习惯，美国人认同的是质量，并不是数量，就算加州本身生产最好的葡萄酒，但那只是极少部分，无法满足市场需求。同样上海的羊毛衫的确产量很大，但是生产真正的优质的羊毛衫，却并非上海的优势。从国际范围来看，从经济学角度来说，羊毛衫生产还是具有很强的代表性的。

虽然说美国加州葡萄酒的产量和市场也是非常广大的，但是与其相比，法国葡萄酒还具有很强的优势。加州和法国葡萄酒之所以能各自在世界市场上雄踞一方，很大的原因就是比较优势的存在。美国葡萄酒则避开法国的锋芒，进军阿根廷、英国、澳大利亚市场。在那些更看重数量和价格的地方，美国葡萄酒战胜了法国葡萄酒。

比较优势原理本来是国际贸易学中的重要概念，现在广泛地用在各种竞争合作的比较当中。比如，城市的功能定位，国际间的经济合作，求职者之间的能力比较公司之间的发展能力比较，等等，任何可能发生比较和差异的地方都能用到比较优势原理。

这也是为什么哈佛教授曼昆特别重视这一原理，将其提升到经济学的靠前位置的重要原因。无法理解比较优势，也就是无法理解现实的经济学世界。

第三节　为什么市场上"美国制造"占据90%份额

一直以来，在很多美国人的眼中，似乎到处都是"中国制造"，离开中国制造生活无法继续。之前，曾经有一名美国公民尝试着不买"中国制造"的产品，结果根本坚持不下来。然而，据美国媒体报道，美国旧金山储备银行的高级经济学家和研究顾问日前发布了一份研究报告称事实并非如此。

旧金山储备银行高级经济学家加林娜·黑尔和研究顾问巴特·霍比因根据美国商务部、美国劳工统计局和人口统计局的调查数据得出的结论是美国家庭消费的产品和服务有88.5%是美国制造，剩余11.5%进口自海外，而来自中国的产品只占这11.5%中的1/4左右，具体来说也就是2.7%。即便是这么低的份额，两人还是认为这实际上高估了"中国制造"的比例。这到底是怎么回事呢？

在这场"美国制造"和"中国制造"的份额之争中，比较优势理论仍发挥着巨大的作用。所谓比较优势，是指如果一个国家在本国生产一种产品的机会成本（用其他产品来衡量）低于在其他国家生产该产品的机会成本的话，则这个国家在生产该种产品上就拥有比较优势。在产品生产过程中，中国在加工方面具有一定的比较优势，因此加工制造的工作就交由中国来完成。

针对"美国制造"与"中国制造"的问题，就有必要引入生产可能性边界的概念。生产可能性边界又叫生产可能性曲线、转换线，简称PPF。它是用来表示经济社会在既定资源和技术条件下所能生产的各种商品最大数量的组合，反映了资源稀缺性与选择性的经济学特征。生产可能性曲线就是评估一个国家应该怎样分配其相对稀缺的生产资源。这个曲线的内部和边界，其实约等于一个国家的市场容量和潜力。

生产可能性边界表明了用一种物品来衡量另一种物品的机会成本。假设当社会把一些生产要素从汽车行业再配置到电脑行业，即经济从生产可能性曲线上的一点移到另一点时，它为了得到额外的200台电脑而放弃了100辆汽车。换句话说，当经济在原位置时，200台电脑的机会成本是100辆汽车。

这意味着，根据汽车衡量的电脑的机会成本取决于经济正在生产的每种物品的数量。当经济用它的大部分资源生产汽车时，生产可能性边界是非常陡峭的。因为甚至最适于生产电脑的工人和机器都被用于生产汽车，经济为每辆汽车所放弃的电脑数量的增加相当可观。与此相比，当经济把其大部分资源用于生产电脑时，生产可能性边界非常平坦。在这种情况下，最适于生产电脑的资源已经用于电脑行业中，经济为每一辆汽车所放弃的电脑数量的增加是微不足道的。

生产可能性边界表明，在既定的经济资源和生产技术条件下所能达到的两种产品最大产量的组合。社会生产处在生产可能性边界上表示社会经济处于充分就业状态；社会生产处在生产可能性边界以内的点，表示社会未能充分利用资源，即存在闲置资源，其原因是存在失业或经济缺少效率；社会生产处在生产可能性边界以上的点，必然以今后的生产萎缩为代价。

生产可能性边界凹向原点说明随着一种产品的增加，机会成本是递增的。也可以说，是机会成本的递增决定了生产可能性边界凹向原点。机会成本的递增是由于某些资源适于生产某种产品，当把它用于生产其他产品时其效率下降（即单位资源的产出量减少）。这种现象在现实经济中也是普遍存在的。

美国之所以选择中国做自己的生产加工商必然是经过专业的分析后才作出了决定。所谓的"中国制造"其实是一个面具，从获利的角度来看，仍然要归属于"美国制造"。关于获利方面，美国的两名学者也给出了具体数字，美国从国外进口的产品平均算下来，其价格的 36% 落入了美国公司和工人的口袋中，而从中国进口的产品这个比例更高。

"平均算下来，美国人在任何一款中国制造的产品上花上 1 美元，有 55 美分落入美国公司和工人的口袋。"他们在报告中写道，"换句话而言，中国制造中包含有 55% 的美国内容。之所以中国制造的产品在这方面的比例要高于别国制造的产品，关键原因在于中国制造产品的种类，美国从中国进口的多是一些服装和电子产品，这些产品的零售利润率要比其他商品高一些，也就是美国零售商和批发商能多赚一些。"

另一方面，美国虽然很大，可是资源也是有限的。美国自己的资源和进口的资源也都有一个合理的临界点存在。如果全部都进口中国，那么必然生产可能性曲线会变得极为陡峭，这意味着美国自己的机会成本会很大，可能挤占国内的资源或者出现闲置。比如全部消费品都靠进口，那么美国可能会变成一个只在某个方面有绝对优势的国家，比如计算机生产。但这样的结果，必然是美国为此要付出一些不必要的代价。

其实大部分的大国，对外贸易都只占很小的一部分，作为世界上最大的贸易国和生产国，中国自己进口产品也只占到本国市场份额的 2% 左右。巨大的美国市场，不可能靠中国进口满足市场全部需求。据哈佛大学教授弗格森的研究，在长达 110 年的时间里，美国一直是商品生产的第一大国。即使在 2010 年这个位置被中国超过，中国的份额也只不过比美国多了不到 0.5 个百分点。其实美国本身对外的依赖性很低，进出口部门对美国经济的贡献率还不到 2.0%。也就是说，单凭这个数据也可以证实美国国内市场的庞大和稳定。

当然若这种计算方法属实，那对美国来说将有着新的意味。中国对美国的出口虽然增长比较快，但美国工人和美国公司从中获得的好处更多。

第四节　禁止密西西比河东西的贸易往来，会让美国人的生活更美好吗

去过庙里的人都知道，一进庙门，首先是弥勒佛，笑脸迎客，而在他的北面，则是黑口黑脸的韦陀。但相传在很久以前，他们并不在同一个庙里，而是分别掌管不同的庙。弥勒佛热情快乐，所以来的人非常多，但他什么都不在乎，丢三落四，没有好好管理账务，所以依然入不敷出。而韦陀虽然管账是一把好手，但成天阴着个脸，太过严肃，搞得人越来越少，最后香火断绝。佛祖在查香火的时候发现了这个问题，就将他们俩放在同一个庙里，由弥勒佛负责公关，笑迎八方客，于是香火大旺。而韦陀铁面无私，锱铢必较，则负责财务，严格把关。在两人的分工合作下，庙里一派欣欣向荣。

这个故事说明了什么呢？它向我们很好地诠释了比较优势

的价值。弥勒佛在吸引客人方面具有比较优势，而韦陀则在管理账务上具有比较优势，如果他们两个能够合作，则对两个人都有好处。就像两个民族，一个是以放牧为主的游牧民族，一个是以经营农业为主的民族。如果这两个民族能够进行贸易的话，无疑会使双方都受益，因为可以发挥各自的比较优势。作为游牧民族，他们要是想吃米饭、馒头啥的，总不能在自家的草原上挖个坑，来种水稻或小麦吧，就算你把坑挖了，又没有很发达的灌溉系统，到头来能不能收获还是个大问题。对于以经营农业为主的民族也一样，他们可以拿自己的产品去换肉吃，而把自家的田拿来种水稻或小麦，养活更多的人。

　　同样道理，在国家的发展问题上，比较优势也有着重要的意义。对于美国来说，密西西比河占有举足轻重的地位。密西西比河在其漫长的流动中，滋润着美国大陆 41％ 的土地，水量也比美国境内任何其他的河流都要多。密西西比河也是美国人饮用水的来源。其流域包括美国 31 个州和加拿大的两个省的全部或一部分。密西西比河还被作为许多州的州界。密西西比河，从开始垦殖的时候起，就是南北航运的大动脉。密西西比河的客观存在也在一定程度上带动了美国经济的发展。

　　1861 年，南北战争爆发。为了取得对密西西比河的控制权，南北双方都竭尽全力。在南北战争时期，南方联盟的想法是掐断密西西比河的河道，自然会美国一分为二。北部的地区将依靠他们自己的钢铁工业换取南方的棉纺织品。北方要吃水稻，用棉花，必须用他们的玉米来换。在西进运动中，南北双方的人们也沿着密西西比河为界，清晰地出现了自由州、过渡州、和蓄奴州的差别。南方在生产效率和财富方面都优越于北方。北方除去自由工厂和土地面积比南方多外，其他一无所长。

　　最初，在密西西比河上，南方军队占有优势。1862 年，后来的总统，尤利西斯·S. 格兰特将军在炮艇和装甲汽船掩护下，在维克斯堡一战中取得胜利。这是战时北方所取得的少数胜利之一。从此也掐断了南方经济的原料来源。如果当时维克斯堡和密西西比河到了南方同盟的手上，北方联邦的商业和战略将受到沉重打击。曾是密西西比河船夫的亚伯拉罕·林肯总统战后曾评价说："万川之父静静地流向大海。"

比较优势这个概念告诉我们，对一个各方面都强大的国家或个人来说，聪明的做法不是仰仗强势，四面出击，处处逞能或事必躬亲，而是将有限的时间、精力和资源用在自己最擅长的地方。这个道理不仅适用于国与国之间，对于人与人之间、省市与省市之间也是如此。在美国，哪怕是在密西西比河东西两岸，这个作用也是存在的。

这是因为，通常情况下，不论是个人还是国家，两者的分工合作关系都是建立在比较优势之上，而不是绝对优势之上的。为什么这么说呢？因为人类的精力和时间都是有限的。尽管你什么都行，但人各有所长，即使样样很强，也不能事事躬亲，所以合作是必要的选择。同理，尽管中国在彩电生产上对越南有绝对优势，但在电脑生产上的绝对优势更大。因而中越贸易中会是中国向越南出口电脑，越南向中国出口彩电。两国的贸易关系是建立在比较优势而不是绝对优势的基础上。

反之，一个各方面都处于弱势的国家或个人也不必自怨自艾，要知道，"强者"的资源也是有限的。为了它自身的利益，"强者"必定留出地盘给"弱者"。比较优势理论的精髓就是我们中国人所说的"天生我材必有用"。

对于密西西比河以东的人们而言，既然不能制造波音飞机和北加州葡萄酒，那么，就做比制造飞机和酿制葡萄酒更擅长做的事情。如果西部那些非常善于制造飞机和葡萄酒的工人，将不得不放弃他们的工作，去生产那些通常在东部生产的商品。他们将干得不如现在好。禁止跨越密西西比河贸易是把专业化的钟表向回拨。人们将放弃最好的产品而被迫去做那些并不特别擅长的工作。总之，人们会更穷。因为人们的整体生产率更低。这就是为什么经济学家不但支持跨越密西西比的贸易，也支持跨越太平洋和大西洋的贸易的原因。

如何合理利用自身的优势来实现自身价值的最大化，这是认识比较优势理论的意义所在。贸易之所以会出现，就在于资源的地区差异性，从物与物的交换开始，贸易往来就开始了。拿密西西比河来说，东西两岸生产经营的差异性正好推动了美国的贸易往来和经济发展。如果密西西比河东西两岸的贸易被禁止了，相信今天的美国也不会这样发达，人民的生活也不会这样富裕。

第五节　为什么中国制造只能换好莱坞大片的生意

美国大片商行业组织美国电影协会发言人表示，按照 2012 年 2 月 17 日晚间达成的协议，中国将在原定引进外国电影配额的基础上每年增加 14 部 3D 或 IMax 电影。该发言人还表示，这些额外增加的电影的 2D 版本也能在中国上映，并不占一年 20 部的指标。因此，配额本身并未受到新协议的影响。另外，该发言人还表示，美国片商票房分账比例将上升至大约 25％。扣除成本后，票房分账比例将从目前的 13.5％上升至 17.5％。余下票房将归中方。在美国，影院与片商的票房分账比例大约为50：50。

这一协议的公布，引起了不小的反响。到目前为止，中国分账大片的进口发行工作一直都由一家国营实体负责。按照新的协议，独立公司也可能获得发行影片的牌照。此项规定受到了代表美国独立片商行业组织的美国独立电影电视联盟的欢迎。该组织发表声明称，新协议将令外国中小型片商受益，也预示着美国电影出口的扩大。

现在看一下，美国推销给中国的商品和美国市场上的中国商品的品种。事实上目前的中美贸易的特色就是这样的：中国进口美国的知识产品，比如电影和软件服务；美国进口大量的中国日常生活产品，导致这种局面的主要是贸易福利份额不同的分配方式。

美国出口一部好莱坞大片的利润相当于中国某些产品，比如运动鞋一年的利润总额。这种情况下，分成和配额就是一种必要的分配干预手段。

国际贸易是一种互利的活动，参与国际贸易的国家都能从中获益，而一国获利的多少则取决于该国的贸易条件，即出口商品价格与进口商品价格之比。而所谓的来自贸易的福利是指交换的利益，即如果个人或国家之间拥有不同的商品禀赋或不同的偏好，那么通过相互之间的贸易活动，他们均可改善各自的福利，不过福利的效应不大相同。这一点既促成了全球化，也导致了反对全球化的浪潮。

历史上曾先后发生两次全球化浪潮。第一次全球化浪潮发生在 1870 年至 1914 年间，第二次浪潮兴起于二战之后。在两次世界大战期间与大萧条时期，国际贸易的增长受到阻碍。而自 1950 年开始，世界商品贸易显著增长，到 20 世纪末增长了 15 倍左右。与此同时，世界商品产出增长了五倍左右。交通通信领域的重大技术进步，以及八轮自由贸易对话（从 1947 年的第一回合到 1994 年的乌拉圭回合）所产生的累计效应，推动了贸易的兴旺。然而，20 世纪 70 年代中期，非关税壁垒开始降低关税削减所带来的自由贸易效应。

2011 年美国政府以阿根廷拒绝向两家美国公司支付赔偿为由，宣布暂停阿根廷的贸易最惠国待遇。这一举措遭到阿根廷政府的强烈批评。阿根廷总统克里斯蒂娜说，阿根廷政府将尽快和美国政府交涉，要求美方取消这一单方面采取的不合理措施。

克里斯蒂娜同时指出，近年来，阿根廷产品出口一再遭遇美国贸易保护主义措施的阻挠。美国采取的卫生检疫壁垒和关税壁垒使得阿根廷的牛肉和柠檬无法向美国市场出口。而据曼哈顿律师的《257实验室》披露，最早的口蹄疫病毒就是美国一个实验室的副产品。阿根廷的口蹄疫实际上源于美国本土。这种人造壁垒的危害可见一斑。

李嘉图的比较优势理论说明，贸易在总体上是有利的，但当美国的消费者消费更多中国生产的纺织品时，美国的纺织工人就失业了。哈佛商学院教授约翰·奎尔奇说："毫无疑问，在经济衰退期我们都会担心出现贸易保护主义或者贸易保护者。美国的生产商们已经开始面临很多工人失业的现象了。在美国如果你不买国外的产品，就可能饿死、冻死。美国没有什么产品是100%在美国生产的，绝大多数产品都是进口的。甚至像底特律那些汽车生产商他们生产汽车的零部件都是在外国生产拿过来装配的。所以不存在完全的美国货。当然，在经济衰退期，关税稍微有点提高，这是可能出现的情况。"

在曼昆的《经济学原理》中，曼昆无数次对国际贸易发问，试图寻求其中的答案。一般来说，国际贸易的运行，必然预示着一定的利益变更。"我们是不是应该通过贸易调整机制来补偿那些因国际贸易受损的人呢？"曼昆问道。补偿损失者通常存在两个问题。其一，补偿对象如何界定。有的经济学家认为，美国纺织工人应该补偿美国消费者，因为他们多年来受益于美国的纺织品配额，直到大量的中国纺织品被允许进入。其二，给予一个失业人士特殊待遇的充分理由何在？贸易导致的失业和其他原因导致的失业的本质区别在哪儿？

总的来说，国际贸易对国家福利的影响是巨大的，一国的福利水平实际上取决于本国居民可消费的商品和服务的量。对于出口国来讲，如果只有产品的流出，那国家的福利肯定是减少的；对进口国来讲则有利于国家福利。但是在现实生活中，没有任何国家是单纯的出口或者进口国，因为任何国家必然都是两者同时进行的（不同国家比较优势的存在促成了国际分工，即使生产力最落后的国家也有出口的商品）。总体上来讲，一国处于贸易逆差时，国际贸易带来了国家福利水平的提高，贸易顺差降低了本国福利，但是却聚敛了国际货币，扩大了外汇储备的规模。

曼昆接着问："发展中国家的血汗工厂是一种耻辱，还是某种光荣（对于美国公司而言）？"虽然以美国标准看来，这些工厂的工作时间冗长，工资之低和工作环境之恶劣令人无法忍受，但美国公司提供的工作机会，却能使这些工人过上比没有它们时更好的生活。"那么，为什么美国公司不为他们支付高工资？"曼昆说，"因为和任何私营企业一样，这些公司也是以营利为目的，它们努力使成本最小化，股东利益最大化。"

既然贸易如此有利，为什么美国不放任自由贸易，放弃复杂的多边贸易谈判，不管别国怎么做呢？曼昆的回答是，因为美国政府对于贸易采取的是重商主义。他们视出口为宜，因为创造了就业；视进口为害，因为工作机会转移到出口国，但事实恰恰相反。进口是有好处的，它使人们享受到超越本国生产可能性的产品，丰富了人们的选择，而出口只是人们为了取得进口而必须卖给国外的。问题是，受惠于廉价进口品的美国消费者并没有组织起来形成一支政治力量，而那些被进口替代的美国生产商则组织起来了，并对华盛顿施加了影响。

国际贸易促进一国经济的发展是多方面的。既有国内的，也有国际的；既有微观的，也有宏观的。由于各国现实的经济发展呈现出多样化，国际贸易促进经济增长的类型也呈现出多样性，没有统一的模式。国际贸易能否发挥带动经济增长的作用，也还要看一国能否选择正确的外贸政策和外贸发展战略，并能适时地根据变化了的国内外情况调整这种政策和战略。中国发布增加美国电影进口、提高进口电影分成这一协议，相信也是中国采取的又一促进经济发展的措施。

第五章　为什么街角咖啡店总有卖不完的面包圈

第一节　什么成就了宜家的世界家具帝国

作为一家经常遭到非议并按照自己规则经营的公司，宜家不但从全球化中获得了惊人的利润，而且仍旧被大多数人视为一家进步的优秀公司。过去 60 多年来，宜家在世界范围内取得了非凡的成就，除了非洲没有涉足外，它的触角遍布四大洲。据不完全统计，在宜家的成长过程中，共有 4.1 亿人在全球 220 多家宜家大型家具店中购买过东西。甚至瑞典的一家经济类杂志称，宜家创始人英格瓦·坎普拉德的个人资产高达 530 多亿美元，超过比尔·盖茨，是世界上最富有的人。

宜家在家具行业的霸主地位日益凸显，在世界范围内的家具帝国也更加巩固。从企业经济学角度看，宜家的成功来自于它领先的设计、世界范围内的采购以及一套近乎完美的制造销售流程。巨大的销量以及低成本让宜家获得巨额利润。当然，这不是它成功原因的全部。那到底是什么成就了宜家这样的世界家具帝国呢？

熊彼特曾经指出，销售活动通常就是导致市场波动和创新周期的震源。

1943 年，17 岁的中学生英格瓦·坎普拉德在欧洲成立了一家贸易公司，并取名为 IKEA。勤奋好学的英格瓦在高等贸易学校学习了经济学理论，这些理论让他受益匪浅。在这里，教授告诉英格瓦，买便宜货的一个重要途径就是直接进口。他记住了这句话，并一直都这样做了。

英格瓦从报纸上看到外国企业在瑞典寻找合作伙伴的消息之后，便给巴黎的一家钢笔厂写信定购了 500 箱产品。邮包一到，他就背着包裹去了瑞典南部很多地方，在烟酒店和游戏厅展示商品。虽然累得要死，但收获颇丰。接着英格瓦也会在报纸上打小广告了，不久他便收到了第一笔订单。

经过几年的发展，英格瓦还在这条生意之路上不断努力着。他继续从国外进口商品，再卖给零售商。慢慢地，他决定要扩大家具生意。

为了宣传商品，英格瓦决定让在农村很受欢迎的《农民邮报》附上他的商品简介。这份发行量不小的报纸让他花去了一大笔钱。在宜家的商品简介中，英格瓦写道："商店里的东西之所以那么贵，是因为有中间商的存在。"他针对农民打了一个很巧妙的比方："你们比较一下你们宰的一公斤猪肉和人们在商店里买同样分量的猪肉价格吧！"英格瓦的广告策略很是成功，订单的飞涨证明了这一点。

中间商和销售渠道的拓展经常是市场扩张的形式。市场的力量尽管可以抽象为供需符号。在实际生活中，它们的形式却可以明晰得多。这是最早的关于市场的一般理解和认识。

卖哪种产品，英格瓦首先会考虑价格，如果价格不合适，再好的东西，他也会放弃。在 20 世纪 50 年代的瑞典，英格瓦不是唯一做邮购生意的卖家。围绕价格展开的竞争，从来没有消停过。随着价格的下降，宜家的质量也下降了，英格瓦的信箱里全是投诉信，这让他非常头痛。在那个时代，顾客是没有退货权的，他们的抗议就是拒绝再次购买。

这让英格瓦认识到，通过产品目录和简介，顾客根本无法了解商品的质量。在和自己的员工汉森长时间地讨论后，他们决定把商品拿出来展览。英格瓦想让顾客参观家具店，并通过这种眼见为实的方式再次获得顾客的信任。

宜家家具的再次走红，很快便激起了同行们的嫉恨，他以低廉的价格打击了竞争者的生意。他们指责英格瓦，以低成本仿制了他们那些由知名设计师设计出来的家具，并罪恶地制造了大量赝品。宜家的隆格伦简直就是修改家具设计的大师，若干细微的变化成了宜家应付剽窃指责的法宝。达克斯家具店多次把宜家告上法庭，但是大多都无功而返。"每一个设计都有其他设计的影子。"隆格伦说。

1962 年，哈佛商学院教授马尔科姆·麦克内尔写了一张名单，名单上是美国历史上最伟大的 6 位商人。这 6 位商人包括：弗兰克·W. 伍尔沃斯、约翰·沃纳梅克、J.C. 彭尼、罗伯特·E. 伍德将军，以及第一个"超级市场家"迈克尔·库仑，还有这 6 位商人当中最不为人所知的尤金·法考夫。而这个人的经历几乎就是宜家帝国的模式。其最大的原则是利用市场的无所不在的供求力量。

在同行看来，宜家就像一个肮脏的、不守规矩的孩子。家具协会甚至威胁宜家的供货商，如果再给宜家供货，那么其他家具店将不再向他们订货。宜家一时间失去了很多供货商，很快精明的英格瓦便找到了应对之策，他以不同的名字开设很多子公司。英格瓦本人多次被罚款，甚至被逐出博览会，但他通常的反应是注册一个人们从未听说过的子公司参加下一次博览会。

任何一个企业的成长都是艰难的，在十几年，甚至几十年的生意之途中，英格瓦渐渐有了明晰的战略定位，即把目标定在那些追逐风格又图便宜的年轻人身上。宜家在类似居室的环境中，展示各种商品，顾客无需去请设计师来想象如何把这些家具搭配在一起。与展示厅毗邻的是一个庞大的仓库，顾客自已取货带走。宜家的低价位主要来源于所谓的"顾客自助"形式。少量的工作人员、顾客自己运输、自己组装、产品易于生产且多样化、现场大量的储存、从供货商那里长期大量订货，这些为宜家节约了大量的成本，并带来低价。

加尔布雷斯之前，经济学家们认识到，似乎是顾客的货币选择决定了销售额的大小。他们给它起了个名字：消费者统治。

低价格的优势必然带来销量的走高，对于宜家来说，商业的目的是服务顾客，产品自身是服务顾客的手段而非目的。顾客实际上是商业的唯一的目的，不清楚地了解顾客需求以及如何争取顾客，任何商业功能都无法有效运转。宜家的产品来自何方，对于顾客来说是一个不太需要关注的事情。宜家只是一家宣称瑞典风格的家具店，店中的东西来自世界各地，在2005年，宜家出售的商品只有9%来自它的故乡瑞典。

宜家的价格优势不但源于从低收入国家直接进货，同时它的让顾客自己"付账—运输"的原则也起了决定性作用。正如沃尔夫冈·霍夫曼当时在《时代》上所说的："传统的像宜家这样的企业大约需要9000名员工，而宜家却在自己的体系下把这一数字定格为2200名。"

当宜家抢占一个新的销售区域时，它的市场营销是最先行的，其他所有的事必须摆在后面，它那些铺天盖地的产品目录就可以说明这一点。

第二节　为什么街角咖啡店总有卖不完的面包圈

对于条形码的高技术含量的历史及其给人们带来的福利，已经有各种书籍对此歌功颂德。对条形码这一天才发明的广泛影响力，怎么表述也不为过。条形码首先在超市中流行起来，因为超市中需要贴标签的商品相对较少（第一个标注了通用产品代码的产品是 1974 年的一个双分量包装的箭牌口香糖）。百货商店中有成百上千种商品（不同颜色、大小和品牌），因而百货商店在引进这项技术时也更为小心谨慎。在凯马特 20 世纪 80 年代初采用了条形码之后，沃尔玛以及其他许多折扣连锁店也追随着这股热潮，强迫供应商在所有商品上都印上条形码，然后才能将商品配送到各个商店和仓库去。

条形码扫描器使得"实时"监控消费者喜好成为可能，这样折扣店就可以很快地将那些销售周期较长和较短的产品区分开来，并且对其进货订单作相应调整。商人花在仓库中的时间变少，也就意味着占地成本降低，处理货物成本减少，进货产出就增加，这样就可以实现平稳流畅的资金流。

之前在一本书里看到这样几个问题：不管你何时去校园的书店买铅笔，它总是不会缺货；街角的咖啡馆总是有足够的面包圈，即使你临时决定去吃午饭，也不必打电话预订面包圈，尽管无人专门负责面包圈。有人看到条形码技术，认为是那个计算机控制的机器决定了这种现实。不过，在条形码技术发明之前，又是什么决定面包圈随时随地满足你呢？

的确，越是生活中的必需品，你越容易购买，即使是在郊区，可能你买不到面包圈，但是一袋方便面也总是有的。因此，街角咖啡店里卖不完的绝不仅仅是面包圈，而是所有市场需求量大的东西。市场决定了供给量的多少，技术只不过加速了这一过程的实现。

市场是社会分工和商品经济发展的必然产物。同时，市场在其发育和壮大过程中，也推动着社会分工和商品经济的进一步发展。市场通过信息反馈，直接影响着人们生产什么、生产多少以及上市时间、产品销售状况等；联接商品经济发展过程中产、供、销各方，为产、供、销各方提供交换场所、交换时间和其他交换条件，以此实现商品生产者、经营者和消费者各自的经济利益。

供给与需求是经济学分析的基本层面。萨缪尔森在他的《经济学》中引用了无名氏的一句话：你可以使一只鹦鹉成为经济学家，但前提必须是让它明白"供给"和"需求"。

所谓需求，是指大众因需要一件产品而产生的要求；而供应指商家响应大众的需求而提供的产品供给。它显示了随着价钱升降而其他因素不变的情况下，某个体在每段时间内所愿意购买的某货物的数量。在某一价格下，消费者愿意购买的某一货物的总数量称为需求量。在不同价格下，需求量会不同。需求说的也就是价格与需求量的关系。若以图像表示，便称为需求曲线。

经济学中的需求包含两层含义：首先，需求来自消费者的嗜好或偏好，是一种纯粹的主观上的需要；其次，需求应该是有支付能力的需求，即能够买得起。假如一个人很有钱，买得起高档时装，但他对时装不感兴趣，也不打算买，他就构不成对时装的需求；另一个人，很喜欢时装，也想买，但又没有支付能力，他同样构不成对时装的需求。只有主观上有买时装的欲望，客观上又具有支付能力，才构成对时装的需求。

供给是与需求对称的一面。我们常提到市场，市场是由买方和卖方构成的，只有买方或者只有卖方，交易不会发生，市场就名存实亡。这里的买方就是需求方，卖方就是供给方。供给实际上就是提供商品，这些商品包括机器、石油、大米、飞机、衣服等各种可以交易的东西。所谓市场供给，是指在一定的时期内、一定条件下，在一定的市场范围内可提供给消费者的某种商品或劳务的总量。从专业的角度来说，市场供给能力分析的时间也应考虑整个项目寿命期，市场范围包括国内市场和国际市场。市场供给分析还可以分为实际的供给量和潜在的供给量，前者是指在预测时市场上的实际供给能力，后者是指在预测期（项目寿命期内）可能增加的供给能力，实际的供给量和潜在的供给量之和近似为市场供给量。另外，市场供给量又可具体分为国内供给量和国外供给量，分析市场供给能力，不仅要分析国内的供给能力，而且要研究国外的供给能力。

1915 年旧金山世博会上，福特夫妇和爱迪生相约来到交通馆，T 型汽车的生产流水线每天下午演示 3 小时，每 10 分钟组装一部整车并现场销售。世博会期间共生产 4400 辆。福特流水线对元件和程序的标准化，对技术分工的精确化，彻底改变了全社会的生产组织理念。历史学家对福特毁誉参半，有人批评生产流水线让工人沦为机器的奴隶和附庸，并使底特律变成了"八指城"。还有福特家长式的专断独裁和农民式的因循守旧；指使暴徒殴打工会人员的"天桥之战"；空想主义的欧洲"反战之旅"；在前苏联享有的崇高荣誉和声望……这位人格复杂、学历阙如的"汽车大王"也许永远值得研究。他对世界的深刻影响在工业界无人企及。

不论是对于一个企业，还是一个小小的咖啡店来说，预测未来的供应量都是非常重要的。因为不少产品从目前来看需求量很大，供应量严重不足，是一项短线产品，但当很多地方都一拥而上生产这种产品时，情况就会很快发生变化，短线产品会变为长线产品。因此，在预测未来供应量时，要尽可能掌握较全面的资料和信息，以便正确估计形势。

总的来说，之所以街角咖啡店总有卖不完的面包圈，主要是由市场决定的，由于街角便利的位置和往来的大客流量，市场需求较大，根据供给与需求的关系，自然供应量也增大，从而让你有一种它总是卖不完的感觉。

第三节　谁决定一棵圣诞树的价格

美国人的圣诞节最典型特点是摆放巨大的圣诞树。尽管这个习俗来自于德国，可是最大最漂亮的圣诞树总是出现在美国。

圣诞树的价格也是千差万别，加州的大部分自助砍伐圣诞树林场在近几年纷纷关门，美国全国的实木圣诞树销量都在缩水。2010年，全美仅售出了2700万棵实木圣诞树，20年前这个数字是3700万。在最著名的圣诞树产地圣克拉拉村，1994年砍倒了约64000棵圣诞树，而去年仅为10000棵。

美国圣诞树协会分析说，人造圣诞树越来越受美国家庭欢迎，实木圣诞树卖不动了，目前美国售出假树与真树比例已超过5：3。一棵人造圣诞树可重复利用好几个圣诞节，省钱又方便，也更环保，每年砍伐、清洗和运输真树的过程中消耗了大量能源。

市场上的每件商品都有定价。那么商品的价格是如何确定的？定价是千万年也不变的吗？让人摸不着头脑的价格到底是谁决定的呢？答案是：市场。可市场也不是人，怎么能决定价格呢？那么先通过这样一个模拟市场来看一看，到底价格是如何确定的吧！

"走钢丝，举大石头，爬大树，赛跑……嗯，体育大会可真热闹呀！"

"体育大会时穿什么衣服呢？很多朋友都要来呀……"

"穿什么呢……对了，就穿运动服吧！"

动物们一窝蜂地向服装商店跑去。听说要开体育大会，"漂亮运动服"商店的主人大象阿姨马上回到店里。

"漂亮运动服，便宜了！一套10000韩元！还有带花纹的彩色运动服！"

大象阿姨好像憋足了劲，叫卖声特别响亮。

大象阿姨还打起了横幅广告。动物们蜂拥而至。

"呀，真带劲！妈妈，我要这个！妈妈要哪个？"小兔子说道。

"妈妈，我喜欢蓝色的运动服！爸爸说他喜欢枫叶颜色的！"小鹿跟妈妈大声说着。

动物们争先恐后地在大象阿姨的店里试运动服，买运动服。而旁边"新花样运动服"店的狐狸阿姨却心急如焚。"哎呀！我家没有带花纹的运动服，也没有枫叶颜色的运动服。这可如何是好啊？这样下去，客人不都被别人家抢光了？好，有办法了！"

鬼点子多的狐狸阿姨马上修改了价格表。

"穿上一件别无所求的新花样运动服！新花样运动服！只卖9000韩元！另外赠送一条漂亮的手绢！"

"一套运动服9000韩元！还赠送一条漂亮的手绢……"

眼尖的松鼠、獐子、熊、野猪等家庭为了省下1000韩元，纷纷涌到狐狸阿姨家来了。

"妈妈，这家便宜1000韩元。运动服正合我身。"小松鼠说道。

"哎呀，獐子大嫂也来了？这套衣服正适合小獐子穿的。"熊阿姨说道。

客人们都跑到隔壁的店铺去了，大象阿姨偷偷地瞟了瞟狐狸阿姨的店铺，心想，这到底是怎么回事？

"什么？运动服一套9000韩元！另外赠送一条漂亮的手绢……"

大象阿姨马上回到店铺，重写了价格表。"跳楼大甩卖啊！不能再便宜了！运动服一套8900韩元！另外赠送一条花纹手绢。"

这样一来，大象阿姨家门前的客人又多了起来。可狐狸阿姨也不甘示弱，马上也把价格降为8900韩元。因为狐狸阿姨和大象阿姨的互相竞争，动物们都买到了价廉物美的运动服。

这样的情况在生活中是经常能够看到的，往往决定一件产品价格的幕后黑手就是市场。这种市场决定论，早在亚当·斯密时代就已经被确定。

萨缪尔森在他的经济学中，将这些行为说成是一种市场规律。这也常被看成是一种自然规律:"谁统治市场经济?是诸如通用电气公司和美国电报电话公司这样的大公司在发号施令?还是国会和总统?抑或是麦迪逊上的大广告商?若仔细考察一个市场的组织结构,我们就会发现消费者和技术是市场的双重君主。"

正如我们在"动物店铺的价格大战"里所看到的那样,市场的价格是不断地变动的。买的人多,东西少,价格就会上涨;反之,买的人少,东西多,价格就会下跌。

价格是由市场上的买主和卖主通过讨价还价来决定的,也是通过卖家与卖家之间的竞争来决定的。比如苹果的价格为每个 3000 韩元时,想买苹果的人会认为比自己预想的价格高,会少买一点;如果苹果的价格降为每个 2000 韩元,人们就会多买一些。如果同样是一个苹果,甲家卖 3000 韩元,乙家卖 2800 韩元,那么很显然乙家的生意会比甲家的好。

不论是买家与卖家的抗争,还是卖家间的角逐,最后都会对购买苹果的消费者比较有利。反之,对卖苹果的人来说,如果每个苹果的价格为 2000 韩元,他们就会认为比他们预想的价格低,就不想多卖了,而当苹果的价格涨到每个 3000 韩元时,他们就会想多卖些。因为这样对卖苹果的人更有利。

对于产品本身来说,价格是身不由己的,太高了没人问,太低了也不会有人买。市场这个怪管家,总是让人摸不着头脑。这种过程反复多次,当某一瞬间需求和供给完全吻合时,这一价格上的交易就能持续一段时间。这时的价格称为"市场价格"。人们根据市场价格决定某种物品应该生产多少,消费多少。

2002 年 6 月,世界杯足球大赛在韩国酣战。韩国拉拉队的红魔 T 恤衫在市场上脱销,哪儿也买不到了。世界杯开战前这种 T 恤衫和普通的 T 恤衫一样,每件 5000 韩元。可是世界杯期间却卖到了 10000 韩元、15000 韩元甚至 20000 韩元。

这样的现象难免让我们疑惑，同样的 T 恤衫为什么短短的几周之内价格会上涨 2 倍、3 倍呢？根据市场中供给与需求的关系来看，因为红魔 T 恤衫的数量是一定的，而想买的人却一下子增加许多了。

生产者要想多卖东西，多赚钱，就得在消费者需要的时候生产消费者需要的产品。消费者则要评估哪家的产品既便宜，质量又好，以便能获得最大的满足。

所以市场价格可以自动让生产效率最高的人来从事生产，也可以起到防止浪费和有效调节经济运转的作用，并能让消费者利用现有的预算获得最大的满足。了解到价格是由市场决定的，我们就更容易理解生活中商品价格的设定了。

第四节 汤姆·克鲁斯为什么不去推销汽车保险

汤姆·克鲁斯为什么不去推销汽车保险？看到这样的题目，首先我们要疑惑，汤姆·克鲁斯？是那个美国著名影星汤姆·克鲁斯吗？为什么他要去推销汽车保险呢？他当演员当得挺好的啊。

没错，这里所说的汤姆·克鲁斯就是你所知道的那个汤姆·克鲁斯，就是那个成功地从饰演高中生偶像转型至饰演成人角色并名利双收的超级影星汤姆·克鲁斯。

汤姆·克鲁斯生于 1962 年 7 月 3 日，父亲是纽约的电气工程师，母亲是个话剧演员，家庭生活充满艰辛。童年艰苦的生活让克鲁斯养成了一种吃苦勤奋的精神和一种对待生活的乐观态度。他早年的愿望是做一名牧师，在旧金山神学院进修。接触影视文艺是个极其偶然的事情，他参加了校内音乐剧的演出，从此开始对戏剧与演出十分着迷，加入了当地的剧院。后来又将准备到欧洲去旅游的钱用于到纽约寻求演艺事业的发展。

20世纪80年代的好莱坞，曾有一批极具表演天赋的青春偶像被人们称作"乳臭派"明星，汤姆·克鲁斯便是其中之一。从青春偶像到影坛巨人，汤姆·克鲁斯凭借的不仅仅是人见人爱的英俊外表和迷人微笑，更多的是坚定的意志与认真的作风。为了找工作，老克鲁斯拖着妻儿至少搬过十几次家。不断变化的环境使克鲁斯的体格如运动员一般健壮，但他的学业却非常糟糕：这不仅是因为他患有诵读困难症，而且不断的转学也使他很难掌握什么学习方法。克鲁斯12岁时，父母离了婚，他与母亲和3个姐妹的生活才算安定下来，克鲁斯成了家中唯一的"男子汉"。

以上就是汤姆·克鲁斯并不完整的简短经历，交代了汤姆·克鲁斯的成长背景。汤姆·克鲁斯是一个能够吃苦的人，也懂得生活的真谛。具有优良品质的汤姆·克鲁斯如果选择去卖保险，一定也会取得显著的成果。他是一个有能力的家伙，他会比一般推销员销售更多的保单。

他也是一个能为电影"打开销路"的世界上最潇洒的人之一，这意味着世界上数以百万计的人们会仅仅因为电影是汤姆·克鲁斯演的而争相去看。所以，电影公司愿意慷慨地支付给汤姆·克鲁斯大约每部电影2000万美元的片酬。保险代理商可能也愿意付给能力很强的克鲁斯20000多美元。汤姆·克鲁斯肯定愿意去给他报酬最高的地方。在好莱坞他能获得最高的报酬，因为在那里，他能够使价值增值最多。这些也许都不是根本上的原因。

自从萨缪尔森把马歇尔的分工观点屏蔽以后，很难看到理论上哈佛经济学家承认他的重要性。通常他们都是在私下里向大家承认，分工很重要。

哈佛经济学教授曼昆说："斯密注意到扣针工厂之所以产量高，是因为它允许工人们进行专业分工。专业化提高劳动生产率。"实际是，这才是市场看上去如此有力的原因。

曼昆还以自己的论文合作为例进一步解释:"我和他人合作的第二个原因是那可以使我的工作少一点孤独。研究与写作是一项寂寞的活动,手拿纸笔或坐在电脑前耗去无尽的时间而不与外人接触是很容易的。有些人可能还喜欢这样的工作,但事实上是,与同伴们争论使我的生活更加有意义。

"我和他人合作的第三个原因是最重要的:好的合作者永远能够促进你提高,在大多数成功的合作中,各方都可以从中学到很多,一个合作者可以帮助你拓宽知识面,提高技能,也能使你暴露出思维的偏见,甚至当合作已经结束,你还能将从中得到的益处带到以后的工作课题中去。在很大程度上,随着年龄的增长,我的合作者都成了我的老师。"

在物质资料生产过程中,必须具备因素的价值的货币表现,又称生产投入品价格。生产要素一般分为主观要素与客观要素两大类。主观要素指劳动力,劳动力价值的货币表现就是劳动力价格。一般将工资(包括奖金、津贴)称为劳动力价格。客观要素指生产资料,分为劳动资料与劳动对象。厂房、土地、机器设备和各种工具属于前者,原材料、辅助材料等则属于后者。这些生产要素都有其各自的价格。客观要素按其是否经人类劳动过滤又可划分为自然要素与劳动要素两类,土地、水、矿物资源、原始森林等属于前者,而机器设备、厂房、燃料、动力等则属于后者。与自然要素相对应,有自然资源价格,包括土地价格、水资源价格、矿物资源价格等。客观要素按其是否有形还可划分为有形生产要素与无形生产要素。各种自然资源、劳动资料和劳动对象等属于前者,而技术、资金、信息等则属于后者。与无形生产要素相对应,则有技术价格、资金价格、信息价格等。

生产要素价格属于基础性价格、战略性价格。它们的变动直接关系着生产成本、产出品价格、国家财政状况以及整个国民经济的发展。各种生产要素价格都不是孤立的,它们相互交织形成一种体系，互相联系，互相制约。

如果单纯地从经济学的角度来分析汤姆·克鲁斯为什么不去卖保险，那就要客观地把汤姆·克鲁斯也看成是一个生产要素，如果还是用货币来考量生产要素的价值，那么最基本的就是依靠他的工资，以及创造出来的价值。汤姆·克鲁斯并未卖过保险，因此我们只能按照寻常人的经验来预测，每个月几千块钱的工资，除去生活费后勉强有些结余。但是作为演员的汤姆·克鲁斯，他在表演上面有着特有的天赋，加上能吃苦的优良品质，他很快就取得了卓越的成就。

第五节　除了钱之外，还有别的东西在掌控世界吗

里德先生用"铅笔——即所有能读书会写字的大人小孩都熟悉的普通木杆铅笔"的口气，异想天开地这样开始讲他的故事："没有一个人……知道我是怎么造出来的。"然后他就讲述制造铅笔的前前后后。首先木头来自一棵树，"一棵长在北加利福尼亚和俄勒冈的笔直的雪松"。把它砍倒，运到站台需要"锯、卡车、绳子……和无数其他工具"。这些工具的制造过程涉及许多人和各种各样的技能："先采矿、炼钢，然后才能制造出锯子、斧子和发动机；先得有人种麻，然后经过各道工序的加工，才制造出了又粗又结实的绳索；伐木场里要有床铺和食堂……伐木工人喝的每一杯咖啡里面，就不知包含有多少人的劳动。"

大多数人看不到这个事实，可能不相信里德的观点。有些狂人认为，这个世界是由金钱统治的，并且整个世界就是靠着他们的个人才能和手段才得以维持的。比如16世纪的梅蒂奇家族银行家认为这个世界就是金属货币的臣属，谁掌握了货币，世界就由谁掌控。

19世纪初，英国不到2%的债权人，平均拥有的财富是该国国民收入的两倍还多，他们的收入占到了国民收入的7%左右。1822年，来自国债的利息收入大约占到了英国政府全部公共开支的一半，超过了该国非直接消费税收的2/3。

滑铁卢战争以后，直至1870年，上述比例仍没多大变化，分别为1/3和超过一半。很难想象还有比这个更糟糕的税收制度：许多常用必需品需要征税，用以向少数人支付利息。一个叫克贝特的人写道"世界被控制在那些向民众放贷以维持这个罪恶社会体制的人们……包括借贷股票经纪人和储蓄经纪人……犹太人和所有征税者的手里"。

银行家们认为有了货币控制权，他们就操纵了整个世界。这种观点即使在学界也有人部分承认。比如哈佛大学的历史系教授尼尔·弗格森。

经济学家不同意这种金钱世界的看法。萨缪尔森认为市场和技术才是世界的统治者。有些经济学家则嘲笑银行家的无能。把银行家特别是人本身看成是世界的主宰，这在经济学的世界里从来都被认为是荒唐的。

认定世界是由市场的物质力量控制，而不是人为决定，这是经济学家的共识。经济学家亚当·斯密在他1776年出版的著作《国民财富的性质和原理的研究》中提出了全部经济学中最有名的观察结果：家庭和企业在市场上相互交易，他们仿佛被一只"看不见的手"所牵引，并导致了合意的市场结果。目的就是要解释"这只看不见的手"如何施展它的魔力。

价格就是"看不见的手"用来指引经济活动的工具。价格既反映了一种物品的社会价值，也反映了生产该物品的社会成本。由于家庭和企业在决定购买什么和卖出什么时关注价格，所以，他们就不知不觉地考虑到了他们行动的社会收益与成本。结果，价格指引这些个别决策者在大多数情况下实现了整个社会福利最大化的结果。

在一些极端情况下，货币没有统治权这一点就更加地明显。比如通货膨胀和赤字问题出现的时候，没有货币也是可行的。也就是说不能反过来认为是货币控制了市场。货币终究只是个工具而已。

据外媒报道，因政府财政赤字严重，乌兹别克斯坦事业单位的工作人员日前收到了一群塞尔维亚小鸡作为他们工资的一部分。

报道称，虽然当局表示员工可以自愿选择是否同意"小鸡顶替工资"，但来自乌兹别克斯坦中部布哈拉地区的一名教师透露，他们是被强制接受这项做法的。他说道："我们每人被强迫领走 10 只小鸡，一只塞尔维亚小鸡的价格约为 3 美元。当地小鸡的价格更便宜，我们别无选择。"

当局表示，"小鸡顶替工资"的做法很成功，因此他们还将在其他地区推广这项举措。此外，他们还在考虑用乌克兰小牛来代替政府津贴。

哈佛经济学教授曼昆说，乍一看，市场比金钱的权力还大，市场统治世界的说法是令人难以置信的。尤其在市场经济中，没有一个人追求整个社会的经济福利。自由市场包括大量物品与劳务的许多买者与卖者，而所有人都主要关心自己的福利。分散的决策和千百万利己的决策者已经证明，市场经济在以促进普遍经济福利的方式组织经济活动方面非常成功。

萨缪尔森在苏联解体后指出，实行中央计划经济制度的国家已经放弃了计划经济制度，并努力发展市场经济。在一个市场经济中，中央计划者的决策被千百万企业和家庭的决策所取代。企业决定雇佣谁和生产什么。家庭决定为哪家企业工作，以及用自己的收入购买什么。这些企业和家庭在市场上相互交易，价格和个人利益引导他们的决策。

除此之外，经济学家们还对权力的主要代表政府也进行了解构，没有一个经济学家认为权力可以违反经济规律：当政府阻止价格根据供求自发地调整时，它就限制了"看不见的手"协调组成经济的千百万家庭和企业的能力。

一般认为，这个推论解释了为什么税收对资源配置有不利的影响——税收扭曲了价格，也因此扭曲了家庭和企业的决策。这个推论还解释了租金控制这类直接控制价格的政策所引起的更大伤害。中央计划者之所以失败，是因为他们在管理经济时把市场上"那只看不见的手"缚起来了。

经济学家并不承认有某种超越经济规律本身的家族或者政治势力左右世界的现象。凯恩斯对于这一点说得更加明白："经济学家和政治哲学家们的思想，不论它们在对的时候还是在错的时候，都比一般所设想的要更有力量。"的确，世界就是由它们统治着的。讲求实际的人自认为他们不受任何原理的影响，可是他们经常是某个已故经济学家的俘虏。在空中听取灵感的当权的狂人，他们的狂乱想法不过是从若干年前学术界拙劣作家的作品中提炼出来的。和思想的逐渐侵蚀相比，既得利益者的力量被过分夸大了。诚然，这不是就立即产生的影响而言，而是指一段时期以后。因为，在经济学和政治哲学的领域中，在 25 岁或 30 岁以后还受新理论影响的人是不多的，因此，公职人员、政客甚至煽动者所应用的思想不大可能是最新的。但是，不论早晚，不论好坏，危险的东西不是既得利益，而是思想。

第六章　猩猩如何当选为
最好的经济学家

第一节　为什么猩猩比专家做得还好

20世纪90年代初，加州大学伯克利分校的心理学家菲利普·泰洛克开始了一个研究项目。他挑选了284个以"评论政治经济现状，预测政治经济趋势，为政策制定提供建议"为生的专家，让他们对一系列未来事件做出预测。他问了一长串敏感问题，并询问了专家们的思考过程，以便能更好地了解他们是如何做决定的。研究结束时，泰洛克得到了82361个不同的量化预测数据。

从泰洛克对数据的统计分析结果中可以看出专家们的预测显然失败了。尽管他们凭借敏锐的时事洞察力获得报酬，他们的表现还不如随机猜测。泰洛克的大多数问题有三个可能的答案，平均而言，专家们选择正确答案的比例低于33%。换句话说，一只黑猩猩随便选一个答案，也会打败绝大多数专家。泰洛克还发现，他的研究中名气最大的专家往往预测最不准确，都显得狂妄自大和过度自信。他们反倒为名气所累。原来专家也不过是普通人，他们做出的决定也没有高明到哪里去……

《怪诞行为学》的作者丹·艾瑞里曾赞誉道："乔纳·莱勒巧妙地将神经科学、体育、战争、心理学以及政治编织成一本有关人类决策的故事。在这一过程中，他让我们变得聪明多了。"除艾瑞里外，《长尾理论》和《免费》的作者克里斯·安德森既为莱勒讲故事的方式折服，也深受他的结论的启发，"我们该听从直觉还是分析？莱勒在这本睿智的、读起来很有意思的书中指出，这取决于情境。知道哪种方法最适合哪种情境，不仅有用，而且好玩。乔纳·莱勒再次证明了他是位讲故事的大师，也是新神经科学实用课程最好的启蒙者之一"。

　　那么情绪为什么是必要的呢？它对于世界和人类自身有什么重大意义吗？答案要在进化史中寻找，说到人脑的进化史，自然要提到神经元。500多万年前，最早的神经元系统——第一团网络神经元，实际上不过是一套自动反射弧。随着时间的推移，这些原始脑变得越来越复杂，从蚯蚓的几千个神经元发展到远古灵长类动物的上万亿个神经元。

　　随着人类大脑的进化，世界发生了翻天覆地的变化。第一次，有一种动物能够思考自己是怎么想的。我们人类可以内省自己的情绪，可以用语言剖析世界，将现实分解成一串串清晰的因果链。我们能积累知识，能对问题进行逻辑分析，能精心编造谎言，能计划未来——有时我们甚至能按照计划行事。

　　人脑就像匆忙投到市场的计算机操作系统。经过短时间的人脑新生部分的进化，就开始投入使用，因此在进化过程中必然存在一些缺陷。然而，在过去的数亿年中，情绪脑已经进化得相当精密了，它的软件代码一直不断接受测试，已经发展到能够通过极少信息迅速做出决定的水平了。

　　赌博在生活中已经司空见惯了，因为赌博家破人亡的事情也太多太多，如果有人告诉你，之所以赌博成瘾，又难以戒除的最主要原因，仅仅是区区几个神经元多巴胺过量，不知道你是否会相信。不过事实就是如此，其中关键在于人脑有一个严重缺陷，而赌场就是钻了这个空子。就拿最简单的老虎机来说，当你投入一枚硬币，拉动杠杆，里面的转轴就开始转动，各种花色的图案在你眼前飞过，最后机器会停在某个图案上，然后决定你是输是赢。既然老虎机的程序已经设定为只返回 90% 的下注钱，所以玩老虎机，注定最终会输得很惨。

这是从客观的角度来看待老虎机，如果我们换个角度，从多巴胺神经元的角度来看看老虎机，你会发现，得出来的结论还是一样的。一般来说，多巴胺神经元的作用就是预测未来事件。当你一枚接一枚地往老虎机里投硬币时，你的多巴胺神经元就在一边努力地破译老虎机的内部程序。它们想找到游戏的诀窍，弄清运气的逻辑，找到能预测赢钱的事件。这样，你就像一只试图预测苹果汁何时会出现的猴子。

但是，在投机的心理之下，陷阱也就必然存在：意料之内的奖赏能激活多巴胺神经元——响声过后出现苹果汁，多巴胺神经元就会提高放电率——意料之外的奖赏更能让它们兴奋。根据沃尔弗拉姆·舒尔策的说法，意料之外奖赏对多巴胺神经元的激活能力通常是意料之内奖赏的 3～4 倍。可见，神经元之所以会这样突然释放出更多的多巴胺，是为了让大脑对新奇的、具有潜在重要性的刺激分配更多的注意力。那么换句话说，在赌场中，突然增多的多巴胺是一个好的预兆，因为它意味着我们刚刚赢了钱。

多数时候，大脑最终会从震惊中恢复过来。大脑会找到预测奖赏的事件，多巴胺神经元进而会停止释放如此大量的神经传递素。但老虎机的危险就在于它具有固有的不可预测性。因为它是随机生成数字的，所以不可能找出固定模式或算法。这样来说，即使多巴胺神经元再过量，最终也逃不过投降的结局：老虎机不过是在浪费人们的心智。

对老虎机的分析，让我们进一步认识到人脑对于重要决策的反应。我们也应该认识到，我们应该不再关注意外奖赏，因为奖赏一直都是出人意料的。但事实并非如此，不断偶然出现的奖赏并没有让多巴胺神经元感到厌倦，而是让它们着迷了。当你拉动杠杆获得奖赏，你就会体验到多巴胺突然大量释放带来的快乐，因为奖赏是如此出乎意料，也因为你的脑细胞不知道接下来会发生什么。叮当作响的硬币、一闪一闪的灯光就像意外的苹果汁。多巴胺神经元破解不了模式，就不能适应它。最终结果是，我们被老虎机困住了，被它变幻莫测的本质牢牢抓住了。被某种刺激充斥大脑后，人们的决策总会有所偏颇，这时候可能连一个猩猩也比不上，因为受情绪影响的人类大脑所做出来的预测，往往比不上一个随机的选择。

第二节　为了三块钱的代金券花五块钱很舒服

我们应该都有在网上购书的经验，一开始，邮费另算，比如5元，这时你就会想，这次购物的成本是"书费＋5元"。算了吧，虽然书费打了折，但是加上邮费，这书就一点也不便宜了，还是到实体店去买吧。可是后来，网上书城开始了"购满多少元"免邮费或者送多少钱代金券的活动，你一下子来了买书的热情，本来打算买一本，可是看看要自己出邮费，那就再挑一本吧，凑够免邮费的购买标准。然后就等着书被"免费"地送上门来。因为你会觉得自己赚了"便宜"，不仅不用花邮费，还能够得到代金券，虽然代金券并不能当钱花，但它仍会促使你继续去他们家买书，并且整个消费过程也特别舒坦、特别带劲。

在生活中，拥有这样的心理是非常正常的，就算你没学过经济学，甚至没有一点经济学储备，也都会觉得这是笔绝对"占便宜"的交易。

往往经济学家被认为是智慧人的代替者，经济学家给智慧人下的定义是，他们是十分理性、自利的，会有计划地为自己获得所有可能获得的利益。这种推理产生了"效用最大化"理论，这一理论是说，正常人做事情的时候不论这件事显得多么奇怪或愚蠢都是理性的，如果某件事无法将个人所得最大化，他们便不会这么做。

这一理论有着巨大的预言力量：大部分时间，人类的确力争将自己的所得最大化。但是局限也是存在的，假如消费者采用某种固定的方式做事情，他们相信这样做会帮助他们重复事情的状况，而不是解释事情的状况，这种重复在仔细审视下是站不住脚的。这无法解释为什么人们会在加油站排队等待半个小时，只为了每加仑汽油省 4 美分，或者为什么驱车多开 5 英里只为了买鸡蛋时用上那张 50 美分的代金券。这解释不了为什么人们拒绝花 200 多美元买票看足球比赛，也拒绝将同一张票以 300 美元售出（如果他们不愿意花 200 多美元买票，那么 300 美元对他们而言理论上就应该高于那张票的价值）。实际上，效用最大化并不能解释人们同金钱关联的各种方式。

再来说一个例子就会更加明白了。有一个国内很有名的经济学家早年到农村插队，学经济出身的他本来无用武之地，可是有一天，生产队大队长找到他，说公社里边囤积了一堆白糖和红糖，马上要开春了，如果白糖和红糖再卖不掉，就有可能坏掉，让他帮忙想想办法。经济学家想了想，就让大队长写了一张告示贴出去，告示说："公社刚进一批白糖，数量有限，每户限量供应两斤，如要购买，需携带本人户口本到公社排队。非本公社生产队队员不得购买。凡购买白糖的，如果再购买红糖，可以打八折。"告示一贴出，本来没觉得要买白糖和红糖的，也都纷纷去排队买糖了，很快白糖和红糖都卖完了。

为什么会这样？这是因为告示将买白糖变成了一种特权，而将购买红糖更变成了一种优势。当你拥有一种特权的时候，不用，就会觉得自己吃亏了。这是人们的普遍心理。这时，除了少数受过经济学训练的人之外，绝大多数人都分辨不出这特权是被凭空"制造"出来的。很少有人会"见了便宜不拣"，所以，买回一堆我们并不需要的东西也就不奇怪了。

商家熟谙这一点，所以总是在创造诱惑我们上钩的"诱饵"。比如购买某品牌汽车，送三年免费换机油，其实理性计算一下就会知道，换机油的钱只占购车费用的百分之零点几，根本不应该是我们购车考虑的主要因素，可就是这个"免费诱惑"，竟然真的会让我们倾向于购买该品牌的汽车。这种诱惑无处不在，有时是以免费赠送的形式出现，有时是以"会员价""今日特价""折后价"的形式出现。而无论是哪一种形式，都需要我们有足够的定力和足够清醒的头脑，才能够把持住自己的钱包，不去买回一大堆我们并不需要的东西。

其实，同心理学一样，经济学曾经是伦理学的一个分支，研究的不仅是思想问题，还有心理问题。亚当·斯密是一位雷厉风行的哲学家，被认为是现代经济学的创始人。他和他的同事们都认为情感是人类作出决策的关键。对于为了三块钱的代金券而花五块钱的决策，相信这其中起推动作用的就是人的情感，一种关乎差异的情绪刺激。第一次你为了得到三块钱的代金券而花掉五块钱，当时你毫不犹豫，当然也许你之后也不会后悔，因此当你第二次带着那三块钱的代金券进店消费的时候，可能你也非常开心。因为当时的你似乎感觉到了某种"特权"与差异。这种差异感会使你更加坚信这多出去的两块钱花得非常的值当。

生活中，又往往会有这样一群人，他们更倾向于避免损失，而不是要求得到。初看之下，这种说法似乎是同人们的直觉背道而驰。但是科学家已经证明，人类对所失去机会中的要素并不具有自发性反应，特别是当那些机会仅在遥远的未来才会显现出其作用的情况下。然而，我们却会为错过一桩几块钱的小优惠而焦虑不安。对于买卖双方而言，吃亏的永远不会是买方，商家总是琢磨这买家的心理，想出各种各样的办法来权衡与消费者之间的关系，并给予消费者以心理安慰。

作为人类，我们对自己的经验赋予了极高的价值，并且极易受到事件具体情况的影响，心理学家称其为"引动"。有时候这种情况是很明显、也是很容易理解的。比如，就拿代金券来说，如果我们看到别人用代金券来消费，我们就很容易产生同样的心理诉求，并真的付出行动。

第三节　人们为什么排队等待压迫

不知道大家有没有玩过这样的游戏，将板凳围成一个圈，人也站一个圈。主持人拿一根木棒（或其他能敲响的）开始敲时，人就围着板凳同一方向转，并且按敲击的快慢有节奏地转圈。当敲击声停止，就要抢坐在板凳上。因为差一个板凳，所以会有一人没板凳，淘汰者下场时，同时撤下一个板凳，继续进行第二轮。如此反复，直到两人争一个板凳时，冠军就诞生了。这个游戏是我们小时候常玩的游戏，以锻炼我们的观察能力、速度和灵活度。

从技能方面来说，它的确锻炼了我们的观察能力、速度和灵活度，但是从心理层面上来说，它也是对小孩子心理方面的锻炼，对认识社会竞争也有一定的帮助。可能小时候你们只是以游戏的方式来争夺一把小小的椅子，但是长大以后，要面对的却是一个又一个岗位的竞争，根据优胜劣汰的原则，好的工作都会让别人先抢走了，剩下的人继续 PK。现在更严峻的是，可能与你一起竞争某一个岗位的不止是人，还有机器人。当然，如果你的对手是一个机器人，企业家会更加遵从降低成本的原则，做出最客观、最明确的选择。养鸡公司、饮料装瓶厂、汽车制造厂、农商公司都一直在设法减少雇员数量。椅子在一把把减少，根本不够分了。由此，失业大军很快就出现了。

被淘汰者只能坐在圈外，圈内的胜者有蛋糕吃，而圈外的人只能偶尔拣点儿残渣。一旦工厂采用设计得很聪明的机器，减少了工厂所需的工人数量，这就意味着可用更少的人生产更多的产品。这是生产率的提高，但它也释放了资源，使人们能生产新产品。所以，这不仅仅是产品更便宜的问题，它是新产品、新服务的爆炸性增加，并导致就业机会大大增加。电脑业、娱乐业、医疗保健业都是 30 年前不存在的，更不必说 100 年前了。如果生产率一直不变，我们就没有足够的人来构思、设计和生产新产品。正是在这样的发展过程中，人们逐渐认识到，要抓住机遇。

20 世纪初，美国约有 3000 万个就业岗位。100 年之后，我们的就业岗位超过了 1.3 亿个。美国每年新增的就业岗位几乎都超过上一年。在 100 年内，就业岗位增加了 1 亿个！在这一过程中，也有很多就业机会消失了。有的工厂会解雇工人，或在工人退休及辞职后不招新工人。有的工厂会迁到墨西哥或印度去。这些就业机会消失了，当地的报纸都会重点报道这些事件。这代表能抢到的椅子就越来越少了。

在这一群抢椅子的人当中，有些人学不了新技能，有的人处于不利的地位，因此他们只能干点工资更低的工作。而后随着很多人的生活水平的提高，选择也更多了。这使得他们的孩子能基于自己的梦想和技能闯世界。就业市场的巨变制造了机会。而且，新出现的就业机会大大多于失去的就业机会。

抢椅子的过程就是竞争的过程，谁退出了就是认输了。只要你不认输，就必然面临着这样的争夺。如果你们争夺的那把椅子是一个好椅子，那么你是值得的，但如果你们争夺的那把椅子是一把坏椅子，那一旦你抢到了又会怎么样呢？也许为了不被淘汰，你还是会选择欣然接受这把椅子，并稳稳当当地坐定着。再把它与工作结合起来，我们甚至可以说，人们是在排着队等待被压迫。在抢椅子的过程中，你要努力地抢到椅子，而不能先检查下椅子的好坏后去选择。抢的过程其实也就是个随机的过程，你也没时间没机会去分清好坏。

在美国，什么样的残忍制度会如此惩罚穷人——通过让穷人失业来促使工厂主和股东更富？这是卑鄙的。这整个思路都是完全不讲道德的让工人失业，从而使股东和高级经理赚更多的钱。好，可能工人们是保住工作了，但是，他们的工资降低了。就像那台能治心脏病的激光设备，又有谁能用得起呢？答案是有医疗保险的人。但是，大盒子公司这类大公司却想方设法使其雇员买不起医疗保险。为什么呢？因为利润，就是你很看重的利润。利润迫使工资和福利下降。这就是你喜欢的低价格的代价。达到低价格的唯一办法是低工资。你对低价格的迷恋有一个隐藏的成本，就是低工资。许多失业工人最终是在大盒子公司那里找到工作的。

像大盒子、沃尔玛一类零售商之所以价格低，原因也很简单，是因为它们设法使技能相对低、工资相对低的工人达到较好的生产率。竞争迫使它们把产生的节余传递给消费者。它们雇员的工资低于美国的一般工人，因为他们没有足够的技能。

对于像沃尔玛、好市多之类的大型零售商来说，价格的降低可能有利于无数消费者，其中很多人是穷人。公司可以把价格降到比竞争者还低，或把自己员工的工资涨到比竞争者更高。但它不能随意地涨价，或随意地降低工资，否则会失去顾客和工人。在整个经济链条中，有时候排队去受压迫是不可避免的，排队去享受低廉的产品也是必然的。因为整个市场就是这样在运行。

第四节 "看得见的商品"就值得信赖吗

东风股份有限公司于 2002 年畅销轻型商用车——东风小霸王，于 2003 年，产销量开始下降。原来，这是北京福田商用车的推销商有针对性地展开推销的结果。这一年，福田与小霸王同类的车型，获得了显著销量增长。

福田推销员是如何向农民用户推销自己的商品呢？他们的方法很简单，领着用户直接看底盘大梁，说："你可以看看是福田车结实耐用，还是小霸王结实？"农民用户一看，福田车的大梁宽大厚实，小霸王的大梁单薄扁平。两种事物映象给予用户的感觉是："福田车更可靠，更能多拉多载。"

在生活中，我们经常会说"眼见为实，耳听为虚。"在实际经济消费中，因为对于所购商品专业知识的了解程度不同，往往会有多种因素影响我们的决定。在众多的影响因素中，视觉影响是最直观，也是最直接的。对于东风汽车和福田汽车来说，我们暂且不论它们的底盘质量究竟有无差距，但是在毫无专业知识的农民看来，的确，福田汽车的底盘更加的宽大厚实，自然得出来的结论就是，福田车更加的安全耐用。那么，究竟福田车和东风车是否真的有如此大的差距呢？

后来，有好事者来到东风股份有限公司商品研发院，向开发商品车的科技人员提出："小霸王的底盘大梁是否也应该像福田一样，把大梁生产磨具改一下，使大梁也像福田车一样折弯一角，使其显出厚实的形象感？"但是，这里的研发人员不像农民一样，他们都是很专业的理性思维者，他们回答说："我们的大梁的强度（钢材的实际厚度超过福田，成本更高）是经过千百次材料强度计算和高强度试验结论确认的。完全可靠，不用改！"

这就是理性与非理性选择的差异性。农民选择汽车时，从感官上看到福田车"宽大厚实"的底盘，就很自然地相信福田车比较好。这就是一种非理性感觉。它不是依靠科学概念系统得到的精确结论，而是感官上的直接响应。但是，专家们则有所不同，他们能够从科学的角度对待这个问题，从而做出更理性的选择。

其实，对于东风汽车股份公司来说，问题不在于理性决策本身是对还是错，而在于没有掌握材料科学概念的用户，完全有权对材料科学和相关的理性判断规则弃置不顾。如果你不适应它，也就等于丢了市场。有人说，非理性经济行为的存在，是由于科学不发达的原因。恰恰相反，科学越发达，人类的非理性行为越多。我们已经进入知识爆炸的时代，社会分工越细，专业知识越多，科学知识就越是无法普及。每个人终其一生最多只能在两三个领域内成为专家，而在其他领域仍然要当门外汉。当一个人熟练掌握了某些科学概念系统，他将在某些范围自觉遵循理性判断规则；而在除此之外的更广泛领域，他的优势响应方向就不再是概念系统，而是感官感觉。

西方发达国家的科学技术近 100 年来发展十分迅猛。然而，随着人脑微观物质状态的研究不断深入，逐步暴露出这些发达国家在新科学领域普遍存在着一种必须大幅度调整的思维方法的偏颇。过分关注各科学领域的理性规则，并且急于在一切领域的理性规则基础上实现数字化模型和数字化控制。这样，实际上就忽略了人与自然、人与社会相结合的物质高级运动过程中，存在于人脑的"概念系统积累"所不能完全调控的科学领域。物质世界的高级运动，不仅仅是反映理性规则的"概念系统"可实现控制论目的；与此同时，反映非理性状态的任何事物映象及其相关的综合感觉，也在掌控着人与自然、人与社会的运动和发展规律。

作为控制一切微观领域物质运动技术操作过程的"信息与响应"环节，绝不是理性概念和现有数字化模型的专有哲学范畴。如果不承认这一点，不仅会导致社会大系统功能的紊乱，同时也会在探索自然科学中走弯路。美国"大脑图谱联盟"兴致勃勃历时 10 年而完成的 7000 多例人脑数字化结构图像，却丝毫不能揭开人脑功能奥秘就是典型一例。其他领域也同样存在着对人类理性规则运用偏于主观唯心主义的过分热情和乐观。

在生活中，凭视觉来确定东西是否靠谱的情况还很多。这不只是农民的专利，被视觉诊断的也不仅仅是福田车或东风车。在日常生活中，化妆品、保健品等也都参与到这个行列中来。如何利用非理性选择来实现商家自身的利益，这是商家思考的问题。就拿化妆品来说，我们如何辨别它的效果究竟如何呢？广告总是夸得神乎其神，用前用后巨大效果的实体验证，这些都是一波又一波的视觉冲击波，不断地给消费者们洗脑，从而造成了一种感觉："这个东西靠谱！"其实，它们究竟靠不靠谱，效果到底怎么样，还是要靠实践来证明，还是要在使用中才能看到效果。但也许你看到那样的宣传片后，你也就坚信这个东西有着显著的疗效，那么，可以说，受视觉的影响，你做出了非理性选择。

第五节　鲁滨逊经济世界的现实会成真吗

说到鲁滨逊大家并不陌生，这个英国作家笛福于 1719 年所写的长篇小说《鲁滨逊漂流记》中的主人公，是资本主义原始积累时期资产阶级冒险家的形象，也是一个依靠自己力量战胜大自然的顽强者的形象。鲁滨逊的父亲以商业起家，鲁滨逊为了发财致富，曾多次冒险出海，并成为巴西一个糖场和烟草种植场的主人。1659 年 9 月，鲁滨逊去非洲买黑奴，据说在北纬 $18°12'$ 左右的地方遇到了大风暴，船沉了，同行十人死亡，只剩鲁滨逊一人被海浪冲到一个孤岛的岸上。在这里他开始了一个人孤独的生活。为了活下去，他同环境展开了斗争。一直生活了 28 年。在第 24 个年头的一个星期五，他救了一个在部落氏族战争中被俘并将被吃掉的野人，取名星期五，从此星期五成为这个孤岛上的第二个人。鲁滨逊的火枪使星期五惊惶不已，他成了鲁滨逊的奴隶，为鲁滨逊从事各种劳作。三年以后他们准备逃离这个孤岛，鲁滨逊用火枪打死了 21 个野人，救了星期五的父亲，还救了一个西班牙人。这时鲁滨逊心满意足地想到自己"像一个国王"。

鲁滨逊在经济学上是一个大人物。正像一千个人心中就有一千个哈姆雷特一样，有一千个经济学家就有一千个鲁滨逊。在鲁滨逊出现的近300年中，无数的经济学家都以鲁滨逊为例说明自己的经济学观点，形成了十分有趣的经济学上的"鲁滨逊现象"。

从鲁滨逊那里，马克思、恩格斯洞悉了资本剥削的奥秘，巴斯夏看到了"破窗理论"的荒谬之处，弗里德曼看到了什么样的分配原则才是道德的，张五常看到了产权的成本问题，等等。

1. 巴斯夏的鲁滨逊

巴斯夏是法国19世纪上半叶杰出的经济学家，他在1851年出版的《和谐经济论》一书中，以鲁滨逊为例，以辛辣笔触批判了直到现在仍有市场的"破窗理论"。巴斯夏说，"在孤立的人身上，需要、障碍、努力和满足这四个因素都一目了然，容易理解。我们绝不会说'真糟糕，鲁滨逊没有碰到更多的障碍，否则他就有机会付出更多的努力，因而会更加富有''真糟糕，大海把这么多有用的东西：木板、食物、武器、书等冲到荒岛海边，致使鲁滨逊失掉了付出努力的机会，所以他不那么富有''真糟糕，鲁滨逊竟然织网捕捉鱼类和其他猎物，这就使他可以少付出努力而得到同样的结果，所以他不那么富有'。"在这里，巴斯夏一语道破了"破窗理论"的荒谬之处：劳动就等于财富。其实在现实生活中很多劳动是无效的。

2. 马克思、恩格斯的鲁滨逊

马克思在其于1867年发表的《资本论》第一卷中，用鲁滨逊的故事阐述了私人劳动与社会劳动的内在关系。而恩格斯则把鲁滨逊叫作"一个真正的'资产者'"。恩格斯在《反杜林论》中多次引用鲁滨逊和星期五的故事，生动地论述其政治经济学的正确见解。他认为海岛上的鲁滨逊强迫星期五做工，首先是因为鲁滨逊是一个"资产者"，他占有一切生产资料；他奴役星期五，归根结底就是占有剩余劳动所创造出来的财富。恩格斯说："鲁滨逊为什么要奴役星期五呢？单是为了取乐吗？完全不是。相反地，我们看到，星期五'被迫作为奴隶或单纯的工具去从事经济的服役，而且也只是作为工具被养活'。鲁滨逊奴役星期五，只不过是要星期五为鲁滨逊做工。但是鲁滨逊怎样能够从星期五的劳动中获得好处呢？这只是因为星期五以他的劳动所生产的生活资料，多于鲁滨逊为使他维持劳动能力而不得不给予他的东西。"很显然，在恩格斯的笔下，鲁滨逊是一个有产者和剥削者。

3. 弗里德曼的鲁滨逊

弗里德曼在其于 20 世纪 60 年代出版的著作《资本主义与自由》一书中以鲁滨逊为例说明"什么样的财富分配原则才是道德的"。弗里德曼认为，在一个自由市场的社会里，收入分配的直接的道德原则是，"按照个人和他拥有的工具所生产的东西进行分配"。他说："我逐渐地持有这种观点，即仅就分配本身而论，它不能被当作为一个道德的原则，而它必须被当作为是一种手段或一种原则的后果，例如自由的必然结果。"在弗里德曼那里，一个鲁滨逊发财了，其他的鲁滨逊不靠交换而仅仅靠分享就瓜分了富人鲁滨逊的财富，这种瓜分不仅是不道德的，而且对社会是有害的和危险的。

4. 张五常的鲁滨逊

著名经济学家张五常在北京大学中国经济研究中心做演讲时，多次运用鲁滨逊的事例说明经济问题。他说："鲁滨逊的一人世界，经济学是很浅的。当多了一个人或者有两个人以上，就变成社会，就会复杂很多，复杂是不止 100 倍的，也不止 1000 倍。经济学的困难就是要解释社会的现象。在八类局限条件之中，有五类在鲁滨逊一人世界里都存在。到了社会里，那个时候超过一个人，有人与人之间的竞争冲突，就增加了三样局限条件，这三样条件在鲁滨逊一人世界里是没有的。第一项就是竞争。第二个局限条件就是产权的问题。产权的问题，200多年前的斯密都知道，马歇尔也知道，但是他们没有注意。他们总是当私有财产是存在的，所有的新经济学都当私有财产是存在的。第三个，交易费用在鲁滨逊一人世界里是没有的，因为你不能想象在一人世界里有任何交易。交易费用这个题目也是新古典经济学完全忽略的，而这是很重要的。跟鲁滨逊有关的局限条件，我们的社会都有，已经很容易处理。但是，产权跟交易费用就难处理了……产权界定的费用、法庭的费用、法律的费用、律师的费用、公务员的费用、商业上所需要的费用、中介人的费用、银行的费用、文员的费用、女秘书的费用，鲁滨逊一人世界里是没有这些费用的。"

第七章　为什么苹果手机比
其他手机更畅销

第一节　为什么音乐能影响
美酒的销量

英国的研究人员曾做过一个实验，他们想确定人们在商店买葡萄酒的行为是否会受到价格之外的因素影响，例如与葡萄酒毫不相干的音乐影响。研究人员为此在出售葡萄酒的商店安放了播放音乐的装置，在商店轮流播放法国音乐和德国音乐，随后又在货架上特意摆放了 4 瓶法国葡萄酒和 4 瓶德国葡萄酒，这几种酒的价格和干度大致相仿，人们无论购买法国葡萄酒还是德国葡萄酒得到的收益和付出的成本都基本相同。

结果，音乐竟然明显地影响到了葡萄酒的销量。当播放法国音乐的时候，能卖出 40 瓶法国葡萄酒，而德国葡萄酒的销量下降到 8 瓶；当播放德国音乐的时候，能卖出 22 瓶德国葡萄酒（大部分消费者比较钟情法国葡萄酒），而法国葡萄酒的销量下降到了 12 瓶。虽然音乐对人们的购买行为产生了明显的影响，但在随后对 44 名购买葡萄酒的消费者进行的调查中，只有 6 个人认为自己是听到了某种音乐，从而选择哪种葡萄酒。

这是一个很有意思的调查。从理论上来说，无论是家财万贯的企业家，还是粗茶淡饭过日子的小百姓，在购买商品的时候，都会根据实际情况来做出选择，以确定成本最小化的购买商品。但是，在实际操作中，却并不一定会按照成本最小化的原则购买，我们的消费行为常受到很多价格之外因素的影响，首当其冲的就是情绪因素的影响。

大约在 1 亿年前，哺乳动物的大脑发生了生长突增。在原先薄薄两层皮层（这部分的功能是计划、理解感受、协调行动）的顶部，出现了几层新的大脑细胞，从而形成了大脑的新皮层。和最初的两层大脑皮层相比，新皮层具有异乎寻常的智能优势。

具有智能优势的新皮层比其他任何物种的都要大得多，这些人类所独有的新皮层是思想的所在，它包含综合和理解感觉的神经中枢，从而使我们的思考伴随着某种感觉。另外，新皮层还具有制定策略、作出长远计划和其他谋略的功能，这是生死攸关的优势，并且艺术、文明和文化的繁盛也都是新皮层结出的硕果。正是这样强大的功能的存在，使得生命机体在趋利避害方面具有巨大的优势，而且更有可能向后代遗传包含同样神经回路的基因。

大脑新皮层还为情绪生活增添了色彩。新皮层的出现及其与边缘系统的联系，使得母亲与孩子的联系更加紧密，这种联系是家庭单元的基础，母亲负有长期抚养孩子的义务，从而使人类的发展成为可能。它是人类感情的疏导线，连接着人与人之间的相处。

受情绪影响作出某个决定的案例很多，在金融领域也有相似的案例出现。在南非，一家银行请来哈佛大学的经济学教授森德希尔·穆拉伊纳丹合作开发一个项目，银行希望提高自己的贷款量。银行扩大贷款业务的通常手段是降低利率，但是，穆拉伊纳丹尝试了一个新办法，他在客户的信件的右下方都贴上一位银行工作人员的照片。结果他发现了一个有趣的现象：那些男性客户如果收到的信件上贴着的是女性的照片，他们的贷款需求就会增加，并且，贷款增加的幅度相当于降低 5 个百分点的利率。这种"美人计"的效果非常明显，以至于非洲的另一个国家，尼日利亚，其议会在 2007 年宣布，银行必须停止让漂亮的女性说服顾客开设新的账户。

由此可见，在我们的购买行为中，情绪的确常常影响到我们本该有的理性行为。从爬行类动物到恒河猴，再到人类，其大脑新皮层的质量依次增加，大脑神经回路的相互联系也呈几何式增长。联系的次数越多，可能反应的范围就越大。新皮层使情绪生活更加微妙和复杂，比如对自身感觉产生感觉的能力。灵长类动物的新皮层与边缘系统比其他物种要发达得多，其中要数人类的最为发达。这表明人类能够对情绪产生更为广泛的反应，而且更加微妙。野兔和恒河猴对恐惧有一套有限的典型反应，但人类拥有更发达的新皮层，它的指令系统要细致得多包括打电话报警。社会系统越复杂，这种弹性处理就越重要。因此，没有哪一种生物比人类社会更加复杂。

新皮层虽然是大脑的高级中枢，但并不能控制全部的情绪生活。对于心灵至关重要的问题——尤其是情绪的紧急状况，新皮层需要服从边缘系统。由于大脑的高级中枢发源于边缘系统，或者说扩展了边缘系统的功能范围，情绪脑在神经结构中扮演着关键的角色。情绪脑是新大脑发育的基础，情绪区域通过神经回路与新皮层的所有部分产生了千丝万缕的复杂关系。因此，情绪中枢对包括思考中枢在内的大脑其他部分的运作具有强有力的影响。

在古代，我们的祖先听到灌木丛中有什么响动就可能提高警惕，但实际上灌木丛中也许什么都没有，只是风吹草动而已，但这种直觉反应却提升了人类的生存几率。我们的祖先把这种凭直觉反应的基因传给了我们。当我们接触到一些信息，例如视觉和听觉信息，我们的眼睛和耳朵接触的信息会通过神经通路传递给大脑的丘脑，丘脑再传给它的情绪控制中心杏仁核，而此时，与我们缜密的逻辑思维活动有关的皮层却相对慢了一步，它尚没有以任何形式介入这个过程，从而进行逻辑判断。

这也就难怪，为什么我们会根据第一时间接触到的、外在的、一些本来毫不相关的因素，例如音乐和美女头像，以及身边其他人行为，决定是否把钱送给那些商家。

第二节　不按常理出牌的怪家伙是怎么赚钱的

在生活中，我们常常会听到说谁谁发财致富了，不管是什么样的行业，成功的途径都是相似的。正是这种途径的常规性和相似性，使得人们常常会走向某个误区或者某个死角而不明方向。往往在所有人都随大流的时候，一旦你跳出来，做出一两个不合常理的举动，一时间就可能会收到意想不到的效果，甚至会赚取巨额的利润。

那什么叫"合常理"？什么又叫"不合常理"呢？就拿股票市场来说，股票市场价格涨跌归根到底是买卖双方力量的较量，埋单下得比卖单多，价格就上涨；卖单比埋单多，价格就下跌。股市交易实质上是财产再分配的过程，任何参与者都想赚钱，机构赚钱的实质就是以中小散户或另一部分机构亏钱作为代价，赚钱者看对行情是要以另一部分输钱者看错行情作为代价的。既知商场如战场，自然应该明白"兵不厌诈"的道理。中小散户纷纷依照消息、图表、指数，按照常理出手买或卖之时，正好给予机构大户择肥而噬，反向将散户一网打尽之机！正是这种以雄厚实力作为后盾的"不按常理出牌"，往往会给自身带来巨大的财富和利润。

一般来说，往往不按常理出牌可以带来很多意外的收获，这样的收获不仅仅是在股票市场，在生意场上、处理问题时都能发挥作用。我们又会疑惑，怎样算不按常理出牌呢？不按常理出牌是否也有理可循呢？我们不妨来看一看如何通过不按常理出牌来赚钱。

1. 打破常规

瑞士有家制表商用石头做表壳，凭借石料的特性满足顾客的求异心理，博得青睐。石表的零售价达 195 美元，试销反响强烈。日本有家化妆品公司，从蛋壳中提取膜粉，制成高级化妆品，具有消除皮肤斑点、减少皱纹、保持皮肤细腻光滑等功效，很受顾客欢迎。

2. 奇思异想

开发一些超出人们想象的奇特商品，往往能在市场竞争中获胜。如巴西圣保罗州的伊杜城，专生产一些大得惊人的商品：圆珠笔长 2/3 米，香烟 1/3 米，公用电话 8 米高，扑克牌有 16 开纸那么大。这样一来，小城变成了"巨物城"，慕名而来的游客、购物的商人达 10 多万人。

3. 制造新闻

香港一家经营强力胶水的商店，坐落在一条鲜为人知的街道上，生意很不景气。一天，这家店主在门上贴了一张布告："明天上午九点，在此将用本店出售的强力胶水把一枚价值 4500 美元的金币粘在墙上，若有哪位先生、小姐用手把它揭下来，这金币就奉送给他（她），本店绝不食言！"这个消息不胫而走。次日，人们将这家店铺围得水泄不通，电视台的录像车也开来了。店主拿出一瓶强力胶水，高声重复布告中的承诺，接着便在那块从金饰店定做的金币背面薄薄涂上一层胶水，将它贴在墙上，人们一个接一个地上来试运气，结果金币纹丝不动。从此，这家商店的强力胶水销量大增。

4. 人无我有

德国一家世上稀有的怪缺商店，专门经营其他大百货商店或市场买不到的产品。比如：6 根指头的手套，缺一只袖子的上装，少一只腿的裤子，残疾人假肢上的泡沫软垫，驼背者需要的合适睡床等等。另外，还供应生活上的怪缺食品，如无盐食品、无糖食品、某种禁忌食品的代用品等。这家商店还为顾客代为设计、制造和加工各种各样的怪缺商品。这家商店虽然不如一般商店那样门庭若市,但它的顾客成交率较高,而且利润特别高,基本上没有竞争对手。

5. 抛玉引市

在美国某城 30 公里之外的山坡上,有块不毛之地。这块地皮的所有者,一直感叹偌大的地盘却卖不出好价钱。一天,他突然灵机一动,跑到当地政府部门说:"这块地我无偿捐献给政府盖所大学如何?"当地政府如获珍宝。不久,一所颇具规模的高等学府就矗立在这片荒凉的土地上。地老板轻易地取得了政府的支持,在校门外修建了公寓、饭店、商场、影剧院……形成了大学门前商业一条街,这街上的生意自然归这块地老板经营。没用多久,地皮的损失就从商业街的营业收入中赚了回来,更重要的是,他还获得了一个长期获利的大市场。

6. 变废为宝

工厂加工机械中,常有大量的铁屑留下。长期以来,这些铁屑炼钢厂也不要,因为它太轻微,投入炼钢高炉再熔炼,一下就飞扬了。因此,一个时期铁屑成灾,机械加工厂常为处理它而大伤脑筋。韩国有家唯进金属公司,发现日本的精密化工行业的还原剂以及制药、建筑等行业都需要铁屑作为原料,便组织人员到机械厂收集这些成灾的"废物",机械厂的老板十分高兴地免费相送。唯进金属公司把这些铁屑出口到日本去,每年可赚到上百万美元。

7. 专拣"芝麻"

英国人拉特纳 8 年前接管他父亲留下的珠宝店。那时的珠宝店像华丽肃穆的殿堂,令一般顾客望而却步,生意清淡。拉特纳一改传统经营思想,把珠宝店办成普通顾客也能接受的廉价商店。在他的店里甚至有便宜到 99 便士的饰品,这在英国的珠宝店实属罕见，当时他的做法很让同行们不解。然而这一新的经营思想却受到顾客的欢迎，也给拉特纳带来了滚滚财运。现在，他已拥有600家珠宝店，他的公司不仅独霸英国，而且打入了美国市场，成为世界上赢利最多的珠宝公司。

对于赚钱来说，方法和路子有很多，如何走出一条属于自己的路子还是很重要的。不按常规出牌的人总能收获到意外的成功和财富。我们应该多多留心身边那些不按常规出牌的家伙们，看看他们是如何赚大钱的。

第三节　中国人和美国人都依赖廉价吗

1589 年，沃尔特·罗利爵士把马铃薯带到爱尔兰，在那里它们蓬勃发展起来，并且慢慢成为爱尔兰的主食。在马铃薯成为主食后发生了一次不幸事件。1845 年，一场大风把致病疫霉的孢子从欧洲南部传到爱尔兰，像马铃薯一样，这种真菌在那里找到了肥沃土壤。当时爱尔兰对那种入侵病菌毫无抵抗力，于是只好依靠一种马铃薯的亚种来充饥。尽管这个亚种不是味道最好的马铃薯，但它很容易在贫瘠多石的土壤里生长。有人可能会说，这是最便宜的食物。它抵抗病菌的能力比原先的马铃薯只稍强一点儿。这种病菌的传染性很强，因此，一棵染病的马铃薯植株在短短几天内就会感染数千棵其他植株，这样就把作为爱尔兰主要食物来源的马铃薯变成了臭气熏天的黑泥。

在这个历史事件中，值得注意的是，这场毁灭性灾难发生的整个过程，爱尔兰岛上的食物充足，有大量的鱼肉、牛肉、燕麦和小麦。的确，我们可以接受说爱尔兰是个粮食出口国，大量肉类和谷物可能会运往更富有的国家，而与此同时国内100万国民却被饿死，还有150万人不得不逃往北美。

爱尔兰大饥荒的悲剧不是起源于食物匮乏，而是没有穷人买得起的足够的廉价食品。

2008年9月，联合国报告说，世界饥饿人口名单上又新添7500万人，此时世界范围的饥饿人口总数达到了令人震惊的9.25亿。和爱尔兰150年前的情况一样，饥饿的起因不是真的缺乏食物。这是历史给我们的启示，正是在悲剧的经验中，各国政府都找到了正确的道路，如何实现国家的富有，实现人民的丰衣足食。

农业综合经营和科技的支撑实现了高效率，效率之高远远超出普通农民的想象。在实验室内进行基因改良后，在封闭环境用谷物和生长激素养肥，并注射了抗生素的家畜长成膘肥体壮的样本，用科学优化过的种子、借助石油化工制成的肥料和除草剂培育出来的庄稼也是如此。所有这些为美国和世界其他很多地方提供了极其廉价的食物。1974～2005年，世界市场上的食物价格下降了3/4，这意味着实际算起来2005年的食物比一个世纪以前便宜许多。科技驱动的效率是目前为止食物价格下降的一个原因，另一个原因是政府支持的对大型农场的保护和补贴。

美国是世界上最大的粮食出口国，因此就其本身而言也控制着世界的粮食政策。但近年来美国越来越依赖进口，疯狂地压低粮食价格。如果放手不管，全球粮食市场会大致上遵循同样的"一跌到底"的模式，就像其他自由市场那样。补贴和规模经济使得谷物及用谷物饲养的动物越来越廉价。表面来看，廉价食品是天赐的好事，特别是对城市居民和无地农民来说，但是这种好处经常是短期的。从长远来看，对廉价食品的过度依赖会导致食品依赖、自我满足情绪，以及当价格像近年来那样上涨时所造成的社会动荡和破坏。

在美国，据估计每年有7600万起食物污染性疾病发生，入院治疗32.5万人次并且有5000人死亡。新的监测资料和新发现的食物与疾病之间的关系显示，这些还只是被低估的数字。

与食物有关的疾病大多数没有被报道，因此与食物相关的大部分威胁有可能也尚未被知晓。随着价格的降低，很少有人质疑廉价食品的神圣性，直到过去的几十年间，食品变得廉价却又危险和无法拒绝。

20世纪结束时，肥胖取代了营养不良成为发达国家的一大健康危害。对于日益增长的肥胖流行病的关注引起了对价格下降的重新思考，有些人竟然认为廉价食品本身就是一种罪恶。作家迈克尔·波伦和慢食运动鼓励人们"付更多的钱来买盘少质优"的食品。然而，当食品价格开始飘升时，很少有人会觉得这值得庆祝或者值得深思。美国的统计数字令人害怕。2007年，在家吃的食品的价格上涨了4.2%，在家以外（例如餐馆、自助餐厅和其他类似的地方）吃的食品的价格上涨了3.6%。使情况更加复杂的是，诸如牛奶和鸡蛋等主要食品所受的冲击最大。牛奶价格涨了20%，鸡蛋价格涨了29%。2008年预计的食品价格甚至更高。人们开始不满和抗议：以这样的价格他们怎么才能养活自己呢？抗议的声音差点掩盖了现实——美国人的食品支出只是略超过中国人可支配收入的6%，这个比例是日本和法国的一半，是中国人花费的1/4。俄罗斯人、印度人和印度尼西亚人花费更多，可是美国人还是担心不已。他们担心最终还是会有损失，他们会得不到他们应得的东西。于是他们的食品系统挣扎着应对这种变化。"物有所值"这句名言的意思不是"低价等值"，而是"低价多值"。赛百味出售的长达一英尺的、装得满满当当的三明治比上一年便宜了1美元。麦当劳里买2个鸡蛋松饼就可按原价的3/4购买。要美国人真的来控制一下自己的胃口，这种想法是不可想象的。

2008年底，世界陷入严重的经济衰退，看起来需要几年的时间才会从中恢复过来。工资和福利缩水，工作保障成了一场愉快的回忆。正是在这一大背景下，廉价商品又成为世界人民所钟爱的选择。对撤销管制规定和开拓无拘无束的自由市场的关注使得工会和贸易保护制度几乎变成了明日黄花，特别是在私营部门。全球市场状态下商品的产地远得超出购买者的想象，这样的市场使环保措施、工人保障或健康和安全条例实施起来非常困难，甚至是不大可能。我们很少有人知道我们的食物是在哪里种植和加工的，但是这种无知不代表不知道往哪里看，我们只是移开了视线而已。

第四节　墨西哥的毒品战争为什么殃及美国

2011 年 10 月对于墨西哥而言是血腥的，毒品贩子把战火燃烧到刚刚渡过 200 年国庆的首都新墨西哥城。仅 10 月 28 日一天，就有 11 位无辜居民丧生于毒贩示威性的屠杀。

从 2011 年 3 月开始，美国媒体就透露称，美国已经加入了墨西哥的毒品战争，已暗中派遣了无人机进入墨西哥领空，侦察贩毒集团的行动，以搜集线索。美国已经悄然加入了墨西哥的毒品战争，与墨西哥军方展开打击贩毒集团的联合行动，并提出，美国应考虑是否恢复对军用型攻击武器的销售禁令。1994 年实施的这一禁令包含一个条款：10 年该法令期满后，国会应进行更新、延期。结果不出所料，国会没有这样做，导致大量的攻击武器、半自动手枪和 12.7 毫米口径步枪，从得克萨斯、新墨西哥、亚利桑那和加利福尼亚州约 6000 家美国枪械商那源源流进墨西哥。

因此，正是美国将吸毒成瘾当作犯罪而非公共卫生问题，将 AK－47 步枪而非大麻合法化的做法，助长了这场墨西哥内战的爆发。而墨西哥毒品战争可能会为美国尤其是西南部带来无法估量的后果。

墨西哥是一个复杂的国家，其人民颇具聪明才智和独创性。但与其他拉美国家一样，它也饱受毒品贸易的摧残。公民社会的发育迟缓、财富分配的长期不当、贪污腐败的根深蒂固以及政治暴力的瘟疫般传播进一步加重了社会的负担。在这些痼疾的作用下，墨西哥社会和经济极易被美国对毒品的无止境需求所扭曲。

这个一向以独立文化而自豪的国家，现在却流行起一种伪浪漫的贩毒文化。在该国北部和西部，毒贩和想进这一行的青少年争相模仿起洛杉矶街头帮派的穿着和文身。"毒品走廊"已成为墨西哥最走红的流行音乐类别之一。

为什么一个高度自由主义化和民主化的国家，毒品战争造成的伤亡却与伊拉克、阿富汗相仿佛？20世纪初，在其34年血腥执政期的尾声，进入暮年的墨西哥强人波菲利奥·迪亚斯曾感叹说，他的国家的最大不幸，是位置"离上帝如此之远，离美国如此之近"。

据统计，墨西哥毒贩子们拼命捍卫的是一个保守估计达4000万"客户"、销售规模超过800亿美元的超级市场。瘾君子包括超过470万的墨西哥人和3500万的美国人。重要的是这个市场的规模还在急剧扩张，这在墨西哥体现得尤为明显。美国的市场不但刺激着墨西哥毒贩，美国的反毒政策同样滋长了毒品犯罪的气焰。

早在1982年，墨西哥就正式结束了内向的进口替代型经济发展模式，开始大踏步地走向自由主义经济道路，并依靠着毗邻美国、连接美国与拉丁美洲的区位优势，以及市场规模大、熟练劳动力供应充足的比较优势，迅速成了美国国内产业转移的首选之地。

1992年签订《北美自由贸易协定》成为墨西哥经济开放最有力的阶段性成果，墨西哥不但在吸引国外投资、技术及其他生产要素方面更加便利，其抵御国际经济风险的能力也在北美自贸区体制的保护下大为提高。这使墨西哥的发展前景更为明朗，也更为稳健。就在全球经济危机肆虐的2009年，墨西哥的人均国民生产总值还是达到了 10234 美元，居世界第 57 位。

更令人惊讶的是，当美国依然在高失业率低增长的泥沼中徘徊的时候，枪声不断的墨西哥却已率先跳出了衰退的阴霾，一派欣欣向荣的繁华景象。

面对这样的情形，美国为了减轻自身的压力，对吸毒采取完全放任的态度，却要求墨西哥积极打击贩毒行为。在墨西哥政府几乎抱着与敌偕亡的态度拼命和毒枭作战时，美国人还很不仗义地对武器走私漠然置之，墨西哥政府迄今为止已经缴获了 8.4 万件武器，它们大多来自美国。最使墨西哥总统卡尔德隆伤怀的是，墨西哥执法部门在前线流血拼命，美国加州却在立法准备让大麻销售合法化。要知道，大麻可是占了美墨毒品贸易约一半的份额。

美国的做法固然让墨西哥反毒战争显得十分悲情，但把困境完全归咎于外因也确实有很多解释不通的地方。究竟是什么让这个国家 30％的领土掌握在犯罪分子手中？是什么让一个经济成功的政府在安全方面问题严重？扫毒活动已经进行了快 4 年，但毒枭们前赴后继，在战火中建立了一支超过 10 万人的步兵，要不是因为毒枭武装把内讧当作与政府军作战同样重要的任务，其可动员作战人员数量已经超过了政府军（墨西哥三军共 13 万人，其中包含大量的后勤保障及文职人员），所以，53％的民众相信毒枭会赢也就不足为奇了。

常识告诉我们，开放的市场经济对于法制的追求是毫无疑问的。现在，人们熟悉的常识被墨西哥残酷的现实颠覆。只有墨西哥自身的经济与社会现状才能对这种反常识的状况作出应有的解释。而这样的颠簸墨西哥也并不是独自承受的，解铃还须系铃人，美国加入毒品战争，期望会有个良好的结果。

第五节　为什么粮店拼命打折也不能吸引顾客

有一家新开张的粮店，店里的客人没有预想的多，看着其他商店总是顾客盈门，老板羡慕不已。经过仔细观察，粮店老板发现，这些商店不断推出各种打折活动，促销的吆喝声充斥着路人的耳朵，前来购物的客人踏破了门槛。看到这种情形，粮店老板总结道："薄利多销是一种有效增加收益的方式。"

于是，粮店老板也改动了自己的价格表。与之前相比，改动后的价格确实便宜了不少，但仍然没有吸引多少顾客。粮店老板反思自己的降价行为，认为是打折的幅度不够大，仍然不能吸引顾客，于是，粮店老板进一步降低了价格。其实，粮店老板报出的价格已经非常低廉了，可是粮店仍然没有吸引到足够多的顾客。这种方法试营业几天后，粮店老板算账时发现，自己的收入几乎没有增加。这让粮店老板更加疑惑了：同样是打折促销，为什么差别就那么大呢？

随着市场竞争的愈演愈烈，打折促销活动在日常生活中随处可见。为了争夺消费者、获得利润，销售者们可谓是使出了浑身解数。然而，出乎许多销售者意料的是，往往很多人和粮店老板一样，打折活动是搞起来了，却并不能给他们的利润带来太多的增长，甚至让有的商家东施效颦，反而弄得更加尴尬。这就让人不免疑惑，究竟在什么情况下，打折活动才能够给销售者带来理想的利润呢？

其实，这是经济中一种较为普遍的现象。具有一定经济学知识的人通常都会知道这与"需求弹性"有关。在市场经济中，存在这样一种普遍的现象：当一种商品价格降低的时候，当消费者收入升高的时候，当该商品的代替品价格升高的时候，或者当该商品的互补品价格降低的时候，消费者对这种商品的需求量通常会增加。于是，为了表明在需求决定因素的影响下需求量的反应程度，经济学家引入了"需求弹性"的概念。

在微观经济学中，需求弹性包括需求价格弹性、需求收入弹性和需求交叉弹性。一般情况下，人们所说的需求弹性正是"需求价格弹性"的简称。所谓需求价格弹性，指的是商品价格变化比率引起的商品需求量变化的比率。或者说，需求弹性用来反映需求量的变动对价格变动的灵敏程度，不同的商品有不同程度的需求弹性。如果人们对需求规律加以简单分析，就会发现，如果一种商品的价格下降，需求量就会相应地增加。此时，人们就可以利用"需求弹性"理论来判断一种商品的需求弹性。假如一种商品的价格变化引起其需求量发生了较大的变化，那么就可以说这种商品的需求量富有弹性；反之，就可以说这种商品的需求量缺乏弹性。

实际上，在经济学中，有专门用来表示商品需求弹性的"弹性系数"。一种商品的需求弹性等于其需求量变动的百分比与价格变动的百分比之比；而需求量的变动量与需求量之比就是需求量变动的百分比；价格变动量与价格之比就是价格变动的百分比。如果这个弹性系数大于1，则意味着某种商品的需求是富有弹性的；如果弹性系数小于1，则意味着一种商品缺乏弹性；如果弹性系数等于1，则意味着一种商品的需求是单位弹性；如果弹性系数等于0，则意味着一种商品的需求量完全没有弹性。也可以这样讲：如果一种商品的供给量变动的反应很大，则说明这种商品的供给是富有弹性的；反之，则说明一种商品的供给缺乏弹性。

实际上，一种商品的需求弹性究竟有多大，是由多种因素综合决定的。市场中某商品替代品的情况以及其替代程度的高低；消费者购买某商品的消费支出在总支出中所占的比例；以及一种商品对消费者的重要程度。如果只从一个因素出发来分析某种商品的需求弹性，不免有些片面。此外，贩售商品的时期和地区、消费者的收入水平、产品的市场饱和度等也影响着商品的需求弹性。经济中的销售者是独立的个体，每个消费者都有自己的喜好，他们选择哪一种商品必然会受到自己喜好的影响。在通常情况下，受到需求定理的影响，一种商品的需求量受价格的影响较大，则说明这种商品的需求弹性大；反之，则可以说该商品需求缺乏弹性，需求系数的值为负值。

在通常情况下，时间的长短是影响需求弹性的决定因素，长期需求弹性往往大于短期需求弹性。如果企业经营时间较短，就不能通过改变工厂规模的方式来改变生产商品的数量；如果企业经营运转时间长，就可以建立新的工厂或者关闭旧的工厂。在长期供给中，商品的供给量可以对价格做出更大的反应，这就使得经济中出现了一种普遍的现象：必需品倾向于需求缺乏弹性，而奢侈品则倾向于需求富有弹性。就拿粮店生意来说，当粮食等生活必需品价格上升的时候，虽然人们购买的粮食数量会少一些，但是不会发生大幅度的下降，可见，粮食的需求量不会因价格的变化而发生太大的改变。但相反，如果珠宝首饰或者品牌服饰等推出了打折活动，那么非常可能引发抢购风潮。造成这种差异的根源就在于，粮食是消费者的生活必需品，而珠宝首饰或者品牌服饰则是消费者眼中的奢侈品。

当了解了这些有关需求弹性的知识后，我们再回头来看看，你就能够理解为什么粮店老板模仿别家而实行的营销策略，却没有收到良好的效果。粮店老板看到了别家的折扣促销，却没有深入分析，更没有比较其他商店销售的商品与自己销售的商品的不同之处。相信如果他能够意识到自己商店与其他商店的不同，就不会在需求弹性的作用下陷入一个无法增加自己收入的怪圈了吧。

第八章 为什么美国孩子输在起跑线，却赢在终点

第一节 收入上的大赢家为什么是幸福上的小赢家

毋庸置疑，身为公司高层的埃米绝对是众人羡慕的成功人士。年逾不惑的她衣着时尚，神采飞扬，出入有豪华座驾代步，举手投足间足以彰显品位。她和老公同属高薪厚职人士，分居两地合力谋生。只要钱能解决的，对于他们来说基本不是问题，埃米夫妇的月收入比普通打工族一年的收入都多，可是他们真的很忙。他们拥有不止一套物业，家庭厚实的经济基础能支持他们的孩子就读最好的学校，给孩子请私家外教辅导英语。"这一切看上去仿佛天衣无缝，我们甚至从来没有为了钱的事情争吵过什么。"埃米这样说道，"当然更多是因为我们见面的次数越来越少。我们结婚将近 20 年，可是越来越觉得对方陌生，可能是因为大家都太忙了，连见面说话的时间都不多。"

这样的家庭会幸福吗？所谓"贫贱夫妻百事哀"，夫妻二人的经济水平直接或间接地影响着一个家庭的幸福，没有人愿意为了柴米油盐而争吵，但现实往往如此，为了拥有更多的收入，夫妻双方都需要在职场"搏杀"。这样两个人在家庭的共同生活上投入的时间相对就减少，影响到了家庭的幸福。收入是经济学研究的主题之一，也被一度认为是提高福利、增进幸福的重

要因子。按这样来说，收入越高的人或者家庭应该感到越幸福才对，为什么在现实中那么多的在收入上是大赢家的人或者家庭却是幸福上的小赢家呢？

收入与幸福不能简单地画等号，有钱未必就幸福。收入的多寡与幸福指数的高低息息相关，但不成正比。过去我们物质生活清贫，认为天天有鱼有肉就是莫大的幸福，现在这个目标基本实现了，但是还是有不少人觉得并不幸福。相反，很多人却经常怀念以前清贫的日子，觉得当时没有现在生活那么有压力，悠然自得。其实钱财是把双刃剑。有的人有钱了，却不能科学规划自己的财富人生，将钱用在有意义的地方，却用在摆阔斗富、吃喝嫖赌、花天酒地上，这些财富不仅不能增加他的幸福指数，反而会让他玩物丧志，道德沦丧，最终落个坐吃山空、妻离子散的凄惨下场，还有什么幸福可言呢？

德国哲学家齐美尔说："金钱是一种介质、一座桥梁，而人不能栖居在桥上。"钱财只是一种货币符号，只有当你用金钱去做某件事情时，金钱才会产生意义。只有把财富转换成幸福，这样的财富才最有意义。如果我们辛辛苦苦获取的财富不仅没能带来幸福，反而带来了无尽的烦恼与痛苦，那就与我们的初衷背道而驰了，与其得到这样的财富，还不如固守原来的生活状态。

美国的网站曾做过很有趣的调查，美国平均的幸福水平为69分，如果100分为满分的话，高于世界平均水平的65分。但是美国的失业者、穷人、老人幸福程度并没有人们想象的那么低，而针对福布斯美国富豪榜前100位富豪的调查显示，其实其中37％的富豪，他们幸福的程度还赶不上普通的美国人。另外有一个研究，追踪22名中了彩票大奖的人后发现，尽管中奖后短期幸福感提高，但是随着时间的流逝，他们情绪慢慢低落，最终他们的幸福感降到和原来差不多的地方。

所以说财富与幸福的关系不是那么一个简单的量化的关系，

当然当一个人非常的贫困，连饭都吃不饱的时候有财富，肯定会增加幸福感的。幸福是人类的一种愉悦的主观感受，健康、亲情、经济、职业、社会和生态状况是影响快乐的 6 大基本因子，人类的幸福是所有这些影响因子的函数。

收入与资产是否会影响或在多大程度上影响着人们的幸福感？这一直是幸福经济学理论研究关注的一个焦点。而收入与资产状况对于生命苦乐的影响实际上又是具有差异性的。在不同文化背景下所做的幸福调查中，幸福与财富之间的关联性非常低，唯一的例外是在一些极穷困的地区，在这些地区基本的生活条件都得不到满足。还有研究指出，在过去的 50 年里，美国每一代人的富有程度越来越高，但幸福指数却没有什么变化。诺贝尔经济学奖得主丹尼尔·卡尼曼研究发现，幸福和财富基本上没有必然联系。

大部分的人会认为高收入等于快乐，但事实上这个说法是极虚幻的。高收入的人对生活会比较满足，但不会因此而比其他人更幸福，他们甚至更容易紧张，也不太会去享受生活。收入对于生活的影响是短暂的。我们认为，人们之所以会过度地去宣扬收入就是幸福的标准，是因为他们只是用传统的视角衡量自己以及他人的生活。

从经济学角度来看，经济发展虽然能够提升人民的幸福感，但经济发展对幸福的贡献却是边际效应递减。打个比方，今天拿到一百块钱，幸福感最强；明天再拿二百块钱，可能并没有获得比第一个一百块钱更强的幸福感。因此，最初的经济发展带给人民的幸福感最强，而当经济发展到一定程度后它所带来的幸福感变低了。

财富和金钱或许只是构成幸福的一个小的组成部分。美国经济学家萨缪尔森提出的著名的幸福方程式：幸福＝效用/欲望。效用是经济学上的一个抽象概念，它是用来表示商品满足消费者的程度，欲望则是人们希望要达到的目标。萨缪尔森认为，幸福程度与效用成正比，与欲望成反比。从这个公式中可以看出，如果一个人的效用越大，那么他就越幸福；同样，如果一个人的欲望越低，那么他也可能越幸福。当然，如果一个人的效用增加了，但他的欲望增加得更多，那么实际上他的幸福程度是下降的。个人追求幸福的目标也就从效用和欲望出发，幸福的极大化同样受到效用和欲望的影响。

如果我们按照萨缪尔森的幸福方程式，或许收入少的人更幸福。因为同收入高的人比较起来，他的欲望更小，他的自我满足程度较高，因此更容易获得幸福。如果收入高的人是一个追求欲望无止境的人，他就很可能不是一个幸福的人。因此，我们说从经济学视野看待财富和幸福的意义，就在于指出生活中的一个道理。幸福因人而异，每个人的幸福观是不一样的，财富并不是幸福的所有组成部分。一个人的幸福有时候可以简简单单、平平常常，可以过着一种充实和悠然但并不富裕的生活，对他个人而言，这就是一种幸福的生活。幸福有时候是很单纯的，要很单纯的人才容易获得，欲望太多或杂念想法太多的人是不容易得到真正的幸福的。

第二节　为什么输在起跑线，照样可以赢在终点

爱因斯坦 15 岁的时候被他的老师认为一事无成而失学了，没有拿到初中文凭。他妈妈当时也对他非常失望，生的这个孩子真是一个笨蛋，但爸爸对他怀有信心："我们的孩子一点都没有问题，只不过他不适合学校机械的教育罢了。"最终，爱因斯坦成才了。

为什么爱因斯坦输在起跑线，照样可以赢在终点线呢？美国的经济学研究发现，智商只能解释 10％的收入差距，其他更多的是智商以外其他商的影响。哈佛大学心理学家加德纳提出

一个多元智能理论，他认为人至少具有八种智能，我们通常所说的智商只是其中之一。所以，即使孩子在小的时候输在了起跑线，但是，长大后由于其他商的因素，他也有可能赢在终点线。这是从智力方面来说，即使从另一个角度——经济的角度来说也是如此：起跑线输了并不代表真的输了，我们也还是有机会赢在终点的。

现在高等教育非常重要，但是高额的教育成本对很多普通家庭的孩子是个很大的压力。如果没有外界支持和帮助，很多普通家庭的孩子是没有办法享受到高等教育的，也就是说，他们和富人家的孩子比较来说，输在了起跑线上，但是如果有了外界的资助，他们就会得到这次机会，也许在接受高等教育的过程中，他们的生活还是不如富人家的孩子，但是，如果他们在此期间一直努力学习，等到他们毕业之后，他们就有可能赚取到比富人家的孩子还要多的财富，从而赢在了终点。这其实反映了福利经济学第二定理的内容，也就是在完全竞争的市场条件下，政府所要做的事情是改变个人之间禀赋的初始分配状态，其余的一切都可以由市场来解决。也就是说政府如果解决了穷人和富人之间的初始经济状态，最终的结局也有可能是穷人的孩子比富人的孩子更加富有，当然，也会存在另外一种可能，因为政府改变的只是初始分配状态，其他的还是由他们自己来决定。这也就是为什么哈佛大学一直在加强助学金的力度的原因。

在哈佛，60%以上的本科生会收到不同程度的助学金。福斯特说："我们要再次证明，家庭收入不是有才干的学生上哈佛大学的障碍。哈佛研究生院和其他专科院校也是一样。目前华盛顿在试图消减各项开支，包括支持高等院校的科研经费。我们要再次呼吁高等教育的重要性，高等教育不但能提高人们的经济收入，创造知识和财富，而且会增强跨阶层的社会流动性，使社会更加公平透明。""哈佛必须对所有校友以及更广阔的世界负责。大学是人类最伟大的发明之一，也是最伟大的发明者和创造者之一。通过大学，我们能创造更美好的未来，让我们的子孙后代以及更广泛的人类社会过上和平、繁荣和有意义的生活。"

可以说，那些收入低下的家庭就可以利用哈佛大学的这种福利，争取到均衡的竞争条件。福利经济学第二定理认为在一定的条件下，每一种具有帕累托效率的资源配置均能达到竞争均衡。它表明分配与效率是可以分开来考虑的，任何帕累托有效配置都能得到市场机制的支持。第二定理认为，任何我们所希望的社会资源配置都可以通过给定一定的收入分配结构、所有权结构，通过市场达到。

其实我们人是一种社会性的动物，我们在经济生活中不可避免地会遇见形形色色的人，并受到来自他们的影响。例如在资源配置的问题上，很多人就会要求公平，就像要求起点上的均等、机会均等这些公平。然而这每一种均等，都包含着不公平的一面，就像机会均等，其结果就不会均等。大家都知道，市场经济的竞争的机会是均等的，但是结果还是富人少，穷人多。就像我们说的起跑线，如果我们的起点都是一样的，我们都是在同一个财富的起点上起步，由于能力和机遇的不同，在结果上也是一样不会均等的。

2007 年，哈佛宏观经济学家曼昆在哈佛最大的桑德斯礼堂上经济学原理课的时候，当场拿出 10 张面值 1 美元的钞票，从几百名观众中任意找两名学生上台玩一个游戏。游戏规则是：其中一个人是出价的人，他选择给另一个人多少钱，给自己留多少钱。另一个人选择接受不接受这个分配比例。第一个学生出价 1 美元自己保留 9 美元，让给别人 1 美元；第二个学生为了不空手而归，竟然接受了这个分钱的办法！这 10 美元在玩游戏人的眼里是天上掉下来的馅饼，如果因为分配不公就拒绝享有部分 10 美元的好处，从绝对个人利益来说是不划算的。曼昆当即把钱分给这两个学生，并对第二个学生幽默地说："你可以成为经济学家了。"

为什么曼昆要说第二个学生可以成为经济学家了呢？因为按照游戏规则，如果第二个学生选择不接受的话，他们两个人都不会得到这 10 美元，两个人的福利和原来一样，没有任何增长。如果他选择接受第一个人分钱的方法，那么两个人的福利都会有所增长。虽然第一个学生的分配方案很不公平，但是那 1 美元对于第二个学生来说，还是增加了自己的福利。

其实在经济学家眼里，经常是效益第一，公平第二。他们认为，那些把公平看作第一位、效率第二位的人都是出于嫉妒，才失去了理性判断的能力。所以，我们不要去计较起跑线怎样，也不要太计较社会分配的公不公平，要把效率放在第一位，这样，才能够在已经输掉起跑线的基础上，赢得终点。

第三节　美国人一年生产多少财富

美国有一个"超级富人岛"，距离迈阿密仅 7 公里。这个小岛只有 216 英亩，林木葱郁，四面环水，没有私家轮渡、游艇或者直升机的话根本别想登岛。环岛沙滩上的沙是从巴哈马进口的；摇曳的棕榈树是从印度洋和太平洋岛屿移植来的；价值百万美元的跑车随处可见；低噪声的私人直升机不时掠过"超级富人岛"上空……

岛上的业主全都是超级富翁，想登岛几乎不可能，除非你接到业主的私人邀请。据物业管理方透露，目前岛上的业主多是白人超级富翁，比如名演员朱丽叶·罗伯茨、伯利斯贝克等。

从这个"超级富人岛"我们可以看到美国具有强大的财富力量，在 2012 年的福布斯全球亿万富豪榜的前十名当中就有三名是来自美国的。美国号称首富之国，其人均产值，除掉某些年份低于瑞典、瑞士、日本、挪威外，经常名列世界首位。那么美国为什么会有这么大的财富潜力呢？美国人一年究竟生产多少财富呢？

若想弄清楚美国人一年能够生产多少财富，必须从劳动、生产要素和资源这三个方面考虑，只有将这三种要素恰到好处地结合起来，人们才能够制造产品和提供服务，实现用生产要素创造价值的过程。

从经济学角度来看财富，它并不仅仅局限于物质财富。在经济学当中所谓的财富既包括物质财富，也包括非物质财富，如商誉、信息、专利发明和各种服务。而且物质财富也并非指物质本身，因为物质既不能被生产也不能被消灭。因此，生产财富实际上只是将自己掌握的生产要素重新组合，或者改变其理化特性，物质财富的消费同样也是这些性质之间互相转化的过程。美国社会实际上是一个"人人买卖"的社会，美国人雇用别人给自己装饰房屋，同时也给别人做家务赚钱；他们花钱去学驾驶技术，同时也会做售货员赚钱……这就是说，美国人的收入和支出都要经过市场。然而在旁人看来，美国的社会实际上就是一个大家互相赚对方钱的社会，在彼此抵消之后应该不会有太多的剩余。如果在大多数情况下，人们创造的财富能够大于所消耗的财富，那么就会获得财富。若想保证这一点，除了提供生产要素外，能够提高生产效率也是非常重要的因素之一。

不过，事实上，美国人在向他人提供服务的同时也赚到了钱。对于美国人来讲，他们的生活就是这样的：让别人赚到了自己的钱，而在这个过程中他们享受了别人提供的服务，同时在向别人提供服务的时候赚到了钱。虽然别人从自己这里赚到了钱，但并不是毫无缘由地从自己这里赚钱，自己也不是轻而易举地从他人那里赚钱，这个过程必须建立在"向对方提供服务"的基础上，而且这个服务还必须令对方满意。这个"服务"

从经济学的角度来说也是一种生产要素。经济学研究成果认为，所谓的生产要素就是指在生产活动中所使用的各种经济资源，劳动、资本、土地和企业家的才能等都在生产要素的范围之内。当生产者将生产要素投入生产过程时，生产中所使用的一切原材料、动力和辅料等，都会在生产的过程中转化成其他形态，并且增加自己的价值。由此可见，生产要素的确可以帮助人们创造财富，谁有权利使用生产要素谁就有权利得到财富。

在美国，只有提供生产要素的人才能够创造财富，才会有合法收入。在这种环境下成长的美国人似乎天生就有一种观念：只有自己创造才能够获得财富，如果一个人没有提供生产要素却获得了报酬，那么必然会有另一些人虽然创造了财富但是却没有获得报酬。

当然，并不是只要拥有生产要素就能够生产财富，生产财富是用来生产有用而稀缺的东西，不论这东西具有物质形态或非物质形态。美国很富裕的主要原因就是美国人享受的这些有用但是稀缺的商品比其他国家多。在美国人的收入中，农林牧副渔产业的产值不足生产总值的3％，仅仅相当于国防开支的一半，尽管如此，美国仍然大量出口玉米和小麦，在世界主要粮食供应国中占据一席之位。在经济学中，非物质生产部门也能够独立地创造价值是一个公认的事实，同时非物质生产部门被列为与第一产业、第二产业并列的第三产业。无论事实还是经济力量，都证明了第三产业的发展可以提高第一产业和第二产业的生产效率。如果从事第三产业的美国人数量持续增加，那么他们也必然会创造出更多的财富。

随着科技的发展，机器在某种程度上也可以替代劳动力，在机器的帮助下，人们可以提高生产效率，生产出更多的产品。同样，如果人们拥有较好的自然资源，如肥沃的土地、大片的矿藏等，也可以在劳动的基础上创造更多的价值。正因为掌握了这三个方面，美国人才能够创造大量的财富。

第四节　老年人优惠为什么如此多此一举

依据《美国消费者报道》杂志统计，如今美国的老人折扣和过去的大不相同。现在老年人乘坐灰狗巴士，取得 5% 折扣已很幸运。现在的老人折扣优惠年龄限制也和以前不同。有些老人折扣优惠只需年满 50 岁即可享用，也有从 55 岁、62 岁和 65 岁即可享用的老人折扣优惠。老人折扣优惠的折价比率通常不大，大部分的老人折扣约 10%，而且不能和其他折扣优惠搭配运用。

旅馆总是提供折扣给老年人，Microtel Inn & Suites 连锁旅馆为 50 岁以上的顾客提供 10% 折扣，Hyatt 旅馆为 62 岁以上的顾客提供最高可达 50% 的折扣，Marriott 旅馆为 62 岁以上的顾客提供的折扣至少达 15%，希尔顿集团运营的初级旅馆 Homewood Suites 和 Drury Inn & Suites 都提供折扣计划。但旅馆的老人折扣计划通常不是最佳的折扣，所以消费者应打听能否有更佳的折扣计划。需谨记的是，旅馆价钱通常可以打折扣。

其实在美国，现在有很多的行业都会向老年人提供优惠，"老年人优惠"看上去就是一项惠民政策，但是为什么会有人认为老年人优惠是多此一举的举措呢？就拿健身俱乐部来说吧。

健身俱乐部为老年人提供优惠制度，除了在年龄上有所限制之外，一般还会加上其他的附加条件，例如此优惠制度仅限于平时（周六、周日和法定假日除外）。为什么健身俱乐部会做出这样的规定呢？

由于老年人没有工作，任何时间都有时间，而一般的人平时都要上班，只在周六、周日和节假日拥有一些休闲的时间，这些人在平时很难抽出时间去锻炼身体，这个时候，俱乐部为老年人提供了优惠的制度，就会吸引老年人在平时的这个时段到健身俱乐部去锻炼身体；而由于周六、周日、节假日没有优惠制度，为了自身的利益最大化，很多老年人就会选择不去健身俱乐部锻炼身体。但是，其他人士刚好在周六、周日、节假日有时间，他们都会选择这个时段去健身俱乐部去健身，因此健身俱乐部会在这些时间段内迎来客流高峰，此时的客流量甚至会超过拥挤线。这个时候，如果老年人都选择不去的话，就会提供给其他年龄层的顾客更多的机会。对于健身俱乐部来讲，增加收入和利润的最好办法就是使消费者利用率接近拥挤线。于是，摆在健身俱乐部面前的问题就可以简化成"最大限度地吸引消费者"了，因此它们才会在平时休闲时间较少时下调价格。这其实是健身俱乐部提高消费者利用率的一大策略。

"物美价廉"的商品的确最受消费者喜爱，但是这并不意味着生产者和销售者只有降低商品价格才会吸引消费者，才有赢利的希望。在经济生活中，有许多聪明的生产者和销售者既能够以低价吸引消费者，也能够在高价时出售商品保持顾客人数和利润。

实际上，所谓的价格歧视就是一种价格差异，是指商品和服务提供者在向不同的消费者提供同样的商品或服务时，实行不同的价格和销售标准。或者说，如果销售者没有任何理由，在针对不同条件的消费者销售商品或服务的时候实行不同的价格标准，就是一种价格歧视的行为。销售者实行价格歧视的目的就是为了获得更多的利润。

在现在的日本，普遍认为花钱享受服务的应该是经济上比较富裕的老年人，所以想要进行价格歧视的话，需要对即使贵也会卖的老年人进行提价。而且就算调整价格，老年人每周的合计利用时间也不会有太大的变化。因此，只根据单纯的消费量来进行价格歧视的话，看起来应该对老年人进行提价更为合理。

但是，实际上有很多服务行业都采用了老年人优惠制度，客观地说明了此制度发挥着更为有效的作用。服务业在定价时需要考虑的重中之重是利用率，所以此例中的价格歧视战略是着眼于利用时间的弹性变化而制定的。

对于销售者来讲，能够获取最大的利润是值得高兴的一件事情，只要能以较高的价格将商品销售出去，销售者绝不会将商品的价格降低。可是，如果采用价格歧视，销售者又会面临一个问题：如果将商品或服务的价格定得过高，就会失去一些对价格变化敏感的消费者，这样难免会使自己的利润降低——这些对价格变化敏感的消费者大多数都是低收入者。那么，此时销售者面临的问题就是想出一个两全其美的办法，既能够以较高的价格赚到那些富人的钱，也能够以较低的价格赚到收入相对较低的消费者的钱，这才是销售者的目的，也是销售中实行"价格歧视"战略最基本的原因。

如果经济生活中没有"价格歧视"，而是人人平等，这样又会有怎样的结果呢？那样的话，经济生活中必然会出现一种针对价格敏感度低、支付意愿强烈的消费者的歧视。这是因为，在整个价格歧视中，不同的有效需求者都能够从经济市场中购买到自己需要的商品和服务。从需求和供给相等的意义上讲，没有任何人遭到歧视。"价格歧视"制度实际上是一种公平合理的体现，如果取消，无疑是将一些收入较低、对价格变化敏感的消费者排挤出市场，这样销售者必然会损失很大一部分顾客，最终使自己失去很多利润。

第五节 "看不见的手"真的存在吗

亚当·斯密在《国富论》中最早提出"看不见的手"这一比喻，他在《国富论》中写道："有一只看不见的手，引导自私自利的个人，在自由市场竞争中，最好地促进公共利益。"他的意思是追求自身利益的"经济人"在市场中活动，不自觉地受经济规律的支配，在追求自身利益最大化的同时实现了社会利益的最大化。

斯密认为："他通常既不打算促进公共的利益，也不知道他自己是在什么程度上促进那种利益。由于宁愿投资支持国内产业而不支持国外产业，他只是盘算他自己的安全；由于他管理产业的方式目的在于使其生产物的价值能达到最大限度，他所盘算的也只是他自己的利益。在这场合，像在其他许多场合一样，他受着一只看不见的手的指导，去尽力达到一个并非他本意想要达到的目的。也并不因为事非出于本意，就对社会有害。他追求自己的利益，往往使他能比在真正出于本意的情况下更有效地促进社会的利益。"

亚当·斯密在《国富论》中提出的"看不见的手"真的存在吗？这里所谓的"看不见的手"实际上就是我们追逐经济利益的心，只不过，这颗心是通过市场价格机制来实现的。由利己性的决策而总结出来的这个理论成为支撑市场经济效率的根据。"看不见的手"使市场的价格机制获得了成功；相反，"看不见的手"也使完全依靠政府命令来维持经济秩序的某些国家经济崩溃。

想象一下，如果没有市场，我们的生活将会怎样？我们该如何获得我们想要的东西，比如食物、衣服、日常生活用品等。市场提供了一种机制，使得人们相互进行交易。无论是企业还是个人，价格和利益的激励引导着他们各自的选择。

斯密用这只"看不见的手"，来宣扬市场经济，通过分散的、无数的个人的决策在市场上进行相互交易，这样就能够促进社会的利益。市场经济最大的优势在于引进竞争机制，竞争机制带来"优胜劣汰"，而优胜劣汰的压力驱使人人都会更加努力，从而整个社会的效率就会提高，也就创造更多的财富。

但是，市场也并不是万能的，市场也会失灵，市场失灵是指市场无法有效率地分配商品和劳务的情况。市场有时会给整个社会带来意想不到的负面影响。市场失灵必然会造成收入与财富分配不公，这是因为市场机制遵循的是资本与效率的原则。资本与效率的原则又存在着"马太效应"。从市场机制自身看，这是属于正常的经济现象。资本拥有越多在竞争中越有利，效率提高的可能性也越大，收入与财富向资本与效率也越集中。收入与财富差距的拉大又会由于影响到消费水平而使市场相对缩小，进而影响到生产，制约社会经济资源的充分利用，使社会经济资源不能实现最大效用。

一旦市场失灵，必然会产生"外部负效应"。外部负效应是指某一主体在生产和消费活动的过程中，对其他主体造成的损害。如化工厂，它的内在动因是赚钱，对企业来讲最好是让工厂排出的废水不加处理而进入下水道、河流、江湖等，从而给环境保护、其他企业的生产和居民的生活带来危害。政府若要治理，就会增加负担。

由于市场失灵的存在，要优化资源配置，必须由政府进行干预。正因为市场会失灵，才需要政府的干预或调节。市场规律和政府调控相结合，才能有效遏制"市场失灵"现象。从这个角度来说，那只"看不见的手"还存在吗？

从美国陷入次贷风波并引发更为严重的金融危机的过程来看，美国政府从来没有停止过政府干预行为。而且，与历次金融危机的应对手段相似，美国政府依然采取了以直接向金融市场注资为主的救市举措，以此帮助市场度过危机。

导致市场失灵的代表性原因有外部刺激：不完全竞争、信息不对称等。首先，从外部刺激的角度来看，社会成本与个人成本不相符导致市场无法有效率地分配资源。外部刺激导致资源分配无效的最典型例子就是环境污染问题。虽然那些随意排放污染物的人或企业对他人造成了损害，却不会因此而付出任何代价。这时候，为了缓解工厂的煤烟、废水等污染物排放所带来的外部问题，政府应该向这些工厂收取费用以保护环境。

其次就是垄断这类不完全竞争的情况。垄断或寡头可以对商品的价格产生影响。这时候，消费者接受的价格会比均衡价格高，生产量比均衡产量少，出现个别受益、整体受损的结果。

最后，信息不对称带来的道德风险也是市场失灵的重要原因之一。例如国防服务等公共物品，想要剔除不支付费用的消费者几乎是不可能的，因此就会导致不承担任何成本而消费或使用公共物品的免费搭车者大行其道。当市场无法有效地分配资源，出现市场失灵的时候，政府应该积极地介入。

现在，经济、金融一体化使得各国金融市场相关性加强，某一市场失灵将会殃及全球市场。然而，现有的监管体系仍是各自为政，监管政策的出台主要是基于本国国内因素和利益考虑。为保证国内利益与国际市场需求的一致，便需要国际间的协作与协调。

第九章 自由女神像的灯塔谁来看管

第一节 邻里守望是让美国人互相监视吗

　　曾经有过这样的报道，有一家美国人在假期的时候没有足够的经济外出度假，为了保住自己的面子，就对外宣称一家人一起外出度假，然后全家人都躲进地下室里，过着不见阳光的假期生活。有一天晚上，有一个孩子趁着父母不注意跑到一楼客厅并打开了灯。家长立刻发现了这个情况，迅速把灯关上，并把孩子带回了地下室。但是他们家的灯这么一开一关，引起了邻居的注意，他们的邻居立刻报了警，最后他们家的事情就在警察的调查下暴露了。

　　这篇报道揭示了这家美国人的死要面子活受罪的可爱一面和虚伪一面，也揭示了美国公民社会中一直运作良好的邻里守望制度。这一家美国人被发现只是因为孩子开了客厅的灯，虽然很快就被大人关掉，但他们的邻居还是发现了。那么，美国的邻里守望制度就是让美国人互相监视的吗？要找到这个问题的答案，首先，我们先来看看邻里守望这个制度是怎么来的。

　　20世纪六七十年代，美国的社会风气颓废，治安问题严峻，犯罪率直线上升，城市市民普遍没有安全感，对警察的信任度和期望值也降到了历史最低点。期间，尽管警察在不断增加，警察装备也在不断改进，但犯罪反而愈演愈烈。美国的警察机关、市政当局、警学研究者开始反思传统的警务模式，探索降低犯罪率的新方法。直到 20 世纪 90 年代建立了社区警务，社会治安才有了良好的改善。也就是在这个时候有人提出了邻里守望的制度。

邻里守望，是警察机关为了发动市民更多地关注居住地治安状况而把相邻的市民组织起来开展自救、自助的一项重要措施，以利于及时预防和打击犯罪。通常，警察在市民中招募志愿者参加邻里守望工作，以帮助警方了解社区治安信息。这些志愿者实际已成为警察的"眼睛和耳朵"。

在参加这个活动的社区旁矗立着画有一只大眼睛的牌子，表示这个社区的人都参加这个活动了。在这种社区，如果你离开家去上班或是买东西，邻居家有人的话，就有责任和义务帮助看一下你的家，注意一下有没有坏人潜入你的家。或者，你的孩子在小区内玩耍，你不会担心孩子被陌生人带走，因为，总有一双邻居的眼睛在帮你看着孩子。这样是不是代表着你的邻居总是无时无刻不在监视你呢？从表面上看，邻居确实总是关注你家的动静，但是，这不能当作监视，而是帮助或者守望。

这些邻里的守望是让你的家免费安装了一道安全防护门，虽然美国的警察兢兢业业，忠于职守，但警察不可能只在你家周围巡逻，有了邻里相互守望，没有警察也能够及时发现不良的情况，为大家节省了更多的时间和金钱。邻里之间相互照应、互帮互助是传统美德。以肯定性思维来看待世界，我们可以发现一个"友邻"能为我们的生活带来极大的帮助。

企业要是遇上这种"友邻"，就能够大大降低生产成本，与一味"只想让他人吃亏，看到他人过得比我好就不舒服"的"外部非经济"现象相反，因"好友邻"达到双赢的现象在经济学中被称为"外部经济"，即因外部原因导致生产成本降低或生产效率增加。当然，企业通过自身的努力也能降低生产成本，这时就不能称为外部经济。

外部力量时常会左右企业的命运。比如由于化工厂的迁入，化工厂周边的果树园和沿岸的养殖场深受其害，这是"外部非经济"的最典型的例子。

工厂如果要对污染物进行净化，需要花巨额费用。按理说，这些费用都应该由排出污染物的工厂自行承担才对。然而，有些国家对于工厂排出的废气、废水都采取"睁一只眼闭一只眼"的态度，这样一来，工厂为了实现自己的利益最大化，就不会花费精力和时间在净化污染物这个问题上面，日积月累，就会对环境造成严重的污染，导致整个社会都要为这个工厂排出污染物的清除承担巨额费用。

本来应该由排出废物工厂自行承担的费用变为社会公共费用，这样就大大加重了社会的负担，而这个工厂由于减少了自身理应负担的费用，反而增强了对外竞争力。因此，该工厂以牺牲"邻居"为代价而保护了自己的竞争力。正因为如此，许多发达国家都尽可能将会排出有害物质污染环境的企业迁移到发展中国家，让发展中国家住在工厂附近的居民在不知道原因的情况下成为该企业的受害者。

外部效应的存在使得市场不能有效地分配资源，因为社会利益与个人利益并不完全一致，而个人在大多数情况下只会考虑自己的利益。一般来讲，发生正外部效应时，个人获益要低于社会效益；而发生负外部效应时，个人获益要高于社会效益。即使市场经济因外部效应而无法正常运行，只要政府有所介入，就会得到很好的解决。

这是因为政府可以通过直接制定法律、法规的行为，把特定行为义务化或禁止，以此来解决外部效应带来的问题。例如，法律禁止向水源上游倒入废弃物，政府可以把这种对社会极其有害的行为定性为违法犯罪，以此来解决负外部效应问题。

征税与补贴可以间接整顿市场。间接规制与直接规制的差异在于生产者可以自我决定是否生成外部效应。例如，与其规定吸烟者的吸烟行为违法，还不如征收高额的烟草税，使吸烟者自我调节吸烟量。提到间接规制，我们还可以想到向汽油征税、向生活垃圾征收塑料袋税等各种举措。

第二节　靠公开信息解决污染问题可能吗

在一条小河的上游建造了一家造纸厂，造纸厂每天排出大量的污染物来污染河流，很快河里的生物都没法生存了，大批大批的死鱼堆在了岸边。因为小河并不是谁家的小河，它并没有一个确定的所有人，所以，这个污染问题没有人出面来找造纸厂干涉，这个问题也就成了一个公共问题。

现在政府采取措施来解决这条河流的污染问题。可以有什么解决的方法呢？造纸厂应该对河流造成的污染负责吗？河流属于环境的一部分，该怎么赔偿呢？其实在我们的生活中，类似的污染问题还有很多。例如有人把自己的院子办成了一个养鸡场，鸡叫声不绝于耳，严重地影响了邻居的休息，更让邻居受不了的是鸡粪的臭味，于是原本和睦相处的邻居现在闹得天天吵架，几乎到了势不两立的程度……像这样的事件该如何解决呢？有人说只要把所有的信息公开了就能够解决问题了，真的是这样的吗？其实像这些污染、矛盾等是由经济学上所说的外部性引起的，而它们就符合经济学中解决外部性问题的原理。

那么让我们先看看什么是外部性。外部性指由于市场活动而给无辜的第三方造成的成本。或者换种说法：外部性就是指社会成员在从事经济活动时，其成本与后果不完全由该行为人承担，即行为举动与行为后果的不一致性。就好比造纸厂对河流的污染就是在自身的运营过程中给无辜的河流造成了污染但暂时不用承担任何成本。环境外部效应有正、负之分。正外部性是指私人成本大于社会成本，私人收益小于社会收益；负外部性是指私人成本小于社会成本，私人收益大于社会收益。

　　例如，上面提到的那个造纸厂的生产不但影响生产者和消费者，而且造纸引起的污染还给附近居民带来不利影响，在生产者或消费者都不承担污染的成本时就是一种负的外部性。仅仅靠市场机制是无法消除这种负外部性的。这是因为在市场经济中生产者考虑的是自己生产产品的成本和收益，即私人成本和私人利益，消费者只考虑自己从购买物品中得到的效用和付出的价格，即私人利益和私人成本。当生产者与消费者的供求平衡时，私人成本与私人利益是相等的。如果没有负外部性，社会成本与私人成本相等，社会收益与私人收益也相等。当生产者和消费者通过市场调节实现供求相等时，社会利益与社会成本相等，从社会角度看这种资源配置也是最优的。但在有负外部性时，社会成本中增加了负外部性给第三者带来的成本，从而社会成本大于私人成本，而社会利益仍然等于私人利益。这样，从个人角度看，私人成本与私人收益相等，实现了资源配置的最优。但从社会角度看，社会成本大于社会收益，并没有实现资源最优配置。这就是市场失灵的表现。

　　当然，外部性一般不是当事人的本意，他并不是故意要对别人产生什么影响，或者说不是故意要加害别人的，初衷只是为了自己的利益而这么做的。所以这种行为的外部性又叫作"溢出效应"，效果溢到别人头上去了。

　　如果造纸厂愿意赔偿河流污染所造成的损失，应该向谁赔偿呢？这就涉及河流的产权问题了。关于产权，不同的经济理论和派别对其所下的定义是不尽相同的，一个罗马法、普通法、马克思和恩格斯以及现行的法律制度和经济理论都基本同意的产权定义是这样说的：产权不是指人和物的关系，而是指物的存在及关于它们的使用所引起的人们之间相互认可的行为关系。也许这个定义听起来比较拗口，但是它却说得比较精确。

　　例如上面的那条河没有明确的归属，可能是由于制度或观念的原因造成的，也可能是由于技术上的原因造成的。因此环境的不可分性是外部性,成了市场价格体系失灵的重要原因。

环境具有显著的外部性,而环境污染具有很强的负外部性,污染者所承担的成本远小于社会承担的成本,仅受自身成本约束的污染者终将使环境污染超过环境的耐受值。那么,该如何来解决污染的问题呢?仅靠公开信息不可能解决污染的问题,有三种办法,一是政府出面干预,即政府通过税收和补贴的方法来抵消外部性对社会的影响;二是企业合并的方法;三是确定产权的方法,该方法在经济学里被称为科斯定理,其基本意思是:只要财产权是明确的,并且其交易成本为零或者很小,则无论在开始时将财产权赋予谁,市场均衡的最终结果都是有效率的。当然,科斯定理只是理论上的一种分析,现实生活中要想通过明晰产权来解决外部性问题不是一件容易的事,比如,有的资源的财产权根本就难以明晰,像空气、阳光等资源就是如此。

例如上面所说的河流污染问题。对于上游水质的污染,下游的居民无能为力,因为即使产权明确,对于一条较长的河来说,想使上下游的居民进行交易也会花费较大的成本,从而使交易变得低效率,进而带来社会福利的损失。但这种方法在美国的实施是成功的。这就是借助市场调节来实现有效减少负外部性。

第三节　美国海军每年操纵密西西比河的洪水吗

密西西比河下游 11 家炼油厂每日共出产 250 万桶石油,任何风吹草动都会冲击美国石油市场。2011 年,美国密西西比河发生特大水灾,当时官员提出警告,洪水可能威胁数以百计的天然气及石油井,路易斯安那州最少两家炼油厂或要停运。由于外界关注石油供应受阻,油价连升 4 日,11 日稍有回落。大片农田即将被淹,农业部当时估计最终损失将超过 5 亿美元。

美军工程师赶紧开辟泄洪道,确保洪水进入墨西哥湾前被引离新奥尔良，并缓和密西西比河的压力。那一次的受灾地区的产油量占全美汽油产量14％，多个州份汽油价格上升至每加仑4美元，成本直接转嫁给消费者。阿肯色州的农民也受水灾影响，推迟及放弃稻米播种，当地逾120万亩稻田占全美面积的1/10。

这是2011年发生的一次密西西比河的水灾，最后由于美军工程师的泄洪道，让美国免于遭受更大的经济危机。其实，一直有这样的一种说法：美国海军每年都操纵着密西西比河的洪水。为什么会有这样的说法流行呢？

主要是密西西比河下游有多家炼油厂，控制着美国的石油市场，而美国的石油市场只要一感冒，世界各地的市场都会跟着发烧，这也就是为什么会有这样的说法出现的原因。为什么只要密西西比河一发洪水，石油价格就能够迅速上升呢？主要是因为它占有美国的14％的市场份额，处于一个垄断的地位。

垄断是四种市场类型之一，其特点就是整个行业中只有唯一的一个厂商生产没有任何替代品的商品，因此垄断者排除了任何形式的竞争，可以控制和操纵商品的市场价格，比如完全可以按照消费者的需求曲线来定价。垄断并不一定非得在一个大市场里存在，比如全国性的垄断，在一个小环境里反而更容易形成垄断，实际上环境越小越容易形成垄断。

在垄断市场上，当一个或几家企业控制了市场时，竞争起不到应有的作用。我们知道，市场机制的作用是通过竞争来发生的，当垄断力量阻碍了竞争时，市场机制无法正常发生作用，就会出现市场失灵。垄断是产生市场失灵的一大原因。

垄断会造成什么样的市场失灵呢？垄断会造成效率损失或者说会降低效率，第一，与竞争性企业相比，垄断企业的产量低而价格高，这是由于垄断企业可通过限制产量以抬高价格的方式向消费者榨取高额垄断利润，换句话说，垄断企业向消费者收取高价以榨取消费者的消费者剩余。第二，在竞争市场上，企业只能通过改进技术和管理来降低成本、提高产品质量以获取尽可能多的利润，而垄断企业却可以凭借其垄断地位稳拿高额利润，从而会使其改进技术和管理的动力大大下降。第三，在一些国家或地区，垄断权力的取得，往往靠的是政府有关部门的特殊关照，因此，一些垄断企业为了维持自己的垄断地位，常常会用贿赂或变相贿赂的方式把垄断高额利润的一部分塞进有关行政部门尤其是部门领导人的腰包。这种行为不仅仅破坏了公平竞争，干扰了市场秩序，还使许多经济资源浪费在非生产性的活动上。

市场机制发生作用的条件是有效竞争。在这种情况下，价格由供求自发决定，可以反映供求的变动情况，并调节供求，实现资源配置最优。但在寡头和垄断市场上，供给并不由市场决定，垄断企业可以控制产量，并通过调节产量而在相当大程度上影响价格。通常的做法是减少产量使供给减少，价格上升。这样，产量低于竞争条件下能实现的水平，没有实现资源配置最优，由于产量没有达到适度规模，平均成本也不会最低。由于缺乏竞争的压力，垄断企业不会努力提高效率并降低成本，这就是效率的损失。

美国"波音"和欧洲"空中客车"是世界上最大的垄断市场。在全世界的天空里纵横穿越的客机基本上都是产自这两家公司。到现在，民机市场已经成为全球垄断程度最高的行业之一。统计数据表明，在这一市场，特别是干线飞机领域，波音公司和空客公司已经完全瓜分完了世界市场。飞机价格极其高昂而又不可或缺，可以想象，在这一领域，占据垄断地位的波音和空客会获得多么丰厚的利益。

也许有人会觉得很奇怪，其他的飞机公司为何不能进入这一市场呢？难道波音和空客非常专制，不许别人进来分一杯羹吗？当然不是，他们没有权力禁止其他公司进入客机市场，但是，他们却可以利用自己的强大实力，在这一市场上打压其他公司，从而确保自己的霸主地位。

　　其实，垄断的形成在经济中有其必然性和合理性，竞争会产生垄断。规模经济形成的寡头、专利法所引起的垄断对社会有积极作用。许多行业只有形成寡头才有效率，能进行重大的技术创新，所以，完全消除垄断是不可能的。社会无法避免垄断，社会也离不开垄断，因此，解决这种市场失灵的方法就是由政府对垄断进行限制。

　　总的来说，就经济效率而言，由于长期以来垄断市场的市场价格高于边际成本，企业利润有着稳定、可靠的保障，加之缺乏竞争者的加入，因此垄断企业在生产经营上缺乏积极性，这会导致其效率降低。但是从另一方面看，由于垄断企业规模较大，往往便于大量使用先进技术，所以又有效率较高的一面。有鉴于此，许多国家都在试图"扬长避短"，在发挥其高效率一面的同时，制定相应政策法规抑制其低效的一面，从而促进垄断市场的竞争，以此提高经济效益。

第四节　让犯罪组织窃喜的手机（签约）规定

　　2008 年，日本的电话汇款诈骗案逐渐增多，造成了严重的社会问题。作案的具体方法是，罪犯使用伪造的驾驶证，在 1 个人签约几十台手机后，用这些手机给别人打电话进行诈骗。有些人还把手机倒卖给犯罪团伙，这些人被称为"工具行"。由于手机作为犯罪工具的使用率极高，如何控制手机的数量成了日本政府的当务之急。

　　于是，日本的执政党组成的"打击汇款诈骗小组"和手机服务商以及公安部三者协商后决定，"所有手机服务商在和顾客签约时，每个人最多只能拥有 5 个号码"。

　　日本执政党和手机服务商以及公安部三者所做的手机（签约）规定真的能控制犯罪行为吗？其实这是一个让犯罪组织窃

喜的手机（签约）规定。因为有了这个规定之后，就会出现倒卖号码的危险性。例如在某手机服务商那里，甲签约了 1 个号码、乙签约了 3 个号码、丙一个号码都没有签约。按照每个人只能签约 5 个号码的规定，甲、乙、丙分别还拥有 4 个、2 个和 5 个签约权。对于想倒卖给罪犯的人来说，没有使用的签约权就产生了价值。

经济学上，有这样一条基本规律，即某种商品的需求量与其价格呈反方向变动。具体而言，对于正常商品来说，在其他条件不变的情况下，商品价格与需求量之间存在着反方向的变动关系，即一种商品的价格上升时，这种商品的需求量减少，相反，价格下降时需求量增加，这就是需求定律。因此，需求定律反映的是商品本身价格和商品需求量之间的关系。有关经济学家萨缪尔森一个著名的例子是："当水很贵时，我仅仅需要喝的水，当它的价格下降时，我就买一些洗衣物的水。价格进一步下降以后，我还有一些其他用途。最后，当水真正非常便宜时，我就用它来浇花或毫不吝惜地把它用于任何可能的用途。"所以，当手机（签约）规定出台之后，手机的签约权的价格就有可能上升。这样，那些负债累累的人会十分乐意卖掉手机签约权来换取钱财。

供给往往落后于需求的变化，这当然是因为某种商品的生产需要一个周期，所以如果有关部门没有计划好协调好的话，就很容易出现供给和需求失衡的现象，这就使商品的价格迅猛上涨或者下跌。反映在我们上面提到的手机签约权上是这样的：手机签约权的规定越是严格，其价值涨得就越高。如果不是一家手机服务商可以签约 5 个号码，而是所有的手机服务商总共只可以签约 5 个号码的话，一个手机号码的价值就会变得更高。这样的手机签约规定不会影响罪犯大量买入手机，而且"工具行"所进行的违法交易也就更加赚钱，从而更加激发他们进行这种倒卖手机签约权的违法交易行为，这不仅在无形中给诈骗犯提供了方便，还给进行违法交易的组织提供了新的资金来源。特别是，手机签约权的价值只有在违法交易中才被承认，所以"工具行"会低价从负债累累的人手中买进，高价卖给诈骗犯。可以估计倒卖的绝大部分利润不会落到出卖手机号码的人手里，而是被违法组织的"工具行"所占据。

需要说明的一点是，需求定律发生作用的前提条件是"在其他条件不变的情况下"，这是一个在经济学里经常见到的假设条件，它在需求定律里的意思就是"所有其他影响需求量的因素如收入、个人喜好等不发生变化的前提下"。这个条件非常重要，因为假如其他条件发生了变化，则一件商品的价格即使下降，人们对它的消费也未必会增加，比如当人们的收入增加时，即使劣等品或低档商品的价格下降，人们也会降低对它的消费的。

对于商品的供给者，我们提供的建议是：在合适的地点合适的时候提供合适的商品。如果能够做到这一点，那么商品供给者就会立于不败之地。而像上面提到的手机签约权的事例，原本是为了控制犯罪行为而制定的手机签约规定，反而助长了犯罪违法行为，在符合需求供给定律的同时，也因为手机签约权是一个准公共物品。

准公共物品的范围十分广泛，它介于私人物品和纯公共物品之间。相对于纯公共物品而言，它的某些性质发生了变化。一类准公共物品的使用和消费局限在一定的地域中，其受益的范围是有限的，如地方公共物品（并不一定具有排他性）；一类准公共物品是公共的或是可以共用的，一个人的使用不能够排斥其他人的使用。然而，出于私益，它在消费上却可能存在着竞争。由于公共的性质，物品使用中可能存在着"拥挤效应"和"过度使用"的问题。另一类准公共物品具有明显的排他性，由于消费"拥挤点"的存在，往往必须通过付费，才能消费。而我们所说的手机签约权就是属于后面的一种。

"准公共品"会收取一点服务费用，就像许多国家的博物馆是作为"准公共品"提供给公众的——这被称为"公营事业"，但收费很低廉，维持运转主要靠政府拨款。一旦把"公共"性剔除，完全变成赚钱赢利的机构，那就侵害了公共利益，造就了市场的不公、社会的不平。

把"准公共品"弄成赢利商品的做法已越来越多，比如城市的地图。就曾经有人发微博批评一些城市地图不标示一些大的事业单位，而一些小酒店小旅店倒是名称赫然在目。这是因为有些人把城市地图这个准公共品当成了自己赢利的手段，谁给自己交钱，就让谁的名字上地图，而且谁交的钱多，谁的字号就大。把一个公共服务平台变成商业交易，这就是公共利益私利化，结果是公众利益受损。这也就是为什么对于手机签约权，那些犯罪组织感到高兴的原因，因为这个给了他们更多的牟利机会。

第五节　拆分和政府管制造就更多的反公有资源吗

中世纪的时候，莱茵河是神圣罗马帝国治下的一条重要的欧洲贸易通道。商船支付一笔小额过路费，便可保证通行无阻。到了 13 世纪，帝国实力走弱，德国的贵族们开始沿着莱茵河两岸修建城堡，非法征收过路费。"强盗贵族"们设立的收费亭越来越多，水运越来越没赚头。莱茵河水依旧流淌不息，可船夫们再不肯费事走水路了。

原本莱茵河是公共资源，大家都可以随意使用的，但是罗马帝国却对这条流经自己境内的河流进行了管制，商队经过时需要支付一笔过路费。后来，这条小河被德国贵族拆分，沿河修建城堡，并征收过路费，使得商队都绕开了这条交通要道，最终让莱茵河失去了公共资源的性质。那么，是否拆分和政府管制造就更多的反公有资源呢？

政府管制又称为政府规制，是指政府为维护和达到特定的公共利益所进行的管理和制约。管制，是政府干预市场的活动总称。在市场经济体制中，政府干预企业经济活动的方式主要有：第一，利用普通法、反托拉斯法通过法院间接干预企业经济活动；第二，利用宏观调控手段通过市场间接干预企业经济活动；第三，通过国有化直接干预企业经济活动；第四，通过管制机构直接干预微观经济主体活动。

政府管制是政府凭借其法定的权利对社会经济主体的经济活动所施加的某种限制和约束，主要的目的是规范市场经济运行的正常秩序，干预市场失灵，保证微观经济的有序运行，达到社会福利的最大化。但是，在现实生活中，政府管制并没有能够很好地实现社会福利最大化。

政府虽有管制，但还是不能控制人们过度使用公有资源的情况。很早以前，亚里士多德就注意到公共所有权会造成过度使用的问题："由最大多数人所共用的资源，却只得到最少的照顾……人人都只想到自己，很少考虑公共利益；除非事情与他个人有关。"还有更甚者，面对某一稀缺资源，人人都会出于理性选择消耗它，尽管谁都知道这些决定合在一起将对该资源造成破坏。在这种情况下，虽然政府有管制，恐怕也很难有什么好的收效。

市场上大多数的商品和服务通常都是需要在支付某种费用后才能使用的，所以可以排除不付费乱使用的消费者。但是，公共地或公共资源，就是因为不具备这种功能才带来了问题。无论是公共财产还是公共资源，由于不用负担任何成本即可使用，所以都会发生"搭便车"的情况。然而在实际上，有时很难对公共财产和公共资源进行区分。例如，不收费的一般公路应该属于哪一方呢？我们在判断时需要根据它的拥挤程度而定，拥挤程度高（需要竞争）的就属于公共资源，相反的就是公共财产。另外，高速公路由于设有收费站，所以可以排除不付费的使用者，因此，它既不属于公共财产也不属于公共资源。

生态学家加勒特·哈丁创造了"公共地悲剧"这个词，很好地说明了此类情形。1968 年，他写道："在一个信奉任意享用公有资源的社会，人人都追求自己的最大利益，毁灭是其必然的命运。任意享用公有资源会带来毁灭。"政府管制对公共地悲剧起不了作用，那么把"公共地"拆分，会有什么成效吗？分掉所有权，能创造出强有力的个人保护动机。私有制解决了公共地悲剧，私有化打败了政府管制，市场竞争胜过国家控制。但这种简单的对比从根本上误解了所有权的可见形式。公有资源的私有化，或许可以解决过度滥用的悲剧，但也可能在不经意间招来另一种恰好相反的问题，就是反公有资源的未充分利用。

就像上面提到的莱茵河，太多的过路费意味着贸易日渐稀少。倘若太多的政府机构或私人所有者都能阻止他人染指共享资源，或是为使用共享资源私设条件，他们就损害了我们所有人的利益。曾有一位法学家写道："简单一点地说，公共地悲剧告诉我们为什么东西容易分得支离破碎，而反公共地悲剧则有助于解释为什么拆开容易还原难。"很多时候，我们都以为，只要权利明确，所有者就可以在市场上交易，把资源转移到价值更高的用途上，创造财富。但仅有明晰的产权和普通的市场还不够。反公有资源概念说明，产权不仅要明晰，内容也很重要。当所有权和政府控制过分零散时，不但创造不了财富，还会引起资源未充分利用的情况。

需要补充的是，即使向使用者收费，如果此费用和使用量无关，是固定收费制的话，那么也很有可能发生公共地悲剧的问题。只呼吁消费者应该自己控制过度使用，完全依靠他们的道德意识来防止公共地悲剧的方法，其效果是具有一定的局限性的。在很多情况下，必须创建能够发挥"激励"作用的体制，才能真正地解决公共地悲剧的问题。

所以，私有制不再是所有权的终点站，私有化也会走到破坏财富的地步，拆分和政府管制并不能造就更多的反公有资源。太多的所有者会造成市场的瘫痪，因为人人都妨碍着他人。

第十章　全球变暖是阴谋，
能源危机是幌子吗

第一节　哥本哈根会议
为什么必然失败

　　哥本哈根世界气候大会全称"《联合国气候变化框架公约》第 15 次缔约方会议暨《京都议定书》第 5 次缔约方会议"，于 2009 年 12 月 7～18 日在丹麦首都哥本哈根召开。来自 192 个国家的谈判代表召开峰会，商讨《京都议定书》一期承诺到期后的后续方案，即 2012～2020 年的全球减排协议。

　　对于这次会议，很多经济学专家都认为它必然失败。世界顶级气候学家、全球最早提出气候变暖问题的科学家之一，詹姆斯·汉森却对会议达成协议不抱太大希望，并称哥本哈根大会是一场灾难。他说："任何协议都可能出现缺陷，最好还是从头开始。我宁愿它不会发生，因为这是走向了灾难的轨道。"汉森表示，处理全球变暖问题开始就是错误的，现在最好重新评估情况。即使达成类似《京都议定书》的协议，人们可能还要花费数年的努力去理解它的真正意思。汉森说："今天哥本哈根向前迈进了一步，印度正在酝酿公布其减排计划。现在世界上四个主要的温室气体排放体美国、中国、欧盟和印度都已经相继表态，但发展中国家因为资金困扰在应对全球变暖问题上仍处于僵持状态。"

哈佛大学教授库珀在会议召开的两年前就预计哥本哈根会议会失败，他说："配额交换制度根本就是错的，他倾向另一种市场途径——国际协调的碳税。"那么，为什么哥本哈根会议必然是失败的呢？

在 2007 年印度尼西亚巴厘举行的第 13 次年会决定，要在两年以后的联合国气候变化框架公约的年会里达成"有法律约束力的"国际协议。按照这个标准，在哥本哈根举行的第 15 次年会毫无疑问是一个失败。《哥本哈根协议》是在会议最后一分钟由美国、中国、印度和南非支持的书面文件，完全没有法律效力。为什么会有这样的结果呢？其根本原因在于关于气候变化的国际谈判的途径——配额交换制度从根本上就是错的。

这次会议里的减排计划是基于"排放交易"的机制，目前有些国家实际的碳排放量可能低于分到的配额，那么这些国家可以把自己用不完的碳排放量卖给那些实际的碳排放量大于分到的配额的国家，而这种方式则是欧盟和许多其他国家最有效的减排方式。对此汉森说："他们只是在纵容买卖，发达国家想要维持自己现在的生产水平，因此他们打算只花很少一部分钱从发展中国家手中购买排放量限额。"他认为这样会获得适得其反的效果。

确实如此，那些经济发展迅猛的发展中国家没有理由接受任何阻碍他们经济发展的减排目标，而这些发展中国家又必须被包括进来。所以在有关配额交换制度的国际谈判中就会有这样的尴尬：发展中国家不会签署牺牲自己经济利益的条约；他们签署的条约不会损失自己的经济利益，也就不会真正达到减排的目的。

再加上污染许可证和配额本身是政府制定和分配的。这就意味着政府在经济生活中有更大的权力和"寻租"空间。几乎可以肯定，腐败在所难免。再次，无论如何谨慎地制定配额制度，最终的结果都会有无数的漏洞，政府防不胜防，很难达到减排的目的。

发达国家借助其雄厚的经济实力，在全球大力推广以新能源为主要手段之一的低碳经济。而发展中国家迫于发展经济的需求，不得不迎合发达国家需要，大量消耗一次性能源来制造光能、风能、电动交通工具等新能源设备。由于新能源价格昂贵，制造它的发展中国家往往无力消费，绝大部分都出口到发达国家。发达国家通过大量使用新能源实现了能耗降低和碳排减少。但新能源的本质仅仅是在部分环节减少能耗，其总的能耗和排放是大大超过一次性能源的。显然，发达国家成功地使用低碳经济学说将自己的能耗和碳排转嫁到了发展中国家，并直接导致 2005 年以来全球碳排总量非但没有减少，反而加速增长，且发展中国家的经济增长速度远远低于能源消耗速度。导致全球形成目前发达国家与发展中国家碳排的两极化，使发达国家与发展中国家难以形成一致意见，最终致使哥本哈根会议失败。

正是因为全球在节能减排上出现方向性错误，全球大量消耗一次性能源来发展能源经济，致使发达国家与发展中国家难以达成一致协议。因此全球有必要对一次性能源进行总量控制，让发展中国家把能源真正用到发展经济上来。否则全球将面临更为艰巨的生存环境。

第二节　低碳经济是美国经济突围的秘道吗

在金融危机爆发一年后世界经济得益于大规模刺激政策而显现复苏迹象之时，如何在重振增长中找到可持续发展的动力成为焦点。出席 2009 年夏季达沃斯年会的代表认为，发展低碳、绿色经济将成为世界经济可持续发展的重要推力。而且，美国也曾经在 2009 年宣布，将在哥本哈根气候变化大会上承诺

2020 年温室气体排放量在 2005 年基础上减少 17％，到 2050 年，下降 83％。美国总统奥巴马上任后签署的总额为 7870 亿美元的经济刺激计划成为"绿色新"的开端。奥巴马的"绿色新"包括节能增效、开发新能源、应对气候变化等方面，由此告诉世界，美国已经走进低碳经济的轨道。

随着全球经济的发展，资源环境问题越来越成为一个不可忽视的问题，在某种程度上，已经开始制约国家经济的发展，经济模式转型势在必行，"低碳经济"的提法也就应运而生。低碳经济是指碳生产力和人文发展均达到一定水平的一种经济形态，旨在实现控制温室气体排放的全球共同愿景。它是一种经济形态，而向低碳经济转型的过程就是低碳发展的过程，目标是低碳高增长，强调的是发展模式。它突出体现为低碳技术的竞争，着眼点是低碳产品和低碳产业的长期竞争力。它是一种长期发展愿景，转型过程具有阶段性特征，最终，低碳经济通过技术跨越式发展和制度约束得以实现，表现为能源效率的提高、能源结构的优化以及消费行为的理性。

低碳经济最早见诸政府文件是在 2003 年的英国能源白皮书《我们能源的未来：创建低碳经济》中。作为第一次工业革命的先驱和资源并不丰富的岛国，英国充分意识到了能源安全和气候变化的威胁，它正从自给自足的能源供应走向主要依靠进口的时代，按目前的消费模式，预计 2020 年英国 80％的能源都必须进口。同时，气候变化的影响已经迫在眉睫。从 2009 年 12 月哥本哈根气候大会后，低碳经济被人们提上了日程，世界各国都采取了相应的措施，大力发展低碳经济，转变传统的经济模式。

低碳经济，不仅可以成为渡过目前经济困难的有效方式，而且是确保中期经济持续增长最可行的手段。为稳定金融体系和经济增长，各国相继或联合推出了激进的货币政策和财政政策，制定了上万亿美元的大规模救市方案。如果把救市资金盲目地投入到旧产业以及穷途末路的经济模式，只会导致污染加剧、生态恶化，经济即便走向复苏也将付出沉重的代价。因此，选择低碳经济才是有远见的考虑，才能为全球经济的可持续发展奠定坚实的基础。由于美国的种种表态和政策，让不少人产生了这样的念头：低碳经济会成为美国经济的下一个产业动力。那么，低碳经济真的是美国经济突围的秘密通道吗？

美国为了拯救经济危机，他们要在未来的三年使新能源增加一倍，要投入 1500 亿美金来资助新能源，他们的目标是未来十年实现他们的能源独立，因为他们每年要花 4600 亿美金去中东购买石油，还要花 5000 亿美金打仗，那么实现能源独立以后这些钱可以用来发展新经济。美国曾经提出一个法案，这个法案要求在 2050 年电力公司的 25％要来自可再生资源，建筑节能要达到提高 30％的效率，2016 年要提高 50％，这是他们国家的强制减排标准。

仅凭发展低碳经济，美国就可以拯救经济危机了吗？恐怕不能，因为美国不具有低碳经济优势，欧洲、日本低碳经济都比美国好，尤其是欧洲，不仅成为低碳经济市场的主导，而且具有低碳经济的金融控股和金融定价权。

此外，美国要走上低碳经济还需要技术突破、产业革命，而从技术突破到产业革命需要很长时间。低碳会出现很多新的商业模式和新的概念，比如一个国家的配额出来了，接下来每一个行业的配额，甚至到每个人，每个产品，都会有一个配额，每年排放的数量都有限制，这样就会出现一个交易，如果减不下去的话，实现不了这个目标，就必须去交易所购买排放的配额来达到实现减排的效果。这样就会需要大量金钱作为后盾。而且，要真正实现低碳经济大概要经历几个阶段：首先要有几个技术大突破，其次技术突破后慢慢产业化，最后才带动产业革命。技术突破后先用于第一个领域，然后逐步用到第二个领域，最后这些领域同时爆发增长，这些领域彼此联系起来才能带动整体产业结构升级，一般情况下这是一个非常漫长的过程，最长可能需要 40 多年。因此，美国经济不能指望低碳经济。

发展低碳经济，是美国的形势所迫，而不是他们经济的秘密通道。

第三节　防止地球气温变暖成了低碳经济唯一的旗号吗

1988 年，美国宇航局从事计算机模型模拟的科学家汉森在美国国会做了一次精心准备的听证会，证明 1988 年是 20 世纪最热的一年，室外温度 38 摄氏度，还不许开空调，这造成了巨大的影响。而这次会议的两位组织者之一，正是后来的碳运动政治主将——戈尔。同年，"政府间气候变化专门委员会"成立。而联合国的一位穿梭于政商两界的重要人物莫里斯·斯特朗经过十年的反复组织，终于在 1992 年召开里约热内卢联合国环境与发展大会，最重要的主题便是"人类活动导致全球变暖"。从此，低碳经济正式启动。

全球变暖已成为最大的环境问题，关于全球变暖的报道到处可见。气候在变暖，且是人类排放二氧化碳导致的变暖，早已被奉为真理。2007 年联合国就全球变暖危害发出了强力的警告："全球气温本世纪可能上升 1.1℃～6.4℃，海平面上升 18～59 厘米。如果气温上升超过 1.5℃，全球 20％～30％的动植物物种面临灭绝。如果气温上升 3.5℃以上，40％～70％的物种将面临灭绝。"前世界银行首席经济学家尼古拉斯·斯特恩牵头做出的《斯特恩报告》指出，全球以每年 GDP1％的投入，可以避免将来每年 GDP5％～20％的损失，呼吁全球向低碳经济转型。很多人认为，要想防止地球气温变暖就必须实行低碳经济。那么，防止地球气温变暖真的是低碳经济的唯一旗号了吗？

　　根据科学数据，实际上从 18 世纪后期工业革命以来气候变暖的幅度是相当大的，难以用已知的关于自然变化的理论来解释。温室效应这个假说或理论概念并不是最近才提出的，而是 19 世纪末就提出了。只是温室效应现象现在表现得越来越突出。1883～1940 年地球气候处于上升状态，1940～1975 年的 35 年间地球气候却处于下降状态，1975 年以来至今是上升状态。1940～1975 年，是欧美等发达国家大规模推进工业化、大量排放二氧化碳的时期，为什么地球气温反而下降没有上升？1975 年以来的地球气温变化，根据气象专业机构观测的结果，气温是正常的。由此我们可以看出，全球气温变暖跟人类二氧化碳的排放关系不大。那么，地球的气温的变化跟什么的关系最大呢？

　　根据国际相关专业机构的研究结果：地球的气温变化与太阳有关！太阳黑子增多，地球气温升高，太阳黑子减少，地球气温下降，这是气象部门观察和研究的结果。除此之外，美国科学家季林在 2000 年提出的潮汐气候效应理论对气候变暖也提出了挑战。季林认为，地球、月亮和太阳相对位置的变化会引起潮汐强度的逐渐变化，其周期为 1800 年。潮汐大时，有更多来自海洋深处的冷水被带到海面，这些冷水可以冷却海洋上的空气；潮汐小时，海洋深处的冷水很难被带到海面，世界就变得暖和。

　　2006 年 12 月～2007 年 1 月为弱潮汐时期，日月大潮与月亮近地潮相隔时间超过 4 天，从而导致冷空气活动较弱，整个欧洲度过了一个暖冬，纽约市片雪未下，这是 1877 年以来首次出现的情况。当人们担心全球变暖而心存恐慌的时候，在 2007 年 2～6 月的强潮汐时期，欧洲的天气又变得异常的寒冷。

　　所以说，防止地球气温变暖并不能成为低碳经济的唯一旗号，这并不是要进行低碳经济的有利证据。

　　低碳经济首先就是对碳的限制，所以美国就"理直气壮"地提出了"碳关税"。美国并没有签订《京都议定书》，拒绝承担碳减排责任，但现在美国却提出了"碳关税"，要对来自不实施碳减排限额国家的进口产品开征。其实这是对碳这一能源产生了一种误解，我们需要正确地看待"碳"，还原它本来的面目，而不要把地球气温升高的罪都归到它的身上，正确地利用碳来为人类谋福祉。我们要认清低碳经济的实质，把环境污染和二氧化碳排放明确地区分开，不要忘了环保的目的是为了给人类提供更好的生存环境，使人类可以享受到更丰富的物质生活。

可以说，经济的低碳化过程实质上是单位 GDP 的碳排放量减少的过程。一个国家低碳化速率越高，表明这个国家低碳发展进程越快、低碳发展政策的成效越显著。低碳发展既关注生产领域的低碳化，即单位 GDP 碳排放下降，同时也关注消费领域的低碳化，即人均碳排放量的降低。我们的发展不能以透支子孙万代的资源为前提，所以低碳经济势必进行，寻找新兴能源，避免对一次性资源的过度依赖才是低碳经济最应该打出的旗号。

联合国在 2009 年末发布的一份报告显示，2009 年自然灾害造成的人员伤亡和经济损失是 10 年来最少的。显然，地球气温变暖并不是个板上钉钉的事，所以，现在有科学家提出用"气候异常"来替代"气候变暖"。我们应该看到，我们的整个人类史其实就是一部碳的历史。生物燃料、煤炭、石油见证了人类漫长的发展史，煤炭、石油的大规模应用将人类带入现代文明，如今，我们不能因为证据不足的地球气温变暖而否定碳的作用。

第四节　中美两国为什么联合抵制欧洲的碳交易航空制度

2008 年 11 月，欧盟颁布 2008/101/EC 号指令，将国际航空业纳入欧盟的碳排放交易体系，并宣布于 2012 年 1 月 1 日起实施。包括中国航空公司在内的全球 2000 多家航空公司都被列入该体系。根据该指令，所有在欧盟境内机场起降的国际航班都要为碳排放缴纳费用。

上述决定立即遭到全球反对，美国、俄罗斯和中国都表示坚决抵制欧盟的单边行动，认为这一举动既不合法也不合理。

为什么欧盟会做出这样的规定呢？根据国际航空运输协会测算，欧盟的做法意味着全球航空业将在未来 8 年额外增加 238亿美元的负担。业内人士估计，碳税到 2020 年可为欧盟带来260 亿美元收入。考虑到其他国家为减少碳排放量而购买新型的欧洲飞机，欧盟增加的收入将远远超过这一数字。通过这样的一组数据，我们就可以理解欧盟做出这样的规定的原因，但是，中美两国为什么又联合抵制欧洲的碳交易航空制度呢？

那是因为中国和美国是排碳量最大的两个国家，各占世界的 20% 以上。从 20 世纪初算起，美国的排放总量是最大的，但现在每年的排放量已经基本停止增长了。中国历史上的排量很小，但每年的增长速度非常可观。欧洲的碳交易航空制度对中美来说，会损害到他们的利益，加上欧盟对航空业的碳排放限额是以 2004～2006 年全球航空排放量为基准确定的。当年约85% 的排放量免费，超出部分由航空公司在欧盟碳排放交易体系中购买。由于近年飞往欧洲的航班大幅增加，以这一过时的标准，大部分国家都要向欧盟交钱。欧盟作为一个地区组织，无权向世界其他国家的航空公司变相征税，这不符合《国际民用航空公约》的有关条款。可以说，欧盟这是在变相抢劫。

按照欧盟的碳交易航空制度方案，在欧盟领域内飞行的航空公司 2012 年将获得足以覆盖大部分航班的免费碳排放份额，但超出部分须通过购买或交易获得。各国政府及各航空公司已经对欧盟此举抱怨连连，认为此收费过高，而且是欧洲单方面实行的。非欧盟国家政府将这项措施看作对其主权的侵犯，认为航空公司无力承受由此引起的政治冲突或贸易冲突升级。由于全球经济增速放缓，燃料价格居高不下，航空业利润有可能由 2010 年的 69 亿美元降至 2012 年的 35 亿美元。

其实，专业人士认为欧盟针对全球航空业强行征收碳排放税的举动或将酿成严重恶果：不仅将使欧盟本地及全球航空业无奈面对高企的成本压力，甚至可能引发贸易领域的更多冲突。此外，征收碳排放税将减少经济贸易和竞争力，直接威胁航空业相关或依赖于航空业生存的产业发展。欧盟强行征收碳排放税的做法实质上是向全球航空业增加限制和提高税收，既无法促进航空业的增长和繁荣，还可能令欧洲航空业首先身受其害。从远离欧洲的外国飞往欧盟，需要途经众多国家，即使要为此征收航空碳税，这笔税收也应该在途经的所有国家之间合理分配，欧盟此举却把所有碳税纳入一己之私囊，这种单方面强加于人的转移支付，本质上实与劫掠无异。考虑到其中相当一部分是从人均收入远远低于欧盟的发展中国家和地区流向欧盟，其不公正就更为显著了。这可能也是多个国家一致反对欧盟这次征收航空碳税的原因。

第五节　为什么经济学家对哈佛低碳运动冷眼旁观

关于低碳生活，哈佛大学是极其支持的一员，甚至在哈佛大学掀起了一阵低碳运动。福斯特在 2007 年接任校长后，宣布要在 2016 年前减排 30％，以 2006 年哈佛排放温室气体的数量为基准。2009 年 12 月 14 日校方宣布，从 2006 到 2009 年，哈佛已经减排了 10％。

从材料中，我们可以看到，哈佛大学的低碳运动是取得一定的成效的。但是，为什么经济学家对哈佛低碳运动只是持冷眼旁观的态度，并没有积极地鼓励和支持呢？

先来看看哈佛大学的这个减排成果是如何实现的。大约40％的温室气体排放是由于室内照明，冬天取暖和夏天空调。所以，哈佛大学就从这方面入手，通过尽量使用天然气供暖，更换蒸气炉等方法来提高各个校舍的能源使用效率。哈佛大学综合考虑了健康、舒适和节能的多方面需要，最后决定降低冬天室内取暖温度，提高夏天室内空调温度的标准，并根据楼房的使用率调整标准，增加太阳能的使用程度和覆盖面。并且做了明确的规定，在校舍里有人和没有人的时候，要有不同的能源使用标准，而且组织了学生、教职员工组成工作组，积极探讨减排方案，彼此分享最有效的节能办法。

不仅仅是在气体排放上哈佛大学做了低碳的调整，在办公方面，哈佛大学也做了努力。哈佛大学的各个办公室的打印机都被设置成为正反双面打印；以前发给学生的资料都从纸质资料变成了 CD 盘的资料……哈佛大学经济系教授爱德华·格力斯尔为了低碳经济，极力反对政府鼓励买房子的政策。凡此种种，真的是低碳经济吗？

先看给学生发放资料的介质的改变，原先是纸质资料，现在变成了 CD 盘的资料。虽然减少了纸的用量，但是增加了 CD 这种不可降解的用品的数量，而且，使用 CD 盘的资料，不管是在电脑中看还是打印出来，都需要打开电脑，而如果所有的学生选择自己打印出来，跟校方打印好了再发给学生，对环境的影响本质上并没有多大的区别。反而比原先的提供纸质资料时多了一道开电脑的程序。而且开电脑既耗费了电能，也增加了对环境的排放量。

再来看看经济系教授格力斯尔反对鼓励买房子的政策合不合理。美国的税收政策一直通过房贷利息减税，鼓励人们买大房子，尤其是单一家庭别墅，而不是住在相对拥挤的单元楼里。美国已经形成了这样的一种生活理念，格力斯尔教授为什么又提出反对的意见呢？原来，有一项住宅区能源使用调查显示，平均每个住在自己房子里的人比每个租房子住的人要多消耗39％的能源。平均每个住在单一家庭别墅的成员比每个出租单元楼的人要多消耗 49％的能源。所以，格力斯尔教授认为只要人们不买房，都租房住的话，就要少消耗 39% 的能源。但是，也有数据说明，即使美国家庭真的改变生活方式，大量减少能源消耗，对减少全球碳排放也是杯水车薪，解决不了大问题。

从上面两个方面的分析来看，为什么经济学家对哈佛大学的低碳运动采取冷眼旁观的态度，主要是因为哈佛大学的低碳运动并不是从根本上改变向社会排放的方式，而只是以一种回归、后退的方式减少排量而已，这样确实是杯水车薪，并不能彻底解决问题，也不能刺激经济的发展。

哈佛大学的一个环境学教授于 2011 年 4 月在中国清华大学主楼接待厅做了一个题为"未来全球低碳能源经济面临的挑战：基于空气质量和公共健康的思考"的主题报告。在该报告中他指出，今各国所依赖的是以石油、煤、天然气为主要来源的能源系统，而从化石燃料燃烧、水泥工厂生产、气体燃料燃烧中产生的大量二氧化碳排放是造成全球温室效应的重要原因。那么如何从现今的高含碳能源经济向低碳能源经济转化呢？这位教授提到了风能发电。

风能发电的增长在近几年比预想的更快，美国和中国分别位列全球五个最善用风能国家的第二和第五位，而从 2005 年之后，中美均在此方面有了高速增长，两国相似的发展曲线昭示着在风能发电方面的异曲同工之妙。不过，在另一个有关实际风能发电占总发电量百分比的图中可以看到，中、美不敌西班牙、德国等国家，这也表示从利用风能到真正将其转化为实际发电的过程仍旧是任重而道远。这应该也是经济学家冷眼观看哈佛大学的低碳运动的一个原因吧。

低碳经济虽然能够为我们的社会带来高使用成本和高社会成本，但是开发低碳经济还需要技术的支持，例如制定一个碳的排放标准，这就可能带来一些负面的作用，一个简单的标准将违背社会的实际需要，同时会引起广泛的争议。详尽的标准则需要极大的工作量，而且有些领域很难确定统一标准。例如楼宇节能减排，不同地区的气候条件、千差万别的楼宇用途、差异巨大的建筑风格、难以统一的人均使用面积等，把这些因素考虑在内，一个国家制订 5000 个标准都不够，从而看出制定这样一个碳的排放量的标准是不合理的，也无法促进经济的发展。当前节能技术市场存在鱼目混珠、不规范的混乱局面，即"市场信息不对称，监测能力不到位、咨询服务不到位和项目服务不到位"。比如说一种节能减排技术是好是差，企业很难判断；实施项目后到底有多少投资效益，也常常说不清楚。在目前这种状况下企事业单位很难做出准确的判断。

　　而碳交易目前在发展中国家还不可行，因为发展中国家目前的节能减排主要靠实施回报丰厚的节能项目，几乎所有企业都有可能实施这类项目，不但可以减少排放，而且能够收回投资，形成收益。也就是说，目前在发展中国家进行碳交易很难形成买方市场。所以，很多经济学家对哈佛的低碳运动并不抱特别大的希望。

第十一章　社会保障是美国的顽疾吗

第一节　美国的福利基金制度是小而不能倒吗

1935 年《社会保障法》的制定和实施标志着美国社会福利保障制度正式建立。之后，美国的社会福利保障制度经历了发展、成熟、改革调整阶段。赤字意味着通货膨胀和财政风险，而削减社会福利保障则会增加社会贫困，并导致各种社会矛盾尖锐化。而美国在改革社会福利保障制度的同时实现了财政盈余和"二低一高"（低通货膨胀率、低失业率、高增长率）。

据统计，从 1980 到 1992 年，私人社会福利开支从 2553.20 亿美元提高到 8248.71 亿美元，占国内生产总值比重从 9.4％提高到 13.7％，占当年全部社会福利开支从 51.8％提高到 65.2％。另一方面，采用一揽子拨款体制，把福利使用权力授予州和地方政府，由它们共同来承担社会福利开支。这样，美国就建立起以私营保险为主、政府保险为辅、个人自愿保险为补充的多重保障机制。这种多重保障机制的建立，可避免保障责任过分集中，分散社会保险风险，广开保障供给财源，有利于保证和提高被保险人尤其是退休者的给付水平，减轻国家财政经济负担，使国家和有关部门能够将更多的资金用于经济建设，促进和加快国民经济发展。

从材料中我们可以看到，美国的福利基金对于政府来说基本上没有什么负担，但是其效果又是非常好，从制定该制度以来就没有出现过什么问题，反而促进和加快了国民经济的发展。为什么美国的福利基金制度是这样"小"但是又没有"倒"下去呢？

美国社会保障体系的全称是"社会保障与福利"。具体包括四个项目：老年、遗属和残疾保险；医疗保险；补充保障收入；贫困家庭暂时援助。人们平常所说的"美国退休金体系将要倒闭了"指的是老年或遗属这一部分的收入和开支，不包括残疾保险基金。那么，这部分的基金真的会倒闭吗？为什么会有这样的传言呢？

美国在 2007 年社会退休金支出是 5945 亿美元，老年人社会医疗费用（65 岁以上的人就可以享有这个待遇）是 4316 亿美元。这两项加起来的费用是当年 GDP 的 7.5%，而且增长很快，相比之下，美国的国防费用是 GDP 的 4%。美国政府对社会福利体制没有起到绝对的主导作用，社会福利机构的私有化程度很高，政府只是作为一个监督者存在。为刺激私营保险事业的发展，美国一方面逐步扩大自愿捐款、民间捐款、社会福利事业收入、付费和收费等渠道，制定和实施免税优惠政策，同时以法规手段加强对私营社会保障业的管理和督导，从而使私营社会保险市场发展较快。

社会退休金和老年人社会医疗是美国政府根据国会制定的法律条文计算出来的刚性支出，所有人只要符合法律规定的条件就可以领到这些政府津贴。这是政府不可控制的花销。这些基金的来源是工资税，这与个人所得税是分开的。这些税不是从政府总税收中分出来的，而是"专款（转税）专用"。每年工资税的数额庞大。2008 财政年，工资税占 GDP 的 6.3%；相比之下，美国联邦政府个人所得税是 GDP 的 8.1%，企业所得税是 GDP 的 2.1%。目前工薪税相当于工人收入的 12.4%，雇主和雇员各负担 6.2%；社会养老保险体系每年收支相抵后的余额约 600 亿美元，这部分盈余流入信托基金，主要用于投资财政部发行或政府担保的特别债券。

针对福利基金，美国的储蓄也起到了不小的作用。凡是单位账户在政府规定的限额内免税；个人账户规定每人每年可以在 2000 美元的限度内存入一笔不纳税的钱，这笔钱存到他退休之后继续免税，由这笔钱派生出的利息也不付税。但如果在退休前支用这笔钱，则需加倍交税。这种年金保险储蓄积累机制一方面可以将部分保险成本转移到保险计划的早期年份，分散老年风险，而且也能提供实际的资金帮助社会保障机构解决燃眉之急。另一方面可以在人口老龄化进度加快的情况下避免大量的代际转嫁的养老基金发生危机与破产，并且有利于帮助建立长期国家储蓄。

以前的退休金大多是"固定受益"类，管理投资的风险由企业承担，无论投资效果如何，职工的退休金是固定的。现在的退休金大多是"固定供款"类，职工每年每月退休金的存入是固定的，而退休以后的收入是不确定的，风险由职工个人承担。从表面上看，社保基金有很强的再分配性质，也就是高收入的人在弥补低收入人退休后的生活。其实并非如此。高收入的人一般都受过高等教育，参加工作晚，上缴工资税的时间晚，缴税的年数比低收入的人少。而且，高收入人的平均寿命比低收入人的平均寿命要长，65 岁以后享受社保基金福利待遇的年数要长。

高收入者的配偶，一般来说是妻子，工作多年，65 岁退休以后，可以选择她自己的基础保险金额，也可以选择领取她丈夫的 50%，但不能两者兼有，因为社保的意义在于，保障每个人退休后的最低生活水准，而不是使国民富有。所以，在很多人眼里，社保基金是很小的一部分。

第二节　慈善帮了美国穷人的倒忙吗

据报道，近几年，美国多个州的慈善医院相继倒闭。过去10年，仅纽约市就有15所医院倒闭，其中5所是慈善医院，另一所正在申请破产。非盈利的纽约联合医院基金主席塔朗说："在经济下滑的打击下，大家都在想方设法应付，但是，现在每家医院都已使尽浑身解数，实在是经营不下去了。"

根据美国全国公共医院和卫生系统的统计，美国自经济衰退以来，寻求免费看病的人数增加23％。而很多有财政困难的州政府削减了给予慈善医院的资助，比如佛罗里达州去年减少津贴1.6％，今年再削减7％，而且还计划再削减12％。

从材料中我们可以看到，在经济危机的攻势下，慈善医院也不能救美国的穷人。其实，在美国，所有的医院都提供部分慈善医疗服务，不过，在全美5000所医院里，慈善施诊主要由其中800所负担。它们多数设在贫困的社区，大部分受惠的居民都没有买医疗保险，要不就是接受政府医疗津贴的穷人。而慈善医院的关闭将直接影响到这些低收入阶层，除了花销上的影响，他们现在需要长途跋涉寻找其他医院看病，这也意味着要在急诊室里等候更长时间。

在大部分人的认知中，都会认为慈善是富人捐钱去帮助穷人，但是，加州大学伯克利分校教授保罗·皮弗曾发表这样的言论：穷人比富人更慷慨。皮弗带领学生们做了一项社会实验来验证了这一观点。

他们请民众参与一项网上调查，然后从中选择了115位志愿者，请他们到实验室"做游戏"。每位志愿者得到10个筹码，在游戏结束时可以换成现金。"游戏"中皮弗询问志愿者，他们愿意给一位素不相识、今后也不会见面的游戏伙伴多少筹码。

结果发现，自认为社会经济地位较低的民众，比那些地位较高的民众，给出的筹码多出 44%。

从皮弗的这项实验的结果来看，富人的慈善捐款意愿要比穷人低。这并不是凭空捏造出来的结论，美国劳工统计局的数据也印证了这个实验的结论：2007 年美国最穷的 1/5 家庭平均税前收入为 1.05 万美元，他们将收入的 4.3% 捐给了慈善活动；而最富有的 1/5 家庭的税前收入为 15.39 万美元，用于慈善的收入比例仅为 2.1%。在美国，为慈善活动捐款已经成为民众生活的一部分。2009 年，美国的个人、企业和基金会为慈善目的捐出的资金总额为 3037.5 亿美元。那么，为什么又说慈善帮了美国穷人的倒忙呢？这就要从美国的税收政策说起。

美国政府通过税收政策鼓励社会各界的慈善活动。按照美国国内税收法相关条款，宗教、慈善、科学、公共安全测试、文学、教育目的、促进业余体育竞争、鼓励艺术、防止虐待儿童和动物等 9 个类型的组织不必交纳联邦税。慈善捐款对个人是免税的，即捐款者在申报个人所得税时，捐款将从总额中除去。由于美国实行递进税制，捐款有时候能帮助捐款人降低纳税比例。志愿者活动的交通费和其他一些费用也能享受免税。这就在美国上下都形成了捐款做慈善的风气。富人捐款可以减少他们财富的流失，但是穷人本来收入就不多，但是迫于社会风气的压力，不免也会从自己那点微薄的收入里拿出一部分的钱捐款出去做慈善。但是这些慈善款并不一定能够返回在这些穷人的身上，这就让这些穷人的生活过得更加紧凑。

1965 年，美国依据家庭规模和家庭总收入两个因素制定了一条贫困线标准，随后每年都重新测算、核定。2005 年美国家庭贫困线是：单身年收入 9570 美元、两口之家 12830 美元、三口之家 16090 美元、四口之家 19350 美元、五口之家 22610 美元。如果一个家庭的年总收入低于当年联邦政府划定的标准线，就被认定为贫困家庭，有权获得政府资助。但是，现今的通胀率如此之高，就五口之家来说，年收入 30000 美元的生活也是很艰辛的，他们也是属于穷人的范围，但是根据规定，他们是得不到这些贫困补助的。

而且要想得到这些补助，还需要通过一些程序：一般需要低收入家庭向政府社会福利与救助主管部门或其办事机构提出书面申请，经审查批准，符合条件的才能给予救助；且美国政府采取限制需求与增加供给双管齐下政策，对社会救助项目采取条件限制比较严格的资格审查制度，尽可能采用非现金开支形式。同时，美国社会救助制度更加强调"针对性"，将受助对象分门别类，针对需要救助的弱势群体，保证社会低层次人员的最基本生活需求。在这层层的审核程序下，美国穷人的补助是不及时的。

而且美国的社会救助属于典型的"补救型"福利，就是其救助多为低水平的，仅能满足受助对象最基本的生活需求。1996 年美国的福利改革，用"贫困家庭临时救助"计划代替了原来的"未成年儿童家庭援助"，使救济从原先的无限制终身福利转变为一种有限制的临时福利，并且一定时期要重新申请。

以上所列的种种，都足以说明美国穷人要想得到社会的救助，享受慈善机构提供的服务，并不会那么的容易，而由于美国人人都做慈善的风气又从另一个角度剥削这些穷人们那少得可怜的资金，所以说，在美国，慈善并不是真正地在帮助穷人，反而是给穷人帮了倒忙。

第三节　美国中产为什么也在高喊"谁来拯救我"

2005 年，花旗银行提交了一份分析美国经济增长模式的报告，该报告中提出，美国的所谓平均消费和平均支出是严重的误导，现在有两个群体：富人和其他人。最富有的 1% 的家庭年收入等于底部60％家庭的收入，而他们拥有的财产和底层90％家庭的财产相当。经济增长是由极少数的富人驱动的，任何投资决策只需要针对富人制定，不然就是浪费时间。报告最后得出结论：世界由极少数富人控制着。

尽管这样划分过于简单，但这个报告仍有很高的借鉴意义。根据盖洛普的调查显示，2001年到2009年，年收入在9万美元以上家庭的消费增加了16％，而其他美国家庭的消费几乎没有变化。

经济萧条加速经济结构转型，美国的中产阶级正被慢慢削弱，与高技术、白领工作岗位和低技术工作岗位相比，普通技术和蓝领的工作岗位减少的更多。美国的平均工资10年来一直在下降，中产阶级的减少正在改变着美国社会。

从上面的材料我们可以看到，在经济危机的冲击下，美国中产阶级的人数越来越少，社会的贫富差距也越来越大，以至于花旗银行的报告称美国现在只有两个群体：富人和其他人。其实，最近这几十年来，美国的经济结构发生了很大的变化，重心从传统工业向服务业和信息产业转移。为了降低成本，美国公司不断把业务外包到海外，现在一些制造业部门已经转移完毕，制造业在经济中的地位越来越低，而其他部门所占份额不断增加。这就使得中产阶级的工作机会大为减少，这也就是为什么美国的中产阶级也在高喊"谁来拯救我"的一个原因。还有另一个原因，那就是美国的税收问题。

在一个财富迅速向极少数人集中的社会里，重新分配财富势在必行。几十年来美国的税率一直在下降，已经从过去的91％降到现在的35％。但是，现在的美国已经陷入了财政赤字，高收入者应该交纳更多的税款。如果对2％最富裕的家庭税率上升到90％，那么美国赤字会减少2％，可是这还不够，对所有美国人同时增税已经不可避免。也就是说，中产阶级除了要面临失业的危险之外，还要上缴比以前更多的税务。

中产阶级在战后的头二十年的生活是最美好的，那时美国的经济不断增长，教育突飞猛进，税收政策积极，没有那么多的海外员工，可现在美国中产阶级的处境却非常残酷。经济和文化的两极分化比较严重，中产阶级不得不发出需要拯救的呼声。具体来说，美国的中产阶级为什么会出现这样的危机呢？

第一个原因是美国中产阶级的收入增长缓慢，到20世纪90年代后期出现停滞甚至实际收入水平下降。美国人口普查局的数据显示，90％的美国家庭的收入从1973年开始几乎就没有增长，与此同时，最富有的1％美国人的收入却增加了3倍。更糟糕的是收入流动性的减少，这意味着社会中下层的人改善收入状况的机会减少。

第二个原因就是中产阶级内部出现明显分化，根据纽约州立大学的研究，自1979年以来，美国收入分配不平等的程度加剧，1％人口占有了80％的新增收入。从整体上看，美国收入差距在不断扩大，基尼系数20世纪60年代末为0.39，70年代突破0.40，80年代开始急剧攀升，最高到0.43，90年代进一步升高到0.46，2007年一度达到0.47。如果按照五等份分组家庭收入占比统计，从1990年开始，除了最高的20％家庭的收入大幅增长，由1990年的占全部收入的44.3％增长到2000年的49.7％，提高了5.4个百分点，其余四组的家庭收入均有不同程度的下降。

第三个原因是不断上升的经济压力使得越来越多的中产阶级家庭靠负债维持超出其支付能力的生活水平。1983～2004年，美国中产阶级的负债收入比率从0.45上升到1.19。可以说，过去二三十年来美国经济的景气，很大程度上是建立在中产阶级靠信贷支撑的过度消费基础之上。

针对这种情况，美国政府也曾经做出补救的政策，但是收效不大。金融危机以来，奥巴马倾全力拯救华尔街金融机构，挽救濒临崩溃的经济及推动健保改革，但在直接冲击中产阶层生活的失业、房屋遭法拍、贷款无门等问题上，却束手无策。不断攀升的失业率以及沉重的债务负担使美国中产阶级正在面临坍塌的危机，这无疑对美国经济而言也是致命性的打击。

美国中产的塌陷表面上看似乎是一次金融危机的摧毁，然而更深层次看，财富分配机制严重失衡才是根本。华盛顿自由派智库美国进步中心的经济学家希瑟·鲍施伊说："过去的30年中，美国的经济增长只是'养肥'了那些站在收入阶梯顶层的人。目前美国的贫富差距问题，并非是几只'肥猫'把美国的收入水平抬高了，而是余下的大部分美国人几乎看不到自己收入能增长的机会，甚至是不得不眼睁睁地看着工资因通货膨胀一年一年往下掉。"

可以说，是美国社会的财富分配机制使得"肥猫更肥"。所以，美国应该完善自己的收入分配调节机制和收入稳定增长机制，将初次分配与二次分配视为有机整体，强化"多种分配方式并存"的分配制度。不仅需要从再分配环节即社会保障、公共服务等总体水平及其合理结构入手，还要扩展到初次分配环节包括"工资、保险、福利"三位一体的薪酬体系和税制的改革，实施"调高、扩中、提低"的战略，以扩大中产阶级的比重，以此来拯救美国曾经的中坚力量——中产阶级。

第四节　被保险公司敲诈和反敲诈的时代

近来，美国联邦调查局（FBI）公布了美国历史上最大的医疗保险诈骗案，此案涉及全美100多家医疗机构、数千民众，其中多家都位于南加州，一些医疗结构还采用不同的名字记账。据保守统计，保险公司因此而损失的金额已经达到5亿美元。

FBI官员蒂姆·德莱尼说："这是一起真正的全国性诈骗案。来自全国46个州的'病人'专程赶到南加州，就为了接受毫无必要的检查或手术。"

南加州的"格莱德维尔实验室"是遭受惨重损失的公司之一。该公司的一些员工参与了"骗保计划",假装自己患病,并接受了现金甚至免费的美容手术。当格莱德维尔公司收到所谓的"医疗账单"时,发现一个普通的结肠镜检查竟然需要1万美元,而一般费用仅为2000美元。如今格莱德维尔的医疗支出高达140万美元,由于该公司实行自我医疗保险,因此它必须自己支付这笔费用。

从材料中我们可以看到,骗保已经成为一种普遍的态势存在于社会中,而且很多人也曾经表示,他们去办理储蓄的时候被保险公司忽悠了买保险,后来知道后要求退保,反而被扣下了一大笔违约金,难道这真的是一个被保险公司敲诈和反敲诈的时代?还是从上面的医疗保险诈骗案来说吧。

现在,美国上班族参加医疗保险一般有两种办法:一是公司的福利,它作为增加工资的一种形式,每季度替职工支付这笔费用;二是自己投保。美国各大报纸上都有医疗保险公司明码标价的广告,每月保金因年龄而异。因为有医疗保险,人们可以动不动就去看医生,感冒咳嗽也可以成为看医生的理由。同样,如果有失业保险,人们可以不那么担心被解雇,即使被解雇,也可以不那么努力找下一份工作;即使找到工作,还可以挑三拣四,不满意。这就涉及道德风险的问题。有些人因为有了保险就会过度去消费,就像上面的医疗保险诈骗案中的"格莱德维尔实验室"的员工们,他们经常假装生病,由此得到更多的保险金额。

其实任何保险都有正面作用和负面作用。它的好处是在坏事情发生的情况下给买保险的人提供经济保障。有保险的坏处是扭曲了纯粹的市场行为,上面提到的医疗保险诈骗案就是这种扭曲市场的行为,他们由于道德风险而选择了过度消费。还有一种扭曲市场的原因是逆向选择。就拿失业保险来说,什么样的人最愿意买失业保险呢？那些最容易被解雇的人或身体最不好的人。在失业保险中，那些雇佣打季节工的单位，例如建筑队最喜欢买失业保险。他们在不忙的季节，解雇员工，让他们依靠国家的失业金生活；在繁忙的季节再把他们雇回来。而在医疗保险上面，这两个方面又是如何来显示的呢？

在道德风险方面，买保险的人可以不那么注重保持健康，疏忽大意。在他们的观念里会这样认为：反正自己生病了，会有保险公司付钱给自己看病，何必那么辛苦折腾自己呢。从医生这个角度来说，医生会对有保险的病人进行多测试、多治疗。在他们的观念里认为："反正病人不介意价格，都由保险公司承担。能多赚一点就是一点。"这不仅让医护人员做了很多无用功，而且浪费国家的资源和保险资金。

保险公司的基本运作模式是用健康人的保险金来补贴病人的巨额花费。保险公司根据预计的医疗费用、行政成本和5%左右的利润，计算出所有加入保险的人每人应该付的保险金。那么，健康人的比例越大，病人的比例越小，保险公司计算出来的月供就越低。因为这个运作模式，健康人不愿意与病人买同样的保险产品，他们愿意买保险金价格低的产品，这是情理之中的。保险公司为了迎合健康人的需求，就设计保险价格低的产品，但他们仍然要保证一定的利润，于是就只能减少医疗覆盖面，允许报销的内容少、报销程序严格等办法。不愿意买覆盖面少的医疗保险的病人就只能停留在保险金价格较高的产品上。价格较高的产品因为病人比例高、健康人比例小而入不敷出，不得不提高对每个客户的保险金价格，导致比较健康的人再次流出，买便宜的保险。那么究竟能否找到事半功倍的解决问题的办法呢？

因为信息不对称，导致了逆向选择；因为逆向选择，导致市场产品整体质量下降。这就需要各方努力促使交易信息对称，增加双方交易的信息透明度，改变"逆向选择"的尴尬状况。

例如，更符合民众的保险产品可以提供更多的承诺和措施或以广告的形式向民众传递高质量、最合理的信号。保险公司可以通过完全中立的质量监督、认证机构，帮助广大民众认识、鉴别产品，使这些民众信服。此外，保险公司还可以通过签订保险保证合同的方法来使购买保险的民众安心购买产品。这样就可以使真正的劣质产品无法再披着"好质量的外套"充斥整个市场了。

第五节　向美国医疗卫生业开刀吗

网景公司负责人克拉克，画了个菱形钻石图，把自己放到了美国医疗卫生业的中心，他宣称将"掀起一场美国医疗卫生制度的改革"。克拉克在组建网景公司的时候，在风险投资界掀起了很大的浪潮，所以，他的这一次美国医疗卫生制度改革的提案，也得到了风险投资界的极大关注。

而克拉克在选择自己的合作人上面也与众不同，他拒绝了克拉姆克里为他提供的菲尔和比尔这样的医疗界的专业人士，反而选择了一名没有太多商务经验的年轻医生休·雷恩霍夫。

比这一计划本身更令人吃惊的是，克拉克竟然敢将这项计划完全托付给风险投资家。告诉风险投资家如何投资以及计划接手年营业额 1.5 万亿美元的美国医疗卫生业的同时，他却几乎在全力以赴进行着他的计算机编程。

要设计出把全美国的医疗卫生业网罗在一起的软件，可不是一件轻而易举的事情。何况，对互联网事业来讲，机会往往转瞬即逝。这便要求创业速度要三倍于理论速度才不至于被别人捷足先登。要在短时间内开发出如此复杂的软件，需要大量水平非比寻常的工程师。1995 年年底，硅谷正如日中天，硅谷那些风华正茂的工程师们有数不清的事业选择机会，但他们都希望能遇上一项伟大而奇特的事业。为了吸引这些天之骄子，必须要用新新事物去打动他们。

克拉克可以说是互联网界的奇才，那么，他为什么要向美国医疗卫生业开刀呢？很明显，任何懂得美国医疗卫生制度运作机制的人绝不敢妄言对其进行改革，而克拉克却不懂这一运作机制。但正因为如此，他才认为，自己对该制度缺乏了解恰恰是一个巨大的心理优势，他才能宣称将"掀起一场美国医疗卫生制度的改革"。

医疗服务是一种可以通过多种方式提供的商品之一。过去，对病人来说，他们只需要付钱买药就可以了。但今天，医药费和医疗费常常由第三方来承担或者由保险公司和政府机构共同承担，而病人只需要承担部分的医疗费或根本不用支付任何费用。由于政府通过征税来承担这些医疗支出，所以，尽管这些钱是经过政治机构和政府部门直接支付给医生，但实际上老百姓用于保健和治病的花销并没有真正减少。显然，政府资助的医疗保险之所以能够广泛推行，是因为许多人都期盼这种政策可以带来真正的利益。

在自由市场条件下，一个人如果必须自己负担全部费用，在可能的情况下，他不会选择自己租房；而如果人为地把房租压低，却会导致一些正常情况下不租房的人去选择单独租房居住。所以在某些国家，人为地压低价格——例如免费医疗已经导致许多有小问题的病人消耗了医生更多的时间、更多的昂贵药品和更多的治疗手段，这比由他们自己承担这些费用时的耗费要多很多。

当由政府为其买单的时候，不仅病人，医生也乐于使用更多超出必要范围的治疗手段。许多疾病可以用许多不同的治疗手段，但是否使用涉及范围最广、价格最昂贵的治疗方法却往往取决于费用由谁来支付。

人们通常会权衡成本与收益，因而在资源稀缺导致价格偏高的情况下，人们会首先解决迫在眉睫的事情，而把次要事情延后。但当资金并非由决策者自己支付的情况下，这种规律就不那么奏效了。这就导致不严重的病情得到优先治疗，真正危重的病症却被延误。当病人自己为治疗买单时，他们就更加能够根据轻重缓急建立自己的优先权，所以某个断腿的病人会比一个只是头痛的人更加急切地想去就诊。但当对两个病人提供的治疗都是免费时，那个只是头痛的人可能会占去医生太多的时间和医疗资源，而那个情况更加严重的病人将不得不等待更长的时间。当价格不再发挥作用时，就会有别的某种东西来发挥作用，因为资源短缺的现状不会因为政府控制着价格或政府免费供应而改变。可能发挥调节作用的方法之一就是等待。

在医疗价格控制的体系下，未记录的人力成本也直接从那些选择"放弃"的人身上体现出来。选择放弃的不仅包括病人、医生，还有一些诊所。在政府对价格进行管制时，病人选择放弃人满为患的政府医疗资助，而是自己负担费用在国内或国外去进行私人治疗。

甚至是在不考虑价格控制因素的情况时，由第三方支付药费和医疗费的做法，也还是改变着个人使用医疗服务的方式。尽管人们已倾向于把医疗保健看成是一种相对固定"需求"，但是所需费用却还是因由谁买单而有巨大的不同。

自由市场的价格是由消费者支付的，它通常能够保证所花出去的费用基本用在了必要的项目上。它们限制了成本，因为它可以激励个人在保证效用最大化的考虑下利用某种商品或服务，并以此来控制消费。但是，当由第三方来支付所有或者部分的费用时，就会导致超标准消费。通常一个医疗问题可以有很多种的处理方式，在这样或那样的治疗方式中，选择的标准不仅仅是病症有多严重，还有每种治疗方法的成本问题——还涉及又有谁会支付这些成本。当由第三方支付时，人们就会选择比个人支付更加昂贵的治疗方式。这就造成了资源浪费。

第十二章　星巴克咖啡
为什么卖得这么贵

第一节　一杯星巴克
咖啡的成本是多少

　　哈佛博士，韩国发展经济学家张夏准曾说："在韩国就咖啡的味道而言，自己煮的要优于自动售货机出售的，而咖啡店的又比自己煮的好。味道越好，价格也就越高，我家门前的自动售货机一杯咖啡只要 5 元钱，而在星巴克一类的咖啡厅里一杯要大约 40 元。

　　"但是，无论咖啡味道再怎么好，我还是觉得 40 元一杯也贵得太离谱了。在星巴克花 35 元买焦糖星冰乐的时候，我禁不住想，这其中有多少钱是咖啡的成本？又有多少钱成了星巴克公司的利润呢？"

　　一杯咖啡的成本到底是多少？

　　这位博士先生，曾经在哈佛留学，考虑这似乎不是个难题，其实不然。对经济学家来说，要解读星巴克的咖啡成本，必须要把产品咖啡的所有环节都算上。因为在经济学中，特别是马歇尔后的经济学，虽然没有成本的普遍定义，但凡付出费用，需要人们有代价的都算成是成本。这也是经济学意义的成本的通常范围。

　　那些香甜可口的咖啡，第一个环节是从咖啡豆开始的。他指出，在拉丁美洲的咖啡种植园，咖啡豆的价格还不到 4 元。买进咖啡豆，只是第一步成本的开始。如果不考虑外销，在种植园买到咖啡豆，到市中心商业街的星巴克咖啡馆不大可能以 40 元的价格卖掉。因为巴西的咖啡的确便宜的惊人。

如果考虑外销，比如卖到韩国，那么就要考虑咖啡从巴西运到其他国家的运输费，加工以及包装费等等。当然，即使把以上所有的费用都加起来，应该也达不到 40 元的一半。显然星巴克不会做赔本买卖，成本一定低于 40 元。

但是，你可能不知道的是，相对于生产、加工、运输和保管费用来说，"其他费用"其实在一杯星巴克咖啡中占有更大的比重。2005 年一年，星巴克的销售额是 64 亿美元，而各种费用的支出达到 56 亿美元。

平均计算的结果是一杯 40 元的咖啡，其成本约为 37 元。那么所谓的其他费用是什么呢？

这就需要引进经济学中关于两种成本的分别了。在经济学中，会计成本是指那种不考虑机会成本的一种账面成本记录。而经济成本则不然，天下没有免费的午餐，一个东西，只要发生了经济作用，不管它是不是属于谁的，都要产生机会成本。

星巴克 10％的利润率不是埋怨咖啡价格高的根据。即使星巴克的利润率降到原来一半，咖啡的价格也不会下降多少，因为高利润并不是咖啡价格居高不下的主因。

按照哈佛经济学家们的观点，那 10％的利润算不上是利润，而是一种成本。因为星巴克公司所有者拿到这笔收入，并不单纯是因为他们是公司的主人，还因为他们对社会作出了如此这般的贡献。他们只不过是按照他们的贡献获取报酬而已。如果站在该公司自己的立场上，按照自己的品牌来看，品牌和管理是他们自己的要素。自然获利是天经地义的，这种自由要素的利润，叫作经济利润，经济学中把它们看成是成本。因为使用任何要素都要有机会成本。

对于品牌加盟的咖啡店来说，咖啡店租用店面，会向店面主人支付房屋租金，这是房屋主人出让房屋使用权而应获得的代价。同样，如果有人为咖啡店租借冰柜、柜台、桌椅等等，它们理所当然也应当获得相应的租金。同理类推，如果有谁出借自身的品牌价值、生产技术甚至经营之道，也都会得到相应的租金，这都是理所当然的。这些都是成本的一类。

最后如同咖啡成本中应该包含支付给房屋主人的租金一样，支付给总公司的钱也应该包含于其中。于是，单价 40 块钱的咖啡的成本不再是 37 元，而应该看作是 40 元。因为经济学中把支付给公司主人——即拥有公司股票的股东的费用称为资本费用，把资本费用也包含在成本中，40 元一杯的咖啡，成本就是 40 元。

如果把像市场变化、产品变动、人员支出这之类的因素考虑进去，星巴克的咖啡成本就变得更加复杂。

这里面随着时间的变化，有些成本是逐渐产生的，直到一个周期结束才能完全地不计入机会成本中。比如房租以日本星巴克为例，店铺房租每月 30 万日元，有 3 名店员，并且 1 个小时内有 20 名顾客进店消费，并且分别消费 1 杯咖啡的话，那么每 1 杯咖啡所支付的人工费和房租加起来就是 176 日元。因为还需要支付水费、电费等其他费用，还要追加 24 日元，所以除了饮料本身之外，还大概需要 200 日元的成本。这种成本在经济学中就被称为总成本。

再想一下每天的成本变动的情况，1 个小时内仅有 10 名顾客进店消费，而每名顾客仅消费 1 杯咖啡，那么每 1 杯咖啡仅人工费就消耗 252 日元。在 1 杯咖啡上的房租也成了原来的 2 倍，即 100 日元。这种把每个小时的成本都摊上的成本，就是平均成本。

最后，明智的咖啡店的经营者将增加进店消费顾客的数量。另外，各个顾客每一次来店消费的金额为"顾客单价"，这个单价就是经济学的边际成本，这里面不包括房租，则刚好支付店员的开支。所以应该想办法提高"顾客单价"。这在餐饮店中是最基本的经营策略。

比如店员多了，可能成本就会上升或者下降，其他还有房租改变等，都将影响一杯咖啡的价格。

所以，别看小小的一杯星巴克咖啡，实际上这杯咖啡的成本并不是完全的那么简单。每一杯咖啡的成本，随着时间的不同而不同，正如上面的情况，要回答好一杯星巴克咖啡的成本是多少这个问题，也并非看上去那么简单。

第二节　彩色照片为什么比黑白照片的成本低

19 世纪 80 年代，瑞士发明家汉斯·雅各布·施密特发明了一种利用石版画印刷的石灰石及一系列具有光敏特性的化学剂对照片上色的处理方法并对照片上色，并将这种程序称之为"彩色照片"。利用一张黑白负片，通过 Photochrom 的处理程序能够对照片人工加上精致的色调，出来的效果相当逼真。甚至今天最好的视频技术也不能与之媲美。

当时在美国，只有一家公司，即底特律印刷公司获准利用这种技术。而我们能够知道的就是他们将一张黑白负片反相变成一张网点正片，然后再曝光到高度抛光的石灰石，并用化学沥青覆盖。这个过程就是一个标准的照片平版印刷过程，但两者程序上还是有点不一样。

底特律公司的格言是"能够成功不用手工就能对照片还原其自然色彩的方法。出来的效果结合了摄影的真实性及油画或水彩画般的丰富色泽。色调经久耐用，具有一种仅靠人工上色所无法达到的自然力量。而且价格仅相当于普通的照片。在这种上色技术成功之前，发明者已经花费数千美元及数年时间来研究……"

当然，这种所谓的彩色照片和后来的彩色胶卷完全是两回事情。真正的彩色胶卷在 1907 年就问世，但直到 20 几年后才开始使用在照相术中。不过在这之前，黑白底的上色照片一直具有绝对优势。彩色照片和黑白照片，名义上虽说都是摄影技术业的同类产品，实际上是两个不同行业产品竞争的关系。

一直到 20 世纪 50 年代，彩色胶卷还是无人问津，这其中彩色胶卷的色度差也是个原因。人们喜欢用的还是底特律印刷公司的彩色上影术，在摄影技术发明之后，印刷公司对一些手工上色的彩色照片需求急剧上升，当时一般是在黑白照片上覆盖一个手工上色的图层。有些出来的效果还基本上算是可圈可点的，但这种人工上色的方法总是给人一种不真实的感觉及缺乏一些细微的色泽变化，并不能准确表达一些精致的细节。底特律印刷公司的新技术就有效填补了色泽上的问题。直到现在，美国国会图书馆里一些珍贵的照片都是这种技术的杰作。

但是如今，彩色胶卷的照片比黑白照片便宜得多。在纽约伊萨卡的照片冲印商店，一卷 26 张的黑白胶卷的价格为 14.99 美元，一卷 36 张的彩色胶卷居然只要 6.99 美元。怎么解释这种奇特的变化呢？

要解释这个问题，恐怕还要用经济学知识才能深入剖析。其实一切的本质还在价格上。按照经济学家的解释，有些行业，随着资本、人员、技术、管理等的投入连续同等比例地增加，会带来平均成本下降、收益上升的情况。这其中最主要的原因是，随着要素的投入加大，像房租、技术设备的费用都会大规模均摊。这种行业就叫作成本递减行业。

比如随着数码相机的发明，甚至出现了能够自动冲洗彩色照片的技术手段。冲洗每一张黑白照片和彩色照片所用的时间和成本是一致的。就算花费的单位人工和机器费用也是相同的。传统的洗印技术一天最多能产出比如 20 张照片，现在则每天是

200 张。而且材料费用还不到原来的 1/10。这就是说，技术的投入，让每一张彩色照片均摊下来的成本正在降低。

在市场上，现在的人们除去少部分专业人士和摄影爱好者外，都更加喜欢彩色照片。彩色照片的市场优势更加明显。每生产同样一张彩色和黑白照片，同等情况下，只有彩色照片才能卖出去，收回成本获取利润。于是大多数的新技术采用者，就开始用薄利多销的办法占领市场，获取利润。由于新技术的进一步排挤，黑色照片的市场需求也就越来越小。

起初薄利多销的情况，还是存在于少数的彩色胶卷从业者中。随着他们赚的钱越来越多，许多人也开始加入竞争。为了分得市场的蛋糕，他们都进一步在降低成本上想办法。比如，在同一台机器上连续生产，就能比别人生产更多的胶卷。再比如增加冲洗机器的操作人员和新机器的数量，这些都会导致市场上出现大量的彩色胶卷。

由于大家都争相生产彩色胶卷，导致彩色胶卷的价格下降。最后就出现彩色底片的整个行业大幅度降价的现象。

而那些少数保留下来的黑白照片从业者，因为没有人和他们竞争，所以价格反倒能够保持稳定。其实，并不是黑白底片的成本更高，只是因为它的市场上缺乏竞争而已。假设某一个地方，突然出现了大批的最新的黑白照片洗印商店，也会带动黑白照片的成本下降。可如果整个黑白照片的行业内，大家都不存在薄利多销的机会，必然谁也不会主动增加投入，占领市场。问题是，这么小的市场，根本不具备进一步竞争的可能条件。最后所有的个体成本和行业平均成本都将是一样的。

要想让另一个行业，比如彩色照片业进入黑白照片，必须让黑白照片的利润高于彩色照片才行。事实上，黑白照片市场狭小，成本较高，显然任何一个聪明的彩色照片生产者都不愿意加入。最后，就出现了我们现在看到的黑白照片比彩色胶卷照片还贵，成本更高的现象。

第三节　谁败坏了美国家庭农场的名声

美国是个以农立国的国家，在二百年的历史里农业都是美国的第一大产业。1935年美国家庭农场达到历史高峰——680万家。1950年美国还有560万家农场，2006年农场数已减少到209万。

2007年9月，《石油战争》的作者恩道尔写道："在美国中北部的农场进行实地调查时，我在艾奥瓦州的农民盖瑞家里住了一晚上。盖瑞家只有2英亩土地，算是一个小型农场。晚餐中，我们谈起了食品收益的分配结构。盖瑞深有感触地从柜子里拿出了一盒早餐燕麦片，问我：'机构的报告，知道美国农民得到的收入大概相当于食品价格的5%。盖瑞见我给出了一个比例，就拿起计算器算了起来，结果是1.43%！'他告诉我，'这盒在美国人餐桌上最常见的早餐燕麦片，在超市中的价格至少为5美元，而出售燕麦的农民只能从中得到5美分。'"

可是不是所有人，比如哈佛的经济学家们愿意听到恩道尔这么说。像著名的萨缪尔森，他就用自己的理论合情合理地解释了家庭农场的衰落——美国的农民低收入理所应当。

"100年以来，美国人口的一半是在农场生活和工作，而今天这个数字已经下降到不足劳动力的3%。由于大多数食品是必需品，人们对于食品的需求缓慢增加；但是与平均收入的增加相比，需求曲线的移动是很有限的。农业生产率的迅速提高大大增加了供给，从而导致了农产品价格相对于经济中其他物品价格的下降趋势。这正是最近几十年农业部门所发生的变化。"萨缪尔森的意思是，因为农业本身的需求弹性不足，所以这一切都是自然的结果。不是美国的农场的名声在衰落，而是注定因为自然的原因要衰落。

　　不过，他好像忘记了自己的同事和师长也是农业专家。哈佛商学院、哈佛经济系曾经有好几个农业专家。甚至直到现在都是如此。只不过，大多数人，包括美国人在内，居然不知道哈佛的农业专家的高明和影响深远罢了。

　　这个秘密是直到最近才被揭露出来的。约翰·戴维斯曾任艾森豪威尔总统的农业部部长助理。他在1955年离开华盛顿去了哈佛大学商学院。当年哈佛大学商学院并不是农学专家常去的地方。1956年，戴维斯在《哈佛商业评论》上发表了一篇文章，在文章中提到解决农业问题的唯一方法就是从"传统农业向商业化农业转变"。

　　不久，戴维斯与哈佛商学院教授雷·戈德伯格和俄罗斯裔的经济学家瓦西里·里昂惕夫一起组建了一个哈佛团队。里昂惕夫是萨缪尔森的数理经济学老师。里昂惕夫用他的模型计算了一下，他认为美国达到主导粮食工业这一目标还要花40年的时间。戈德伯格说，商业化农业项目的核心驱动力是将农业关键产业形成垄断。

　　接下来，戴维斯、戈德伯格和里昂惕夫合作，对佛罗里达州的橘类植物农业进行产业化。种植橘类产品的农民迅速被新奇士等全国性大型橘汁加工企业控制。这些大公司通过控制分销与加工来控制支付给农民的价格。它们的下一个目标是制定一个战略，对美国小麦销售链和动物饲料大豆市场进行产业化。随着美国政府逐渐放松对农业和垄断的管制政策，粮食产业的纵向整合也加快了步伐。

　　此后，哈佛的专家们不再讨论产业化的问题，而是发明了农产品弹性需求不足的说法，掩饰这一战略目的。在反垄断的哈佛学派衰落后，20世纪80年代里根、老布什时期，商业化农业开始彻底改变美国传统农业的面貌，但对此美国的普通消费者却全然不知。大多数人依旧到本地超市买上一块切好的牛肉或猪肉，以为他们买的仍然是家庭式农场的产品。其实，这个时候，美国几乎全国的农产品的流通都是用新奇士的类似方式控制的。过分微薄的利润，让多数家庭农场破产。

20世纪90年代后期一份报告指出：美国农业转变的过程中耗费的社会成本非常巨大，整个农村的经济基础土崩瓦解，乡镇空无人烟。美国中西部的鬼城随处可见。

伦敦的《经济学人》杂志在2000年5月的报道中描述了在工厂化农业的旗帜下艾奥瓦州转变成美国最大的生猪生产中心的情况。在这篇题为《到猪的天堂旅行》的报道中他们写道：绵延10英里的乡村，生产了美国近1/10的猪肉。但是在那里你看不到一只生猪。在巨大的金属棚里一次喂养了4000多只生猪。这些猪的食物都被严格监控，它们的粪便都按时清理，饲养员像外科医生一样淋浴更衣，以免感染了猪群。OMB观察到，一个监测美国政府在这一领域监管作用的组织在其报告中指出，20世纪70年代始于卡特执政时期，政府就对大型工厂化农场的畜禽排泄物等污染大幅度减少管制，产生了不良影响。

1954年当哈佛的戈德伯格和戴维斯提出商业化农业的时候，美国农民每年大约在食用动物上消耗50万磅（约2268万千克）抗生素。到2005年，抗生素的消耗量已经上升到4000万磅（约18144万千克），上涨了80倍。约80%的抗生素是直接投放到动物食物中的，以促进动物的生长。在工厂化农场中，青霉素和四环素是应用最广泛的抗生素。

这才是美国农业的真实变化，即大量小农场不断被大农场淘汰，单位产值和投入无限扩张，农业生产的集中度越来越高。对于一直居于技术和经济领先地位的大农场主来说，无论是100多年还是这几十年，农业的收益一直是提高的，只有对于那些紧赶慢赶还是逐渐被淘汰的小农场主来说，农业的收益才是不断下降的。所以他们才不断地消失。

真正败坏了美国农业的是大大小小的农业垄断公司和大农场，从竞争的市场结构看，工业竞争中的中小企业可以退出竞争，其企业主或摇身一变成为大企业的中高级经理，或成为大企业的协作配套厂，或另行开辟市场，实在不济，找一份薪水不错的工作的可能还是很大的，因为中小企业主大多有一定的经营管理能力。

但农场就是农场主的生命，离开农场就意味着失去一切，即使明知丰收并不一定能带来收入增加，农场主也仍然得兢兢业业地经营。甚至家庭农场主想卖掉农场都不容易，他往往只能将农场卖给附近的大农场主。这样农业就长期处于过度竞争状态，从而农业相对收益不断下降。农场根本不是农民的收益和财产，甚至是农民的一种负担，是一种隐性成本。

在这种情况下，中小农场主们会更积极地要求限制产量，迫使部分土地按一定规则退出竞争（休耕），从而缓和过度竞争，控制价格下降幅度。为此，他们组织农会、农协，互通情报，协调立场，形成政治压力集团。在弱势方看来，联合改善自身地位使技术进步的收益不至于被强势方垄断，社会也才显得有进步。在强势方看来，这却是一种挑战。所以萨缪尔森不惜指责这些可怜的家伙。

确切地说，这是农场的弹性不足，市场充满垄断，而不是农产品需求弹性有什么问题。事实上，只要想想其实美国生产的粮食并不是世界第一，而且也不是人均最高粮食占有量最高的国家，就知道用农产品弹性解释农场消失问题是很荒唐的。

第四节　买超市的廉价蔬菜，还是买农场的有机蔬菜

美国超市货架上的蛤壳罐头上贴图里也许有葱翠的田野、蜿蜒的葡萄藤和宝石红的番茄。然而今年，通过农业部有机认证的番茄、胡椒和罗勒大多来自墨西哥的沙漠，是经过强化灌

溉培育出来的。巴哈半岛是繁荣的墨西哥有机食品出口部门的中心,这里的种植者将劳工们在仙人掌丛中耕作称之为"海滩种植"。

越来越多的美国人购买贴有有机标签的食品,但是这些产品也越来越偏离传统有机概念的初衷:有机产品不但要无化肥无农药,还要符合环保、本地、小农场的生产方式。在这里,有机番茄商业化种植模式的快速成长给地下水带来了压力。今年,一些地区的水井已经干枯,这意味着那些小农耕作者无法种植庄稼。并且,有机番茄最终将通过高能耗的物流渠道,分销到纽约,乃至迪拜和阿联酋。

对于美国人来说,现在面临一个难题:为了健康和营养、环保,你自然希望购买高价的有机食品,把廉价超市那些非绿色产品丢在一边。现在的问题是,有机食品出了问题,既不健康,也不一定环保,营养还有待观察,你怎么办?

伦敦的《经济学人》杂志讲述了一个事实:卡波合作社是乔氏超市和航道公司的供应商。他们每天通过汽车和飞机运输不少于 7.5 吨的番茄到美国,一年四季都是如此。实际上,多数美国人眼睛里看到的有机食品,可能根本和美国本地的那种有机蔬菜毫无关系。人们从全球商品市场上购买东西,即便标签上写着"有机",人们也难免有疑心——那上面没有标明人们须知的信息。爱荷华州立大学雷奥波可持续农业研究中心一个会员说,一些通过有机认证的大农场其实是在破坏环境,比如种植品种单一,这将破坏土壤健康,增加当地淡水供给负担。

选哪一个好像是个难题,不过对于哈佛的那一批经济学家来说,这根本不是问题。克鲁格曼干脆在国会中提出一种"反绿色经济"的说法。经济学家们多数不大愿意和环保主义团体的理念挂钩。他们可能认为,这和你的选择可能没有多大关系,倒是和成本控制有关。

首先,蔬菜本身是一种成本控制体系的产物。简而言之,你得把蔬菜用数字的代价标好，这说明你偏好的代价。哪怕你这样做是为了任何目的，环保也好，省钱也罢。有机农业的初衷是只吃当地的顺季节生产的食物，但购买者们仍然希望在12月份能从沃尔玛超市里买到有机农产品，并且对价格还很敏感。

这两个因素都导致了进口的需求。如果不借助燃料温室，美国极少有地方能在冬天种植出有机产品。另外，美国的劳动力成本高。在巴哈，采摘番茄劳工的日工资是10美元，而在佛罗里达，劳工在旺季的日工资可达80美元。

为了节省成本，如果没有那种运输公司和汽车飞机，美国人必须在当地建立冬天的基地。这意味着，单单是人工成本，每个农场主必须多掏至少70美元。也就是说成本将增加6倍，问题是你愿意接受6倍昂贵的有机食品吗？

显然对于有着廉价的悠久爱好的美国人来说，这个代价太大了，这个偏好是市场的规则，无法改变。当大街上到处是胖子，一边商店里到处是廉价的中国大蒜、泰国廉价虾，美国人在享受这些有机食品。另一边，大量的美国农场正在生产更加有害、污染更大的猪肉和小麦，然后把它们也同时弄进超市廉价柜台上，这些食物大多数被美国人自己消化了。可是美国人对于食品物价抗议却超过其他任何国家。虽然美国的食品支出只占收入的6％多一点而已。2009年美国人的收入下降，可是那一年麦当劳公司的股票上涨了6％，只有穷人才会在食物上少花钱的概念早已根深蒂固。

其次，选择的结果，是价格决定的。这好像听起来不可思议。哈佛经济学家劳伦斯说，在利润没有出现的时候，一切变革都是价格之争。这种理论是建立在完全竞争之上的，它假设所有的商品都是同质的，没有任何差别，生产的一方只能评价成本的优势竞争。可是，不幸的是，有机产品的现实的确符合这种理论。

专家们认为有机农业总体上比传统农业对环境的破坏性更

小。然而，只是过去是这样。肯塔基州立大学可持续农业领域的科学家说："有机农业以前是可持续的，但是现在未必。"他还说："过于密集的有机农业使加利福尼亚的地下水变得紧张。"泰国虾的大量捕捞，导致了各种抗生素在泰国养殖业的滥用。现在，每一只标识有机的泰国虾，实际上都是符合一定范围内的抗生素标准的绿色产品。这和本地的无污染、原生的物种完全是两回事。

农产品的市场，的确最为符合完全竞争，因为食物质量本身是唯一的参考标准。不合格的产品，几乎是没有竞争力的。在国际市场上这一点更加明显。所以对有机食品的偏爱，只会导致人们蜂拥到那些绿色天堂里发财，而这种蜂拥的后果就是，下一次再也不会有什么有机一说。

最后，有机蔬菜的成本同样是建立在廉价之上的。这意味着，不管你怎么选，最后其实还是凭价格选择。美国是全球有机蔬菜生产面积最大的国家。从美国有机农业所涉及的作物种类来看，蔬菜、水果等具有较高经济价值的作物的发展速度快于普通大田作物。2001年美国玉米、大豆和小麦的有机生产面积分别约占种植总面积的 0.1%、0.2% 和 0.3%，而有机生菜的生产面积则占到 5%，药用植物和小宗蔬菜类作物的有机生产面积达到了其种植总面积的 1/3 以上。美国有机蔬菜的种植总面积连年增长，但占有机土地总面积的比例却有所下降。这意味着，随着土地资源的耗竭，美国有机蔬菜最终将变得毫无特色。

第五节　比尔·盖茨退学引发怎样的经济学思考

比尔·盖茨当年创办微软公司的时候也就 20 岁。当时他正在哈佛大学读二年级，退学创办公司完全是出于对电脑软件的商业性开发。他认为如果再不行动就会贻误商机，于是毅然决然地中途退学，同别人合伙创办了微软公司，专门从事计算机软件的编制开发。后来他的 DOS 系统被电脑制造巨头 IBM 所采用，就这样，比尔·盖茨的微软公司福星高照，时来运转，最终成就了微软的软件霸业。

比尔·盖茨投笔从商，居然放弃了世界上最好的大学之一——哈佛大学。这事情本来已经被好事的经济学家们思考过一回了。但是最近，新出现了一个被叫作"比尔·盖茨第二"的年轻人，几乎走了比尔·盖茨的路，这多少又勾起了经济学家们对比尔·盖茨的退学方式的兴趣。

毕竟，比尔·盖茨对选择可能是有点后悔的，后来他在许多场合的演讲中都表达了这一点。但新青年马克·扎克伯格则更加另类，他上哈佛前就拒绝了微软公司的邀请，结果没上满 3 年就退学了。

哈佛大学主修心理学的马克·扎克伯格一直痴迷电脑。在上哈佛的第二年，他用技术手段供给了学校的一个数据库，将学生的照片拿来用在自己设计的网站上，供同班同学评估彼此的吸引力。黑客事件之后不久，他就和两位室友一起，用了一星期时间写网站程序，建立了一个为哈佛同学提供互相联系平台的网站，命名为 Facebook。Facebook 在 2004 年 2 月推出，即横扫整个哈佛校园。2004 年年底，Facebook 的注册人数已突破一百万，马克·扎克伯格干脆从哈佛退学，全职营运网站。Facebook 成为美国第一大社交网站，微软也通过注资的方式取得了 Facebook1.6％的股份收购权。

2011 年福布斯榜比去年多了 10 人，其中就有 Facebook 的 CEO 马克·扎克伯格。他的资产大涨 238％，排名上升至 52 位。2010 年，《福布斯》将他评选为世界上最年轻的亿万富翁，净资产 40 亿美元。2011 年 11 月，福布斯 2011 权力人物榜公布：27 岁的社交网站"脸谱"创始人马克·扎克伯格从 2010 年的第四十位升到第九位。2012 年 3 月胡润发布全球富豪榜，28

岁的 Facebook 创始人马克·扎克伯格以 260 亿美元位列第八，成为全球最年轻的白手起家的富豪。这个传奇听上去比比尔·盖茨绚丽得多。

不得不说，像马克·扎克伯格这样的青年，能有如此远见卓识并迅速成功，是难能可贵的。但是问题是，为什么两个人都最终选择退学，特别是马克·扎克伯格先拒绝微软，后退学这事情，绝不是那么简单的。

按理说，用非此即彼的解释，也就是那种简单机会成本理论，好像在这已经不适用了。对于马克·扎克伯格来说，如果拒绝微软上哈佛，那么微软的 95 万年薪就是最高的机会成本。可是接下来马克·扎克伯格又退学了，那么离开哈佛的机会成本还是 95 万美元吗？那这个机会成本究竟是多少？

这里提出了一个关于机会成本的衡量问题。究竟该算哪一个呢？

答案是，离开哈佛的机会成本是现在的 260 亿美元。也就是说，机会成本实际是所有选择中付出代价的最大值才对。而不仅仅是通常人们理解的相对概念。

之所以经济学家的计算方式是如此，实际上主要原因是：所谓机会成本，并不是一个独立的概念。机会成本的对应条件就是资源的稀缺性。

要知道，经济学研究的是：经济社会中的个人、厂商、政府和其他组织利用有限资源的选择，这些选择决定社会的资源是如何被有效利用的。事物的稀缺性并不是说缺乏，而是指相对于人们的欲望，不可能每时每刻都满足条件。阳光、空气、水，按说都不稀缺，没什么价值，可是长期住在背阴的居室里，就享受不到阳光的温暖，结果呢，朝阳的房子价格就高，背阴的房子价格就低，这是对阳光选择的结果。淡水资源的稀缺也使水的价值不断提升。资源用在最有价值的地方，所以选择才是必要的。

对于马克·扎克伯格来说，他可以得到他想要的一切，也许在他的词汇里根本就没有"稀缺"，但请你想一想，时间也是一种资源。他必须决定每天把他的时间用来玩哪种贵重的玩具，用多长时间开跑车，用多长时间打高尔夫球。马克·扎克伯格不可能有分身术，一边做哈佛的学生，一边做他的程序爱好者；也不大可能一边做微软的程序员，一边还考虑哈佛的优秀教育。

接受教育都是需要时间的，工作也是需要时间的。虽然社交网络给人们提供了娱乐的平台，可是这个发明本身，就是从人们，包括马克·扎克伯格自己的时间里分出一大部分时间。

最后，马克·扎克伯格的机会成本，可能还没有普通人想象的那么简单。他的选择可能存在一定风险性和随意性，而不是像比尔·盖茨一样，经历过痛苦的抉择。事实上，估计马克·扎克伯格自己也想不到自己会成为亿万富翁，他自己至今都住在出租的小屋里，生活并没有发生根本的变化。

马克·扎克伯格这种选择也许并不是理性思考的结果，甚至只是突发奇想的决定。他的合作者之一，就错误地退出了。经济学上认为，这种不知道结果如何成功的行为，就具有不确定性，而知道失败和成功各占多大机会的，才具风险。可能在马克·扎克伯格的想法里，不成功最多也就是在出租房继续过普通生活而已，大概正因为如此，他的成功也就格外耀眼，甚至盖过比尔·盖茨。

哈佛的著名名誉教授阿罗曾经仔细分析了这两种情况下的机会成本，他认为只要是稀缺性这一条没有变，那么机会成本就是永恒存在的，换言之，马克·扎克伯格现今成功的机会成本就是退学后在出租屋度日。两相比较可以发现，如果他离开出租屋，很可能机会成本就会提高，这意味着下次失败，将很难抉择。

第十三章 百事和可口可乐该如何竞争

第一节 刺向竞争两方的双刃剑——价格竞争

市场研究机构 Canalys 副总裁兼首席分析师克里斯·琼斯表示，随着苹果推出处理速度更快、屏幕更清晰的新一代 iPad，苹果可能会下调目前售价 499 美元的 iPad2 的价格。

他认为，此举将给亚马逊等竞争对手带来更大的压力，后者售价 199 美元的 Kindle Fire 平板的目标受众便是那些精打细算的用户。以往，苹果每次发布面向高端用户的新产品时，总会下调老款设备的价格，用以吸引此类用户。苹果在推出最新一代 iPhone 时就采用了这一策略，并且获得了成功。

琼斯认为，苹果可能会将入门版 iPad2 的价格下调 100 美元至 399 美元。iPhone4S 于 2011 年 10 月上市时，iPhone4 的价格便下调了 99 美元，如果用户与运营商签订两年服务合约，将免费得到一部 iPhone3GS。琼斯透露，老款销售额占到 iPhone 总销售额的 1/4 左右。

尽管价格竞争的历史大概有几千年，不过，一直以来，那都是小商小贩们面对面地要价试探而已。他们的竞争都是在表面上的，一旦买主确定对象，两个彼此竞争的卖家还是一团和气。而如今的价格竞争烈度，就似乎是核武器时代的价格战。

在哈佛的经济学家眼中，恐怕只有 20 世纪 50 年代后的价格竞争，才差不多可以摆上台面。早在第一次世界大战后到第二次世界大战前的一段期间，哈佛大学的梅森教授就改造了市场结构—企业行为—经济成果（简称 SCP 模式）的模式，使之成为产业经济学内容的框架。他认为，产业经济学或称产业组织理论，既要靠实践经验的研究和经济制度的研究，又需要有一个理论上的分析框架，即结构—行为—成果这个框架。他特别强调市场结构和其他客观的市场条件的重要性，把它作为认识市场上的企业行为的关键。因此，他着重研究市场结构，特别是关于竞争和价格的分析。在这之前，关于竞争的研究，主要是张伯伦的有效竞争理论和熊彼特的市场理论。

1959 年，贝恩所著的第一部系统阐述产业组织理论的教科书《产业组织》出版，标志着哈佛学派正式形成。哈佛学派的后来学者中最著名的是贝恩，他继续强调市场结构的重要性。这个理论可以说是融合张伯伦不完全竞争理论、熊彼特竞争理论的初步结果。该理论"进入障碍"和市场集中性、产品差别性三者，是市场结构的关键要素。哈佛学派的特点是重视产业经济的实践经验，着重研究市场结构；此外，还强调垄断力量与一定的市场结构相联结的重要性，把它作为产业经济分析中的普遍性问题。

在哈佛学派的理论中，主要的研究对象是大大小小的市场结构和行为。判断市场结构主要是通过传统的边际成本是否等于价格来衡量的。这个定义实际是等同于说，凡是不按照价格纯粹竞争的手法，都是无效的。换言之，在完全竞争的市场上，只有价格竞争才是最优的。但是这个理论不排斥产品的多样性，也就是说多样化的产品，如果服从价格竞争的规律，也是有效的市场。

这个理论还认为，价格竞争将带来良性的市场，并给消费者带来最大的福利。价格战被认为是能够给竞争双方都带来好处的一种行为。它能刺激竞争双方真正把产品注意力放在技术手段上，而不是滥用各种垄断地位。因为价格降下来，最好的手段还是技术创新。

像苹果和谷歌在平板电脑上的技术升级战、价格战，就基本上符合市场的需要。iPad 对个人用户和企业用户都颇具吸引力，其营收大概占苹果营收总额的 20%。由于 iPad 将触摸屏功能和强大的运算能力集于一身，苹果因此打造了一个新的消费电子产品类别。亚马逊在 2011 年 11 月发售的 Kindle Fire 平板已成为苹果最大的竞争对手。

如果将 iPad 算在内，苹果已是全球最大的 PC（个人电脑）厂商。不过这个优势并不长久，为此苹果实际上不能不有所损失。iPad 已帮助苹果成为全球最具价值的公司，自 iPad 在 2010 年 4 月上市以来，苹果股价已累计上涨了 125%，季度营收增长了近两倍。移动运营商无法像智能手机那样在 iPad 销售渠道上居于主导地位。举例说，每当用户来到 Verizon Wireless 或 Sprint Nextel 等移动运营商的零售店时，销售人员往往会向他们推销采用谷歌安卓操作系统的智能手机，而非 iPhone。这样做的后果就是控制企业市场的微软经常用同样的方式阻止苹果的产品。到现在为止，苹果的产品还局限于个人用户。这正是拒绝价格战，利用垄断的后果。假如现在双方都开始降价，那么很可能情况更糟，因为这意味着最多只能互相交换一些中间客户，但是这不足以收回成本。

按照哈佛学派的理论，处于垄断市场的市场结构中，如果单纯降价，实际上会制造更多的超额利润，但是这部分利润企业本身并不能消化，而是会转移到消费者那里。因为每个打价格战的企业，都将面临降价的一些投入，比如广告和昂贵的发布会，再比如像这种战略，很容易在股票市场上带来波动，引发担忧。也会成为不小的成本。

于是，通常情况下，价格战的双方是两败俱伤的结果。有种形象的说法称，价格战是双刃剑。这个双刃，正是出于不同的立场的结果。对于哈佛的学者来说，站在大众的立场上看待这一问题，尤其难能可贵。

第二节　为什么亚马逊不敢扩张到中国

亚马逊中国总裁王汉华 2009 年做计划时，贝索斯给了他超出一倍的预算——这个决定是在 2011 年 11 月 15 日作出的，拍板的是王汉华的顶头上司亚马逊国际部高级副总裁迭戈。

在美国总部方面的支持下，卓越亚马逊推出了总价值 1 亿美元的年终促销。而这个决定的背后，是这家最早进入中国的电子商务公司不得不做出的抉择：要么被公众遗忘，要么告诉公众，卓越的价格其实最低。

从 2005 年亚马逊收购卓越开始算起，至今已经 6 年。而在相同的时间里，京东商城已经成为 B2C 业的巨头，并且是在卓越亚马逊和当当眼皮底下成长起来的。

根据易观国际 2010 年第三季度的统计，目前京东商城的销售额是卓越亚马逊和当当网的四倍。

亚马逊在中国市场上的谨慎，大概是出了名的。到目前为止，亚马逊在欧洲、日本甚至非洲市场早就开始攻城掠地了，但在中国，和本土的当当网、淘宝网之类的电商相比，似乎太过谨慎了。有人开玩笑地认为，亚马逊根本不敢直接扩张到中国。为什么会这样呢？

原因也许还是在亚马逊的根基上，亚马逊实际上没有脱离"旧书"贩子 Alibris 的影子。

1982 年，理查德·韦瑟福德意识到，二手书市场的一场革命要来了。美国各地有数千家二手书店，它们的藏书也五花八门，各具特色。二手书市场实际上主要是由两个截然不同的市场组成的。约有 2/3 的领地被红红火火的教科书生意占据，校园交易是这个市场的核心。剩下的 1/3 属于 12000 家左右散布在全国各地的二手小书店，是个相对比较沉寂的领域。

1993 年，韦瑟福德创立了 Interloc 封闭式网络，书商们可以通过它搜索其他书商的存货，为自己的顾客们寻找图书。它创造了一种数据标准（直到今天还在使用）和一种允许书商们通过调制解调器传输书目清单的软件。1997 年，前工会领袖、麦肯锡公司的顾问及克林顿时期的劳工部长助理曼利在寻找一本绝版旧书的时候发现了 Interloc。他被 Interloc 的功能深深震撼了，立刻就意识到这样丰富的一个信息库在细分化的图书市场上有多么大的潜力。他们后来创建了 Alibris。

用经济学的术语来说，二手教材市场的效率来自于超强的流动性。商品种类相对较少，买家和卖家又多如牛毛，买到中意产品的概率相当大。非学术二手书市场的流动性极差——商品种类无穷无尽，买家和卖家却数量不足。在产品太多、交易者不足的情况下，你找到合意产品的概率自然很小。正因如此，人们在寻找某种特殊书籍的时候大多都不会考虑二手书店。

韦瑟福德却意识到，如果把那些大大小小的书店放在一起考虑，整个二手书市场的潜力就不可估量了。可想而知，12000多家书店的藏书总量可以和世界上最好的图书馆抗衡。韦瑟福德就是这么做的。Alibris 将各书店的店主们上传的书目全部收编，再发给使用 Alibris 数据的在线书商。

这种商业模式的实质是规模效应，又称长尾模式。效率来自两个方面：第一，用集中化仓储方法降低供应链成本；第二，尽量利用网站的搜索功能和其他信息优势提供无限的产品选择。在美国，有 20％的人口居住在离最近的一个书店 10 公里以上远的地方，有 8％的人口离最近的书店有 32 公里以上的距离。对音乐店、电影院和影碟租赁店来说，这个数字也没有太大的差别。就算每一人都想去实体商店买东西，他们中的很多人也往往办不到。

亚马逊的方式就是最大限度地集中关于货物的信息，提供尽可能方便的销售渠道。但是不经营或者很少经营实体的货物

生产。亚马逊网上书店成千上万的商品书中，一小部分畅销书
占据总销量的一半，而另外绝大部分的书虽说个别销量小，但
凭借其种类的繁多，积少成多，占据了总销量的另一半（我们
所卖的那些过去根本卖不动的书比我们现在所卖的那些过去可
以卖得动的书多得多）。如果亚马逊经营实体商店，那么可能面
临书店经营周期的成本难题，于是它干脆砍掉了这部分业务。
甚至一开始就不打算经营这部分业务，而是将它们外包出去。

　　在规模经济的说法中，共享同样的基础设施，比如说公共
的渠道，公共的信息，公共运输资源，实际是降低成本的。因
为这些公共产品，通常增加一个用户产生的成本要小于只有一
个用户的时候。在这种情况下，亚马逊的方式，实际就是将规
模经济重新恢复的信息时代版本而已。

　　知道这一点，就明白亚马逊如此小心的原因了。在中国，
亚马逊没有规模经济的优势，因为从理论上说，中国的公共资
源亚马逊不可能利用到。由于亚马逊不能提供海关清关的证件，
还必须利用代购渠道。这就等于说，亚马逊的渠道优势是不存
在的。这对于亚马逊的扩展是有巨大影响的。另外，亚马逊提
供的公共信息，并不比本土网站更多，由于历史的原因，亚马
逊的中文藏书远没有本土那么全面，自然结果是只能在外版书
中获得优势，但这已经毫无规模优势了。

　　另外，就市场的规模而言，当亚马逊面临一个和美国市场
几乎相等的市场时，如果不具有占领这个市场的资源，那么一
切的一切都是镜花水月。所以想到这一点，亚马逊不敢深入中
国市场的原因，自然是不言自明。同样的问题，还牵涉到一切
类似于亚马逊模式的公司，比如谷歌，比如雅虎。它们之所以
在中国无法大规模扩张。很重要的一点就在于，它们不可能具
有规模竞争的优势。

第三节　为什么他们要逮捕
哈佛的"罗宾汉"研究员

哈佛研究员亚伦·斯沃茨被联邦指控非法下载了来自非盈利在线学术数据库 JSTOR 的文章。斯沃茨是一名优秀的程序员，曾创办了一家公司，2005 年被 Reddit 公司收购；他还是哈佛大学伦理中心的成员。在 2008 年的 Guerilla Open Access Manifesto 大会上，斯沃茨呼吁网络活动家们反击对学术论文的收费查看服务。斯沃茨认为"我们要下载科学文章，再上载到文件共享网络中"。

黑客雷格·麦克斯韦抗议中情局，支持斯沃茨，随后侵入了同一网络并散布了超过 18592 篇（32 千兆）只供订阅的科研文章。他说文章来源于英国皇家学会哲学学报，并且都是在 1923 年之前发表的，这就意味着这些文章现在都已是开放的了（这些言论还未得到证实）。"这些知识属于大众。"他说。以科学进步的名义，这些数据就不该被隐藏起来，更何况按照现行的法规，这些文章的版权早已过期。"把大家的发现联系起来，进一步扩展，让成果公之于众，才能够进步。"他说。

马萨诸塞州的联邦检察官卡门·M. 奥尔迪斯说："盗窃就是盗窃，不管你用的是计算机指令还是一根撬棍，也不管你拿走的是文件、数据，还是美元。"不过媒体界对哈佛研究员的行为同情者不少，美国《纽约时报》称其是受人尊敬的哈佛大学研究员；英国《卫报》援引斯沃茨支持者的说法，将其比作"数字时代罗宾汉"。

斯沃茨是一个天才的程序员，也是一个坚定的信息共享者。他认为只要是互联网的信息，都应该是开放的、自由共享的，向来秉持的理念与他目前被捕的现状形成了一个焦点问题，即他是否能以信息共享，而非营利为由，入侵 JSTOR，进而下载大量学术文件，再上传至网络上"与民同乐"。

"免费共享"这个词的名声不太好，总让人想起盗版或诸如此类的价值蒸发现象。检察官们认为，只要一件东西上面打着私有产权的印记，哪怕它是公有产品，也是不容侵犯的。换言之，他们逮捕斯沃茨的最主要理由是：斯沃茨下载的论文是属于私人产品，而私人产品的著作权也就是所谓的知识产权。为什么人类共同创造的知识要有产权保护呢？

正如曼昆所言，如果有的国家不尊重知识产权，无偿剽窃软件，那么这应该被看作是偷盗行为。问题是，这是个无可挑剔的理由吗？

哈佛大学教授萨默斯指出，如果一种产品，前期研发成本和固定生产成本很高，而边际成本很低，产量与投入的关系呈现规模报酬递增，那么这种产品就具有成为知识产权的可能性。如果生产这些产品的产业没有完全竞争，由于这些产品的特殊性，厂商对市场有暂时的垄断。最后价格远远高于其边际成本。

实际上，JSTOR 就带有这种垄断性和规模报酬递增的特点。这个杂志的论文，自从创立起，本来就是极少数学者创立的非营利产品。在 1995 年建立的初期，收取一定费用，JSTOR 只存有 10 份期刊，而且只与少数美国大学有合作。但之后迅速扩展，目前已存有约 32.5 万份期刊，供 7000 多所大学和科研机构等使用。也就是说，与创立初期相比，这份杂志的收费可能已经扩张了数万倍。JSTOR 的成本虽然还是初期那么大，但是收益已经不可同日而语。斯沃茨下载的时候就直接导致这个网站的服务器崩溃，这说明该杂志一直在这方面没有投入什么成本。

当然从 JSTOR 的角度说，垄断的时间越长越好，这样就可以把前期投入研发成本和固定生产成本都赚回来，还有可能赚取大量利润。而从大学的付费阅读者角度来说，允许垄断的时间越短越好，这样就可以有更多人以低价享受产品，促进学术交流，产生更多的论文。

这显然是矛盾的，究竟如何抉择，显然取决于政府和法官们的判断，因为在 JSTOR 负责人看来，这不过是个恶作剧而已。学者的看法是：这就好像一个人不能因为在图书馆看的书太多而被捕一样。毕竟研究员的行为，实际并没有对学术研究产生坏的影响。因为他没有拿这些论文公开出售要价。

政府在两者之间应如何取舍？

民主党某位众议员说：美国过于保护知识产权，而对劳工与环境的保护不够。但在经济学家看来，这不过是政府的一项生意。萨默斯就承认，发达国家的发明创造相对较多，因此更为看重知识产权保护，因为它们能从中获取收益；而发展中国家发明创造相对较少，它们是消费者。政府不但要权衡生产者和消费者的利益，而且要权衡长期与短期的利益。

假设对富人（富国）收取高价，对穷人（穷国）收取低价，则可兼顾生产者和消费者的利益。但此举前提必须是：产品不能从穷人（穷国）转卖到富人（富国）手中。如果再观察一下美国政府在医药领域的知识产权问题，这一点就更加明显。

美国食品和药物管理局批准的新药数量在逐年下降，成本逐年增加。在艾滋病治疗药品上，没有品牌的药品的市场价格，低于品牌药品价格一半以上，但美国的知识产权保护法却阻止廉价药品进入发展中国家。萨默斯说，一些非政府组织指责美国政府及法律"劫贫济富"。几年前，哈佛一些热血沸腾的年轻学生也支持这一立场。最后克林顿基金会通过卖药品换知识产权保护的方法和非洲国家达成协议：允许人均收入在 5000 美元以下的国家获得非品牌药品的营销权，但前提是该国同类产品的世界市场份额小于 2%。

但是这个手段，实际上并没有听上去的那么美好，因为就在不久前有报告揭露：美国的药商其实是将一些处于临床阶段的药品卖到这些穷国。这好像是在卖药品的同时把病人当作小白鼠。美国因此受到广泛的谴责。

在知识产权保护问题上，哈佛的另一个教授安查思的理论基础和利弊分析与萨默斯基本一致："因为艾滋病或其他传染病都有很大外部效应。如果其他国家的病人不能得到有效的治疗，这些病就有可能传染到我们自己的国家。"

所以，"罗宾汉"有没有罪也许并不重要，重要的是这种行为是不是构成了对神圣的产品垄断权力的侵犯。在这一点上，多数的经济学家，不赞成长期的知识产权，毕竟知识本身是人类共同的财富，并不是某个政府或者厂商借以牟利的手段。经济学家的观点并不总是和政府的观点一致，这是一个最新的证明。

第四节　从黑箱到半透明：企业在哈佛的心路历程

1620 年一批英国清教徒移民到普利茅斯，16 年后，遵照马萨诸塞州最高法院的表决建立一所学校。由于清教徒中不少人出身于英国剑桥大学，他们就把哈佛大学所在的新镇命名为剑桥。学校名为剑桥学院，最初这个宗教学校仅有 1 名男教师和 9 名学生。

1638 年，清教牧师约翰·哈佛去世，他把个人拥有的图书馆和一半财产捐献学校。

1639 年 3 月 13 日，为纪念约翰·哈佛，剑桥学院更名为哈佛学院。

1865 年，南北战争结束，这个学校开始选举管理委员会。

但是 1708 年经过选举产生的第一任校长约翰·莱弗里特，就不是一个牧师。这成为哈佛摆脱宗教、走向独立的转折点。

1780 年，哈佛学院升格为大学。

这段哈佛的历史，许多人耳熟能详，不过真正理解里面细节的人，少之又少。哈佛被称为"西半球最早的公司"，甚至直到现在哈佛大学的官网主页上还以此为傲。可能令现代人难以置信的是哈佛最初在美国的出现主要是为了服务于公共利益，而不是纯粹为了私人赢利。18世纪原始形态的美国公司是市政府，一种负责执行公共职能的公共机构；从殖民地时代到建国初期，美国的公司可分为宗教和世俗两大类。前者是以公司形式建立的教会会团，负责处理教会世俗事务，主要是教会的财产。其服务于会众的公益性是显而易见的。哈佛实际上就是属于前者的一种公司形式。所以当哈佛升格为大学的时候，仍然需要马萨诸塞州议会专门讨论。因为从理论上，哈佛和州议会同样是公司的一类。事实上，那时州议会的董事们就是哈佛的管理人。这一点在现代的哈佛校委会还能看出来原型。

历史学家西沃伊说，在当时的美国人看来，"收费道路和教堂建筑一样都是有目共睹，有益于公共改良，是所有社区都需要的。"那个时代的公司都具有某种官方或者宗教的背景。

总之，企业和公司最初在哈佛人的眼里，就是哈佛这种官办的组织，有着各种各样的特许权。然后内部运营是一团的漆黑。因为既然是独家委任的，就如最高法庭的大法官一样，终身任职，外行不得干涉。那个时代的经济学理论，比如马歇尔以前的理论，多数都相信企业是个纯粹生产产品的黑箱子，完全是个有隔板的机器。至于内部如何操纵，无人得知。

这种理论，后来被马歇尔发扬光大，总结为如下观点，企业就是利用有限的资源，投入生产要素，生产出最多的产品的一个组织。简言之，被抽象成一个效用最大化或者企业主经营的人格象征。

在哈佛的早期，人们也一般认同这个理论。不过也有些经济学家，比如像凡勃伦之类的人，则对这种说法嗤之以鼻。按照他的看法，企业完全是老板和技术工程师的工具，只是他们实现世界目标的手段之一。

哈佛大学艾尔弗雷德·钱德勒教授，大概是描述这一期间美国企业真实情况的最有名的权威。有人说，如今"B. C."这个缩写在企业史学家看来不是代表"公元前"（Before Christ），而是代表"在钱德勒之前"（Before Chandler）。以钱德勒来划分美国企业史的学术纪元，其影响之大可见一斑。作为新企业史学的一代宗师，钱德勒把现代大企业的崛起和等级管理组织的出现，看作是对技术变革和市场扩大作出的以提高效率为目标的理性反应。显然，钱德勒关注的是现代企业组织的内在活力，而不是政治、人口和社会发展这些外在因素对企业的影响。

钱德勒甚至在研究企业的组织结构时，也是集中研究大企业行政管理组织的等级结构，很少论及大企业的主要法律组织形式，即公司，更不要说它的演变过程和影响。在他看来，"法律原因在造成中央集权管理上远不如商业原因来得重要"。

钱德勒认为，市场和技术在决定美国工业的规模和集中化程度上比资本更重要，因为美国工业大企业最初依靠自己的力量和商业银行就可筹足资本。按惯例由债权人负责破产产业管理，过去视公司为一种与各个投资者契约关系的组合，转而强调公司是一个自然实体。此种转变的结果剥夺了债权人在破产产业管理上的权利，使管理人员在决定公司的未来上握有比债权人更大的权力。这就导致了钱德勒所说的使用权和所有权分开的过程。尽管这一说法并不是钱德勒首创，不过这种说法，第一次将触角深入到企业内部。

事实上，在最后的一批经济学家眼里，也许"B. C."的意思可能是在科斯之前。因为从理论上说，现代的企业研究，已经完全脱离黑箱，成为类似于市场的一种结构。这都要归功于发现了交易成本的罗纳德·科斯教授。当然，在企业研究问题上，哈佛一向是个福地，尽管科斯没有在哈佛上过学。不过他的理论，却要得益于几个哈佛教授的面授和美国经验。

1931 年，科斯来到哈佛，请教了里昂惕夫教授。接下来科斯执教的大学，要他专门教哈佛的张伯伦教授的《不完全竞争》一课，这使得科斯深受启发，写成了那篇有名的《企业的性质》一文。

按照科斯的新理论，企业不再是黑箱，而是一个半透明的灯箱。里面的架构是由所谓的交易成本构建的。只有内部企业的成本低于市场的时候，企业才会存在。否则人们就要靠市场来完成一切。

虽然科斯的理论一度在哈佛受到冷落，但随着新制度主义的大师加尔布雷斯、福格尔等人的加入，到 20 世纪 80 年代，哈佛的企业理论已经基本上是著名的新制度经济学的天下。

依照科斯的观点，哈佛之所以从公司变成学校，也是交易成本提高的结果。

第五节　加州电力行业结构的差别是如何形成的

美国加利福尼亚的居民们将面临 50 亿美元的电费涨价，但是该州的管理部门仍认为这一涨价既为时过晚，又仅是杯水车薪。此次电费涨价的幅度高达 46%。

州政府在未来 18 个月内将需要为能源问题支出 268 亿美元。而此次电力涨价将有约 70 亿美元的收入增加，通过债券融资可获得 124 亿美元，但加起来也只有 194 亿美元左右。因此，州政府的现金缺口仍很大。

州议会通过了加州州长戴维斯签署的一项价值 100 亿美元的能源紧急援救计划，允许州政府介入那些处于破产边缘的公用事业公司。当时，戴维斯州长还希望能够避免电力价格的上涨。加州公用事业委员会在电力提价的计划书中，提出了不同层次的用电价格标准，以管理居民节约用电。比如，对那些仍大手大脚用电的消费者收取较高的价格，对那些能够节约用电的家庭则以稍低的价格收取。

不管怎么说，加州电力已经成为美国电力的重灾区，缺电、涨价已经成为家常便饭。涨价无法拯救太平洋天然气与电力公司、南加州爱迪生公司，它们难逃破产的厄运。

为什么美国最富裕、公共服务最完善的加州电力公共事业面临危机？

事实上，正是加州政府制定的电力市场结构，特别是价格竞争机制导致了加州能源危机愈演愈烈。诺贝尔经济学奖获得者麦克法登在评论加州电力危机时说，那些学不会供求的叫政治家。他指出加州限价是让加州成为得克萨斯州发电商的玩物。解决危机只有通过供求，通过高峰用电价格制度也许会有起色。

原本加州是电力行业改革重组的先驱。早在 20 世纪 80 年代就已经开始酝酿建立电力市场。1996 年 8 月加州立法机构通过一项关于改革电力行业、引进电力零售竞争的法案——1890 号法案，随后，加州电力调度控制中心成立，加州电力改革全面展开。美国联邦能源管制委员会（FERC）是隶属美国政府的一个独立的管制机构，管制着大约 130 条州际天然气管线运营价格及服务条款，并管辖约 1000 家售电商的电力趸售和 174 家高压输电公司的州际趸售交易和传输。美国 50 州中各州都有一个管制委员会，管制当地配电和最终用户交割。

FERC 于 90 年代在电力趸售市场上采取了两条政策刺激竞争。允许发电销售"以市场为基础定价"，在运营管理成本不被限定的情况下，允许发电开发商从高水准运营中获取商业利益。

到 21 世纪初，美国加州电力供应出现短缺，电价飞涨，出现了罕见的拉闸限电现象，国内外的研究者称之为"电力危机"。20 世纪 90 年代以来，受环境政策的影响，加州长期没有新的煤电站和核电站建成，在美国传统电力公司退出发电后，美国的独立发电业者多开发燃料价格较便宜、投资金额较小、建厂时间较短的天然气厂,加州天然气的价格在 2000 年暴涨,导致燃气电厂发电成本增加,发电厂无法执行电力市场的最高限价,最后不得不面临负债累累的结局。

表面上看,20 世纪的改革是符合市场供求规律的,可是这都是表象。事实上,电力改革的却是打着市场化的名义,推行反市场规律的改革。发电商们被获准自由价格之后,供给开始按照市场规律运行,但是 FERC 仍然没有改变管制的垂直化管理体系。电价的水平还是依照 FERC 的行政命令执行。在电网配送方面,由于发电商开始说了算,他们宁愿按照规律,价高者得,对于财政危机一贯严重的加州来说,电价补贴长期固定,这样对于发电商来说,卖给加州煤电是不合适的。甚至加州当地的发电商都愿意把电输送到给出高价的地方。

按照经济学的规律,在需求受到管制的时候,必然产生短缺和黑市现象。因为在既定的价格水平上,发电商只能供应部分电能,剩下的部分,只能通过暗中抬价或者降低合法性的配给方式执行。这样加州就出现了拉闸限电的方式。另外,加州的电力设施在公共公司退出后,由于权责不统一,已经无法利用共有的基础设施,结果它们单个公司发电的成本十分高昂。建立新的发电站的环境成本和建设成本都相当高。这样反过来又导致加州的发电商供给不足。甚至他们也不愿意把自己的电送给加州自己用。

这类困境的始作俑者就是加州的电力改革造成的市场结构。电力改革造成了公共事业电力的退出,但是却造成了大量低效的垄断竞争市场在电力行业的出现。如果没有限制电力需求,就不会产生严重的低效问题。

哈佛的一些产业经济学家评价认为,美国 20 世纪最后几十年里的各种市场化改革,原本是以效率为初衷的,不过市场化的改革,并没有提高效率。事实上反倒造就了畸形的加州电力市场结构。比如现如今的加州已经变成完全竞争的中小独立企业的天堂，它们都生产电力，彼此在价格上冲突，但是没有哪一家愿意给加州提供够用的电力。在输送电力方面，也没有一家电力公司谈得上有效竞争，因为它们在某种意义上只是一种政府控制下的寡头而已。

最后电力的需求市场上，也是支离破碎。高差别定价，并没有对用电大户们产生积极的影响。因为他们一直在缺电，现在的用电标准已经是最低标准。对于用电的小家庭来说，政府的津贴太少，这点钱不足以让他们减轻经济压力。所以这几乎是个处处不讨好的改革。

第十四章　美国人需要两只狮子，还是一只狼

第一节　为什么大家都喜欢拿垄断公司开涮

美国邮电局最新发行的 3 亿张自由女神像邮票错误地采用了拉斯维加斯赌场门前的自由女神像复制品，而不是纽约市的真正雕像。

这个令人尴尬的错误是由一名"眼尖"的邮票收藏者发现的，他也是自由女神雕像的超级粉丝。这名收藏者注意到邮票中有些地方不对劲，于是联系了被集邮家奉为"圣经"的美国《林氏邮票新闻》刊物，他们将真的自由女神图片和邮票放在一起对比发现，自由女神的头发不同，并且复制品中女神的眼神更加犀利，女神复制品头顶的中心柱上还有一块矩形补丁，最后这个雕像被确认为是拉斯维加斯赌场外面的自由女神像。

最初，美国邮电局官员坚持认为邮票上的就是原版自由女神像。后来，邮电局发言人表示，为出现这样的错误感到后悔，为避免以后这样的事情再发生，他们表示会增加复查环节。

实际美国人民对国家邮政局这样的垄断公司还开另一些更有意思的玩笑，比如：

1. 把名称变更为 UPS。

2. 发明能回舔客户的邮票（注：美国有些邮票背后舔一下就能粘贴）。

3. 在邮局邮箱上增加古怪的声音效果。

4. 把邮车改装成看起来像是《星球大战》中的"千年隼号"宇宙飞船。

5. 如果你的信件未能在 30 分钟内送达目的地的话，邮资免费。

6. 令人目眩的制服。

7. 推出最新热播真人秀"新泽西正宗邮递员"（译注：有 The Real Housewives of New Jersey 新泽西娇妻）。

8. 支持绿湾包装工队，每晚给予 3 个半。（译注：这个尚未完全理解，也许是 givefive 的谷嗇版？）

9. 如果递送恐吓信，额外收费 10 美分——你可以赚得百万美元。

这些笑话几乎是针对美国邮政的每一垄断规定的。比如最后一个，那是针对邮政的反恐主义的讽刺。有人说美国邮政的亏损就是恐怖主义造成的。美国邮政总共亏损了 16.8 亿万美元，不过这和美国的恐怖主义的确没有关系。

美国邮政亏损额发生在结束于 9 月 30 日的 2001 财务年度，炭疽病对邮政的影响总共还没有几天。在恐怖主义攻击前，美国邮政的亏损估计达到 13.5 亿万美元。

而邮资问题上，美国则绝对是垄断。

实际 1960 年美国一封平信的邮资为 4 美分，如果邮资的增长指数与通货膨胀率相等，那么 2000 年平信邮资应该是 26 美分，而不是当时实际的 32 美分。为了对付邮政的巨额亏损，美国邮政除了得到国会更多的补贴和税收优惠特权以外，还在 2001 年一年内两次提高邮资。里根"解除管制"的时代，美国的包裹和快递市场就已经对非邮政公司正式放开。但是，还是有一部《私人快递公司法》明令私人公司不得从事平信和 3 美元以下包裹的递送业务。私人公司也不可以使用邮箱资源即使是私人家庭的、由私人购买的邮箱。

美国邮政管理局有着悠久的历史，它的第一届邮政局局长任命于 1775 年。自建立以来，由于受到各种战争、经济动荡和技术革新因素的影响，美国邮政局对其邮政结构和邮递方式进行了无数次的改进尝试。在邮运行业中，从小马邮递到四轮马车，动物一直都发挥着重要的作用。但是，目前仍然还在使用的动物就只剩一种：骡子。在美国亚利桑那州，一小部分邮递员们每周有五天要赶着骡子在大峡谷行走 6~8 个小时，将信件和货物送到 Supai 居民手中

20 世纪初，纽约、波士顿、圣路易斯、芝加哥和费城都采用地下气力输送管系统来输运邮件。一个两英尺长的输送罐能装下 600 封信，它们在地下系统中的输送时速可达 35 英里。在纽约市地下，大约布有 27 英里的气动管道，运输线路跨越布鲁克林大桥，连接曼哈顿与布鲁克林。然而，随着卡车的普及以及中心城市的扩张，这一系统逐渐消亡。今天，纽约市的街道下面仍还有许多当年的管道。

刚刚卸任的美国邮政部长的解释是：普遍服务。他说，向任何地址提供每周六天、每天定时的邮递服务——哪怕是到大峡谷或阿拉斯加某处送一封平信——是不会"有成本效率的"。这也就是为什么能在 30 分钟内送到的信，美国邮政经常送不到的原因。

邮政垄断"经济理由"是"自然垄断"性质——因为邮政普遍服务的基础建设耗资巨大，才"必须"由政府独家经营，以杜绝重复建设和"恶性竞争"造成的"社会浪费"。但实际上美国邮政资源的浪费令人吃惊。

无论邮政"规模经济"的技术潜力多么巨大，它总要受到"市场禁入体制"对"成本效率"的不断侵蚀。行政垄断邮递服务的成本与生产率脱节，取费与服务质量脱节，就没有什么好奇怪的了。讨论美国邮政面临的问题，"普遍服务"是不够的。人们要问：花费如此代价来获取邮递的普遍服务，值还是不值？

这也是美国人常拿邮政开心的原因之一。

不过，玩笑归玩笑，到现在为止，还没有经验证明，可以不要垄断的邮政局。以美国为例，1907年UPS在西雅图成立时（当时叫"美国信使公司"）的招牌业务——"包裹递送""快递"服务，是当时的美国邮政还不能提供的。近年的电子信件大量替代传统信邮，可从来不是托了专营制之福。不过，问题是要对付美国的宪法和经验，那样又是一个更加困难的问题了。

不过，有些国家已经走在美国的前面，至少有些经验是美国可以汲取的。第一，在历史上不少国家的邮递服务曾经不是政府专营体制，那时候这个行当生气勃勃；第二，当代有一些国家包括瑞典、芬兰和新西兰已经解除了邮政专营，私人公司可以进入邮件递送服务；而另外一些国家例如德国和荷兰，已经完成了政府独家拥有的邮政公司的"股份化改制"，并决定在2003年全面解除邮政专营。这些国家比起僵化的美国邮政垄断和类似的垄断公司，已经是开了个好头。

第二节 产业组织经济学能帮你什么

有位作者看到《哈佛商业评论》中文版刊登《蓝海战略》作者今年的最新大作——《用蓝海战略改变行业结构》后，不禁深感来势汹汹，并认为金炜灿和勒妮·莫博涅以他们的勤奋和孜孜不倦又一次向战略领域的领军人物迈尔克·波特叫板，可谓"长江后浪推前浪，誓把前浪拍在沙滩上"。

《哈佛商业评论》中文版在2004年12月刊登了金炜灿和勒妮的《蓝色海洋战略》一文，首次将"蓝海战略"这个词汇引入中国。2005年，"蓝海战略"一词大红大紫，不仅仅企业家、经理人在开会时绞尽脑汁地思考怎么寻找自己的蓝海，连政治家、非营利组织的领袖也开始使用蓝海战略的思维方式。

不过，这个作者显然对于迈克尔·波特有些误解，甚至也许他根本不知道产业组织经济学的权威到底有多么重要。

2000 年哈佛大学授予迈克尔·波特"大学教授"资格，这是哈佛大学的最高荣誉。他是哈佛历史上第 4 位得到这项殊荣的教授。波特在接受《哈佛大学学报》采访时说："我很荣幸能获得此项殊荣，此时我更追忆已故教授，哈佛商学院时期的导师兼朋友，同样也是大学教授的获得者，我为自己能够追随他的研究方向而骄傲。"

知道波特和他的产业经济学的关系，你就能更清楚地了解什么是产业经济学，它到底有什么用。这绝不是一个蓝海之类的新名词能够替代的。

1971 年，波特从哈佛商学院 MBA 毕业，两年后成为商业经济学博士，之后成为商学院的终身教授。从 1980 年起，他已经出版 16 本著作，包括《竞争战略》（1980 年）《竞争优势》《国家竞争优势》《竞争论》以及最近的《日本能赢吗》。

1980 年他写的专栏文章《竞争战略：行业和竞争对手的分析、技术》被翻译成 19 种语言，并被视为"企业竞争和战略"的鼻祖和先锋。

波特的学术实际上是集成了哈佛学派的传统，将结构主义的模型分析重新复活，发扬光大。波特说："我的第一个专业兴趣是调查企业如何保持竞争力竞争优势。然后我注意到'区域'的问题，即为什么有些城市、区域能够比别的地方更具有竞争力、更繁荣。我的第三步研究是从区域竞争力而来——我看到竞争力对社会问题的影响。"

1985 年，波特成为里根政府产业委员会委员，1990 年出版了《国家竞争优势》一书。他以个体的企业和行业等微观经济为着眼点，开始一种由下往上的对宏观经济的透视和观察；尤其有兴趣研究带有地理性的、互相链接的产业集群以及在改革和创新中相关行业不断出现的特殊供应者。

哈佛学派的市场结构效率模型后来被波特改造为：对手之间的竞争和紧张状态、来自市场中新生力量的威胁、替代的商品或服务、供应商的还价能力以及消费者的还价能力。波特为商界人士提供了3种卓有成效的战略，它们是成本优势战略、差异化战略和缝隙市场战略。实际上这两个说法都是从市场结构的分析中分离出来的一种模式。较前哈佛学派的过度简化的方式，这无疑具有更强的实用性。

迈克尔·波特的成名，靠的就是从竞争优势到竞争战略，但是波特认为核心竞争力应归入"过去十年中"昙花一现的错误战略观点。它们导致人们"不再把公司看成一个整体，而是把眼睛盯着所谓的'核心'竞争力、'关键'资源以及成功'要素'。"

事实上，波特还认为，提高运营绩效不是战略。其实这很好理解，因为绩效是哈佛学派基础之一的效率的部分，肯定不可能属于所谓的战略，全面质量管理、流程再造、基准比较不能带来持久赢利，新技术、创新不能带来持久优势。因为这只是市场表现出的有效的证据，但却不是充分条件。

彼得·德鲁克于2005年去世，迈克尔·波特成为活着的管理学者中，在《哈佛商业评论》上发表文章次数排名第一的人。波特的名言是："战略的工作，从本质上说就是认识和应对竞争。""如果竞争者能够利用价格、产品、服务、特性或品牌标志的不同组合，来满足不同客户细分市场的需求，那么竞争对抗也可能带来正和的结果。"看来，蓝海战略在波特的笔下只不过是"重新定位细分市场"。

实际上，波特的理论基本上恢复到原来的著名的哈佛学派的框架中，只不过，他以另外的形式，将这种框架复活了而已。

波特的产业组织经济学的强势在于，这些经济学是看得见，摸得着的。完全可以按照行业内容细分出来，具有某种可操作性。比如核心竞争力，波特强调的是设法提高竞争的手段和概念。虽然一度导致了各种各样的机械做法，但总的来说，这个说法具有世界反响。毕竟在这之后，出现了大规模的国家竞争战略的评比和赶超活动。

又如波特的五力模型，其实用一种分析的方式，将市场上管理的必要因素，进行了重新的划分。这实际上等于回敬了芝加哥学派的细分效率主义的驳斥。由于波特在实际中的细分，看上去，芝加哥现在的产业组织学派已经变成缺乏实际操作力的学术。正是这一点，让哈佛在 80 年代后期，夺回了产业组织方面的话语权。

再如波特的一些理论，实际上都有很强的普适性，这对于一些处于竞争中的人们具有特别的意义。他让人们更加关注那些能够影响竞争和效率的管理环节和因素。

所以，不太了解迈克尔·波特概念的人，往往缺乏整体的认知，容易画虎不成反类犬。而了解他概念的人，又常常会陷入和波特理念的争执，事实上这两种方式都是不太可取的。

第三节　你能从自来水公司那儿讨回公道吗

《芝加哥论坛报》获得的秘密记录显示，格雷斯特伍德自来水公司暗中使用被有毒化学物质污染的水井制造自来水，目的是为了省钱。记录还显示，伊利诺伊州环境官员早在 22 年前就曾警告称，干洗剂等危险化学物质污染了水源。而格雷斯特伍德自来水公司曾在 1986 年向相关部门报告说，他们使用的水源来自密歇根湖，只有当出现紧急情况时才会使用被污染的水井。但记录显示，该公司向民众供应的自来水中，有 20％使用的是被污染的井水。

2007 年，伊利诺伊州环境保护机构 20 年来第一次检验当地水质，他们发现，这里的水中确实含有有毒化学物质，但自来水公司未做任何处理，直接将水输送给居民。在有关部门的干预下，被污染的水井被彻底关闭。此后，美国环保署两次以违反环保法为由对自来水公司提出制裁，但从未将此事告之当地居民。

不过，问题的关键是小镇居民被长期隐瞒，这意味着他们将根本不可能从自来水公司那儿讨回公道。甚至极端的情况下是，如果这件事不被外界披露，他们将永远被蒙在鼓里。

这里面有必要说清三个问题。

第一个是自来水公司的自然垄断的特殊性。也就是特殊的自然垄断的形成。所谓自然垄断是说，某些行业，如自来水厂家，由于基础设施的庞大和能够共用，一般而言只有一家的时候效率要强过两家造成的垄断。

19世纪的经济学家古诺对此就有十分到位的分析。古诺以两家没有成本的自来水公司的竞争为例，主要说明，在寡头竞争下的一种低效率方式。

自来水公司业务主要包括供水和污水处理，利润相当稳定。供水一般在每个城市都分布。其实供水和人防一样，都是不明显的"暴利"，基本是关系户垄断。但是如果出现两家供水公司，这种平衡就会被打破，一方肯定会因为利润分割的问题，进而分割城市供水管道。这意味原有的管道将变成废品。而新建一条管道则又要大笔资金，这样的结果是根本不存在一家能让所有人满意的自来水公司。

自来水企业属于区域垄断，它只在固定城市范围内具有垄断能力。因此，首先它的垄断范围小；其次，自来水企业属于当地规制的对象，当地对于水价的定价有很大的决定权，所以即便自来水企业垄断了当地市场，它也没有办法实现垄断行为（定高价），最终导致自来水企业不赚钱。另一方面，由于城市扩张，自来水企业固定资产投资太高，所获收益很大一部分都用于更新固定资产了，也导致它的利润低。这当然容易导致本身的效率也可能很低。所以会出现毒水公司。

第二，建立类似的垄断自来水公司，通常是在公共名义之下的。美国最早的一批自来水公司也是由一些准公益组织负担的。由名人或者政府机构管理自来水公司，一直是一种荣誉。格雷斯特伍德小镇以镇长切斯特·斯坦恩扎克而闻名，他是一名小职业联盟投手，还是一家载重汽车运输公司的老板，自夸会像经营生意那样管理小镇。20世纪90年代，斯坦恩扎克宣布降低住户的不动产税，这一行为为他赢得巨大声誉，也使得格雷斯特伍德小镇被评为"美国管理最好的小镇"。小镇的水费也是全美最低的。

1986年，镇政府决定购买处理过的饮用水，但环保机构监测发现，水源中含有有毒化学物质。格雷斯特伍德自来水公司以"紧急情况下才会使用被污染的水源"为担保，阻止了环保机构的进一步质询。此后20多年里，该公司一直向公众宣称，自来水水源来自湖水，非常安全，直到被崔西·克劳斯揭发出来。

克劳斯是三个孩子的母亲，她的一个孩子患有先天性白血病。她了解到，这与水源被全氯乙烯污染有关，随后要求调查人员对此案深入调查，并最终揭开了水源被污染的真相。但是如果要说到赔偿，恐怕将面临更严重的问题，也就是搭便车的问题。

因为水本身是可以自由存储的，这样自来水的用户自然会比实际中要更加集中和少得多，这种情况下，自来水公司的成本和讨价还价的能力要低得多。在这种情况下，他们很少愿意满足人们的诉讼要求，基本上是抵制和尽可能地采取各种方式躲避诉讼。

而像镇长这样的权势人物，很可能动用各种手段对人们威逼利诱。所以很可能出现这位母亲得不到支持的结果。可是等到她们获得赔偿的时候，有可能有些人以他们的案例抬高对自来水公司的要价。

第四节　阿巴·勒纳的奇特人生：
不在哈佛的哈佛经济学家

对于哈佛学派的多数人来说，勒纳是个怪人，他不是哈佛的经济学家，是伦敦经济学院的知名教授。不过通常，人们认为他是哈佛学派的重要成员。他明明是个俄罗斯人，却被看成是美国经济学家。也有人说他是现代最卓越的经济学家，因为他影响了一大批人：从凯恩斯到哈耶克，再到萨缪尔森。他曾经是共产主义者，后来却成为东西方学术争相拉拢的对象。

1903 年，阿巴·P. 勒纳出生于前苏联比萨拉比亚地区一个犹太人家庭，但他从幼年起成长于伦敦。勒纳本来是个希伯来语教师，大学肄业后办公司又陷入失败。和熊彼特一样，碰了一鼻子灰的勒纳只好在 26 岁时又注册进入了大学，这次他就读于伦敦经济学院。

勒纳不知道自己到底是对心理学感兴趣还是选择经济学，最后像萨缪尔森那样，他选择扔硬币。

1932 年，当勒纳首次来到伦敦经济学院时，他是一个深受社会主义影响的马克思主义爱好者。美国早期的凡勃伦和英国麦克唐纳的社会主义论点在他那很有市场。对勒纳而言，凡勃伦是卓尔不凡的，因为他是"唯一敢将科学方式引入社会问题之人"。在伦敦经济学院，当他最终理解了新古典主义的边际分析法概念后，逐渐开始转向新古典主义。起先，勒纳没有理解用边际增长的方式进行思维的重要性，而这似乎是他在伦敦经济学院学习了一整年之后所学到的唯一一样东西，这使他非常沮丧。但当他从像约翰·R. 希克斯、莱昂内尔·罗宾斯和哈耶克那儿学到更多的经济学知识后，他经历了一个"蜕变过程"。用他的话说：

"我变成了一个狂热的边际主义者，狂热地热衷于这一原理，即社会所必需的经济效益要求每种价格都与边际成本相等（更为严格地——等于多生产一单位产品所需增加的生产要素价值，且与所放弃的可供选择的产品价值相等）。"

那时，伦敦学院的老师和学生除了希克斯、哈耶克和罗宾斯之外，还有科斯、艾伦、阿诺德·普朗和保罗·罗森斯坦·罗丹。很少有这么多经济学界的佼佼者如此集中的情形。勒纳在这种积极上进的氛围中进步很快。作为本科生，学习了两年经济学之后，他发表了第一篇论文《国际贸易中成本状况的图示分析》，这篇论文是第一次运用无差异曲线群来阐述两个国家之间的国际贸易均衡。这是一个精湛的成就，两年之后他又写了续篇《国际贸易中需求状况的图示分析》。

在这两篇论文发表之间的时间里，勒纳还在伦敦经济学院的研讨会上宣读了一篇题为《要素价格和国际贸易》的文章。在这篇论文中，勒纳表明即使当要素不可流动时，自由贸易也会使它们的国际价格相等。

1948年，保罗·萨缪尔森又独立证明了这一观点，并在《经济学杂志》上发表了。当莱昂内尔·罗宾斯看到萨缪尔森的论文后，想起了勒纳的文章，于是把它翻了出来并最终促使它于1952年发表。这就是后来的所谓萨缪尔森定理。其实最早做出这个结论的是勒纳。

在勒纳60岁生日会上，萨缪尔森又讲了一件"更令人震惊的有关事件"。他说："1948年当我的文章在《经济学杂志》上发表后，来信指出，如果两种商品有相同的生产函数，要素价格就不太可能趋同。这是一个公允的意见，指出了要素深度假设的必要性。现在回忆起来几乎每个人当时都忘了1933年勒纳那篇文章的存在，包括琼·罗宾逊和作者本人。当罗宾斯送给我一份此文的复印件时，我发现在其第73页的脚注上，勒纳向'剑桥大学的琼·罗宾逊夫人'的建议表示感激，你们可以想象我当时有多么吃惊。法语中肯定有描绘这类事情的谚语。"

1934年阿巴·勒纳提出了计算垄断势力的方法，即价格减去边际成本再除以价格的加价率，其中由于边际成本很难测定，实践中常用平均可变成本来代替。这种方法后来被称为"勒纳的垄断势力度"。垄断势力度表明的是价格超过边际成本的幅度，取决于厂商需求弹性的倒数。决定厂商的需求弹性因素有：市场的需求弹性、市场中厂商的数量、厂商之间的相互作用。回看国际反倾销，倾销的发生多由于出口国国内市场相对封闭，人为地打破了市场对上述三个要素的调节作用，形成垄断，导致国内销售的垄断高价。

勒纳的这一发明，让他从此成为哈佛学派的重要成员。

1944年，阿巴·勒纳在琼·罗宾逊的理论基础上进一步提出：贸易收支状况是与出口值，而不是与出口量相联系，贬值固然可以增加出口，抑制进口，但不等于改善贸易收支。因为当国外需求弹性小于1时，出口值反而会减少，不利于贸易收支，此时只有减少进口才能改善贸易收支；倘若这时进口需求弹性不足，进口值的减少不足以抵补出口值的减少，贸易收支仍然得不到改善。琼·罗宾逊将其称为"马歇尔－勒纳条件"。

这两点开拓性的贡献，后来成为哈佛学派的实证基础。而勒纳后来在哈佛短暂度过的一年，奠定了他在哈佛学派的重要位置。以至于后来人们提到勒纳的时候，完全把他看作是一个美国经济学家。在随着凯恩斯到达美国后，他的影响也与日俱增。

第五节　断折的曲线和人生：最伟大的主流经济学背叛者斯威齐

在哈佛师长中，萨缪尔森对斯威齐的印象颇深。他认为这个同班的银行家家庭的助教"是艾克斯特和哈佛产生的最优秀的人，他很早就矗立于那个时代最有前途的经济学家之中"。对于他们最卓越的恩师熊彼特，萨缪尔森很详细地比较了唯一继承熊彼特学术的斯威齐和老师的关系："虽然他们具有不同的观点，但智慧的交锋、对彼此的欣赏，使一切变得很愉快。"加尔布雷斯后来回忆说，斯威齐是 20 世纪 30 年代关于停滞和资本主义未来争论中最显著的声音，"斯威齐是哈佛经济系 30 年代黄金时期的轴心人物"。

大概为了纪念这个伟大的人物，萨缪尔森第一次编写教科书的时候，特意将哈佛学派的核心垄断竞争部分留出数百字，专门给自己的同事斯威齐，也就是断折的需求曲线部分。将在世的同事的文章变成教科书的内容，这在萨缪尔森的教科书中是唯一的一例。

30 年代斯威齐写了 25 篇经济学文章和评论。他在那个时期写的两篇文章对他后来的作品产生了持久的影响。第一篇是 1938 年 6 月发表在《经济学研究评论》上的《预期和经济学的范围》。第二篇是他 1939 年 8 月在《政治经济学》上发表的经典之作《寡头垄断条件下的需求》。前一篇文章反映了凯恩斯式的对市场不均衡和不稳定的忧虑。后一篇文章介绍了关于寡头垄断条件下定价的著名的"折弯的需求曲线"理论，它解释了寡头垄断下价格倾向于上涨的原因。前者影响了阿罗的预期经济学，后者是主流经济学教科书的典范内容。

1938 年，斯威齐成为哈佛大学的教师。在此期间，他和哥哥艾伦一起帮助成立了美国教师工会的分支——哈佛教师工会。今天大名鼎鼎的哈佛教师工会就是这位人物的杰作。不过 4 年后，斯威齐前往美国海军，参加了二战，他没有像萨缪尔森那样取得教职。因为他是银行家的儿子，有一大笔遗产继承。不过就连萨缪尔森都不能理解的是，这样一个富家公子，哈佛的天才经济学家，最后却抛弃主流经济学，转向了直到今天还让人惊讶的选择成了美国马克思主义经济学的领袖，激进经济学的美国代表人。这人的人生在许多人看来都是谜一样的。

1932 年，斯威齐到英国伦敦经济学院学习了一年。他的父亲在 1929 年经济大崩溃中丧失了大部分财产（尽管余下的财产足以使他们过上富足的生活）。斯威齐进入伦敦经济学院的最初目的是师从保守主义经济学家弗里德里希·哈耶克。但是在那，斯威齐接触到了一些新的马克思主义派别的经济学者，之后他的思维开始出现转向。他意识到哈耶克的学术是不合时宜的。1933 年，斯威齐回到哈佛学习经济学研究生课程，他发现学术气氛发生了重大变化。

马克思主义成为一些较有名的大学的讨论话题，而在早些时候，这在他所受的教育中是没有地位的。熊彼特教授开设了六人组成的讨论会，斯威齐也参加了。这些年中，他们参加了很多学术讨论和辩论，许多有名的人物如奥斯卡·兰格、华西里·里昂惕夫、保罗·萨缪尔森也先后参与了这些讨论。斯威齐为熊彼特讲授的经济学理论的研究生课程做了两年的助教。他还教授社会主义经济学课程，写了《资本主义发展论：马克思主义政治经济学原理》。这一经典著作现在仍被作为经济学专业的学生学习马克思主义经济学的教材。《资本主义发展论》最重要的结论是关于由体系内部资本过剩引起的资本主义长期投资不景气的。从此，斯威齐开始坚定地转变为一个马克思主义经济学家。此后在哈佛校园内，掀起左派和激进主义经济学的风潮。

战后斯威齐离开学术岗位，创办了著名的《每月评论》杂志，是同期和《经济学季刊》对等的经济学杂志之一。《每月评论》从一开始便获得成功，斯威齐一直担任主编直至去世，它的总部就设在曼哈顿商业区。杂志发行的第一年，它有 2500 位订阅者。1977 年它的发行量达到顶峰 120130 册。2003 年达到 7000 册。这是一本纯粹的马克思主义经济学期刊，与党派无关。

1954 年，乔·麦卡锡参议院委员传唤斯威齐两次。斯威齐拒绝回答参加亨利·华莱士新罕布什尔州选战的人的行动，他在新罕布什尔大学讲座的内容以及他是否信仰马克思等的提问，认为这些问题侵犯宪法修正案第一条所保护的公民权利。他被认为藐视法庭并遭到监禁（在那里他被保释出来）。1957 年 6 月 17 日，最高法院作出有利于斯威齐的判决：不能因为跟颠覆活动"很少关联"的政治行为而侵犯宪法赋予斯威齐的自由权。对这个案子的判决书成为维护学术自由的著名判例。在这之后，美国的学术自由才得到彻底的宪法保障。

1966 年他和另一个哈佛的经济学家保罗·巴兰合作的《垄断资本》一书，在《美国经济评论》上受到热烈评论。1987 年斯威齐作为权威给经济学最权威的词典《新帕尔格雷夫经济学辞典》撰写资本主义分析史词条，给出了他对垄断资本主义分析历史的最简明概述。1999 年他获得演化经济学会颁发的凡勃伦康芒斯奖。在过去的几十年里，在《经济学季刊》中，斯威齐的论文一直占有很大的分量，除去他本就是该刊物的编辑之一。很大部分的原因是，在现代的多数时间里，斯威齐是美国左翼运动和反主流经济学的主要代言人。

这个做过哈佛大学、斯坦福大学、耶鲁大学、剑桥大学的客座教授的人物，本就是个传奇。与绝大多数西装革履的教授不同，斯威齐自从投身马克思主义经济学后，就成为绝对的工人打扮的教授。萨缪尔森，曾在《新闻周刊》上发表过一篇题为《当天使巡游人间》的文字，在这篇文章中，保罗·斯威齐被称为"天使"——"因为他如此智慧、富有、英俊而且马克思主义。"

2004 年斯威齐逝世不久，在哈佛大学，一位著名的主流经济学家曾怀着十分痛惜的口吻对他的学生说："纪念保罗·斯威齐，他曾经是一位提出过'拐折的需求曲线'的如日中天的青年经济学家。但可惜他死得太早了。"看来至今主流经济学家们还是念念不忘这个背叛者。

第十五章　为什么耐克的工厂要设在泰国

第一节　为什么哈佛给教授"背黑锅"

20 世纪 90 年代初苏联解体后，施莱弗和一位哈佛出身的律师乔纳森·海受命设计俄罗斯的私有化计划，并充任当时的俄罗斯副总理阿纳托利·丘拜斯的顾问。这一俄罗斯计划，直接受到美国国际发展局支持，因而得以用联邦政府的资金帮助俄罗斯发展金融市场。施莱弗主持这个计划，实际上就是美国政府的代理。

然而，这两位设计改革的人，却想着从改革中捞一把。他们违反了避免利益冲突的原则，竟在俄罗斯投资起来。这就好像美国政府把纳税人的钱交给这位大学教授，让他在俄罗斯设计一个制度，为自己"改善投资环境"。

2004 年 6 月，联邦法官裁定哈佛大学、施莱弗和乔纳森都违反了《反欺诈法案》。但该事件并没有影响施莱弗的地位，哈佛也并没有因此而解雇他，因为他是哈佛经济学院的星级名牌，同时也是哈佛校长萨默斯的亲密友人。2005 年 6 月，施莱弗和乔纳森发表声明说，他们已经和美国政府达成和解协议。同年 8 月 3 日，哈佛支付 2650 万美元以结束持续了 5 年的官司。虽然施莱弗也支付了 200 万美元罚款，但他不承认有任何错误。

1991～1997 年，哈佛大学经济系教授施莱弗任俄罗斯政府顾问，帮助俄罗斯发展金融市场。1992～1994 年维什尼任俄罗斯私有化委员会顾问。1998 年，他们出版的《掠夺之手》，成为研究寻租、腐败和政府治理领域的经典之作。两人还是行为金融学的杰出代表，1994 年，他们利用金融研究中发现的一些新的投资者行为规律或资产定价规律，共同创立了 LSV 资产管理公司。2006 年年初，LSV 管理的资产规模已达 500 亿美元。

1999 年，施莱弗获美国经济学会约翰·贝茨·克拉克奖章，2000 年获《金融杂志》授予的关于公司金融和组织的詹森奖。施莱弗是在商业和经济领域里被引用最多的学者之一，在 1993～2003 年，他就被引用了超过 1000 次。而被引用的次数是衡量一个学者对其所属领域的思想和实践有多大影响力的一个重要指标。可见，施莱弗在商业和经济领域里，是一名卓越的学者。

不过这个在学术上功成名就的教授，实际却是个贪婪的人。当然，抛开学者的身份，施莱弗的确是在拿回自己的产业。施莱弗原本是前苏联公民，是 70 年代后期移民美国的一批亡命之徒家庭的小儿子。如果你看过《战争之王》，就觉得这似乎不是什么难以理解的事情。

前苏联的数学功底本来就很强，这决定了施莱弗在金融领域中绝对具有天才的优势。2008 年 1 月份在美国经济学会会议上，施莱弗描述了"认知劝说"探索广告商、政客等如何将他们的信息附加到事先存在的联系地图上，引导公众朝向希望的方向。

他指出比如万宝路香烟销售过滤嘴香烟就是将人们和牛仔、西部、男子气概、独立性、户外活动等联系起来。施莱弗说偏见确认有利于劝说性的信息，证实人们心中存在的信念和联系。乔治·布什戴 3000 美元的牛仔帽不是问题，因为这和他非常般配，但是约翰·克里骑 6000 美元的自行车就是问题了，因为对于一个自称站在弱势群体一边的政治家而言，铺张显得太虚伪。消息而不是真正的内容改变了竞争的结果，他注意到在可能不是目标的州比如怀俄明州、犹他州、内华达州、纽约州和新泽西州，对恐怖主义的恐惧是个更加巨大的问题。

而这个人的高明之处还在于，他能够学以致用，利用哈佛替他的恶劣行为背黑锅。施莱弗拒不承认自己有错，因为根据上面的理论，他的雇主，也就是他的劳动的消费者哈佛大学，是很注重学术和社会影响的，包括校长本人萨默斯，也是一个相当好面子的人物。在早期施莱弗所进行的那项计划里，偏偏只有他自己是个十足的专家。再没有第二个人比他更精通。

哈佛大学委员会判断的依据并不是法院的依据，因为校园委员会并不是按照法条办事的。这在学术自由的学校里是必不可少的。为了让哈佛大学的成员相信自己，施莱弗用各种手段说服他们这样一个事实：投资的失败，与投资工具无关。当然，现在看来这话听上去就是杀人与菜刀无关一样。施莱弗告诉这些专家甚至法官，这只是交易工具设计的漏洞，而与交易动机无关。施莱弗的全部工作只不过是把一个不完善的交易工具，用在不确定的世界而已。

因为在当时的俄罗斯是不存在国有的基金债券公司的，而施莱弗正好钻了这个空子，美国的法律无法监管这种非市场国家的欺诈行为，施莱弗的办法就是以没有法律规范的俄罗斯为试验场，利用妻子的美国证券公司，将俄罗斯的大批改革资金全部套现到自己的腰包里。

像选民们一样，教授委员会的委员们只能凭借本专业经验，比如客观性和实证规范分开的逻辑经验，认定施莱弗是对的。在这一点上，没有丝毫经验的人们只能听凭施莱弗巧舌如簧。在各种信息轰炸之后，这位能说会道的雇员，就得到了哈佛的认同，而且更进一步地使哈佛认为，法官的判决是一种官僚主义的规则，因为他们不可能比施莱弗更明白他到底做了什么。

所以，最后哈佛选择了将所有的责任担负到自己的头上。施莱弗说："非理性的力量甚至在长久的基础上可能对价格产生很大的影响。这是理论上对核心的传统前提的抨击。"这个理论后来被经济学家们接受，同等的情况下，既然施莱弗是个专家不占便宜，那么大学的委员会和法官的判断就都是错误的。既然如此，显然对施莱弗是不公的。

作为雇主，哈佛最终尽可能地替这位问题教授分担了大部分的罚款。而且欺诈的诉讼还得到免除。可见，在真实的现实世界里，即便是哈佛大学，也不免要做出蠢人的事情。

正如萨克斯最后招认的那样"相信通过支持某部分人，而不是通过支持改革的过程和法制，就可以建立起持久的制度。""当支持和援助仅仅集中到一小撮改革家，而他们的美国同事既是援助的受益人又是监护人的时候，西方国家恰恰在鼓励那些反西方和反市场分子。他们可以高兴地以这些援助未能对受援国带来真正的、可以测度的好处，作为俄罗斯正被西方国家盘剥的证据。"

第二节　哈佛教授的工资和毕业生薪酬的小秘密

普林斯顿的一位经济学者阿兰·克鲁格以及安德鲁·梅隆基金会的研究员斯泰西·戴尔设计了这样一个研究项目，在去年由国家经济研究所（国家经济调研局）大量发行的一个报告中，他们发现选择就读精英学院并没有经济优势。

他们的研究观察了1976年（根据平均SAT分数排名）从耶鲁到丹尼逊大学的30个学校的新生班级。这些学校大多数是私立学校，但是也包含了一些公立大学：密歇根大学，俄亥俄州的迈阿密大学，宾州州立大学以及在教堂山的北卡罗来纳大学。戴尔和克鲁格比较了那些被同样的大学录取，但是做出不同选择的学生的收入。这可以保证他们观察的个人是相似的。克鲁格和戴尔总结出聪明和有能力的、就读于普通学校的学生，他们的职业生涯与他们相对的精英学院的学生相比相差无几，在平均收入上没有区别。

克鲁格说学校的良好品质事实上是学生本身的品质，而不是学校的特点。哈佛的优势，是得益于那些翘课的学生。在对学生精挑细选的名牌大学上学只是增加了击中铜环的机会，但更重要的是还要能够抓得住它。也就是说，考上了名牌大学而不努力学习，一样不会有很好的就业机会。

但是，对穷学生来说，所进的大学越好，将来的收入也就越高。克鲁格将这个结果归于他们与足够多数量的富裕的学生和校友培育关系网的能力。克鲁格说："从内地城市来的孩子不会在高盛有关系。"从较富裕背景出来的孩子更有可能在劳动力市场中进入更上层的圈子。

不过，这只是一家之言。如果你知道大多数哈佛的学生最终选择的是什么职业的话，也就不感到意外了。哈佛管理公司主席的收入在大学算是极高的，但与在私人基金公司可得的收入间仍存在巨大落差。实际上，哈佛的许多学生就是干着管理人的位置。

埃尔·埃利安的收入在哈佛大学中算是极高的，但对于一个对冲基金的经理来说，标准的酬劳计算模式是按所管理资产总额的 2% 计算管理费，加上 20% 的基金年投资利润。因此，管理一支数十亿美元的对冲基金，其经理每年就可挣得几千万美元的收入。这种落差无疑是很大的。

不过，教授们的工资比之华尔街的哈佛毕业生可能要更少得多。一般来说，大学教授的收入最多不超过百万美元，名誉教授不超过数十万，一般教授不过二三十万左右。但是在行业上，哈佛大学经济系的毕业生工资要超过医生，尽管人们从印象中觉得医生是薪酬最高的职业。

哈佛的毕业生和教授们的工资，也有部分相关性，特别是那些做学术的学生。基本上他们的教授的工资水平，决定了学生的第一份工作的薪水。比如伯南克的学生的工资可能就比萨默斯的学生的工资低，因为伯南克显然在学术上面的资格比萨默斯低得多。

按照一些经济学者的认识，这实际上可以归结为，圈子和网络的附带结果。也就是说教授的学术可能间接地影响了学术招聘单位对他们的看法。

不过，那些不做学术的学生，则很少相关，甚至有相反的趋势。用人单位通常更注重学生的数学和逻辑能力，自然理论性强些的人在投资银行那里不占优势。比如曼昆的学生的工资，可能要比一个计量经济学教授的学生工资低，尽管这个教授的排名比曼昆低得多，但是曼昆的学生可能在数学上很有欠缺。

另外，绝大多数人忽略了哈佛大学这个雇主在工资上面的决定性地位。事实上，按照教育的成本和收益考察的话，哈佛的捐助机制，很可能深刻地决定了教授和毕业生薪酬的分布状况。

学校内部一个叫作"哈佛管理公司"（HMC）的基金由管理公司管理。事实上，这笔资金并不是单一的，而是由约 1.1 万个单独的基金组成，其中许多仅限于特定用途，例如支持某个研究中心或某一个特定的研发项目。HMC 以低于外部基金管理机构的成本，掌管着学校拥有的所有捐款、年金、信托基金和其他投资。

在截至 2007 年 6 月 30 日的财政年度中，哈佛大学获得了 23.0% 的回报率。2007 年也成为自 HMC 于 1974 年创立以来业绩最好的一年，甚至优于其他大型投资管理机构的业绩记录。HMC 高达 23.0% 的回报率，不但优于 Trust Universe Comparison Service 所测算的 151 家大型投资基金的业绩中值 17.7%，还高于其中业绩最佳的前 5% 家基金的中值 20.9%。23.0% 这一数字，使得哈佛捐赠资金在近十年间的年均回报率达到 15.0%，而五年来的年均回报率更高达 18.4%。此前，HMC

自成立以来的年均回报率为 13.3％。

1935 年，哈佛大学教授沃尔什发表了题为《人力资本观》（又译《把资本的概念应用到人身上》）的文章，首次采用"现值折算法"分析不同教育程度学生个人的教育费用和毕业后因能力提高收入增加的情况，得出各级教育的收益率，回答了上大学或高中是否值得的问题。其实同样也适用捐款是否有效和能否获得回报的问题。

持续的高回报率保证了对哈佛学术项目和教学任务的支持，包括金融援助、员工薪酬和设施维护等等。哈佛大学的每个学院都可使用投资、募集的馈赠和学费来支付教学成本。而单凭哈佛的学费只能支付总教育经费的 2/3。事实上，除非教授们的报酬高于捐助，否则他们就不会留在学校。

近年来，哈佛对其捐赠基金的依赖性有所增长。在 1997 财政年，捐赠收入仅占学校总收入的 21％；而到 2007 财政年，这一数字已达 33％。事实上，为什么教授的工资低一些呢？可能正是由于他们一直在使用非教授的捐助资金。如果哈佛也像公立学校一样得到支持，可能教授们个个的腰包都会充实起来。作为捐助资金的补偿，教授们必须忍受部分低工资的难题。

至于毕业生们，如果他们停止捐助哈佛，也就意味着他们的下一代无法获取更高的收入，自然为了达到这一目的，他们同样会加强捐助。

第三节　哈佛在金融危机中到底损失了多少

2008 年 12 月 2 日，哈佛大学校长德鲁·浮士德和执行副校长爱德华·福斯特在一封联名信中专门谈道：

"今年 7 月 1 日到 10 月 31 日的短短 4 个月中，哈佛大学捐款的投资已经损失了 22％，大约 80 亿美元。这还是保守估计，因为有些投资在市场流动性极低的情况下很难估值，尤其是私募基金和房地产。到明年 6 月 30 日，这一损失有可能达到 30％之多。哈佛大学的投资记录向来优异，2008 年却成了 40 多年来最惨淡的一年。"

实际上这封联名信主题就是谈 HMC 在金融风暴中的投资效益。各个学院的院长都收到这样的话：目的不外乎呼吁大家发扬集体主义精神，互相协调帮助，共度经济难关。

哈佛最大的文理学院削减 7700 万美元的项目，具体措施有取消学生食堂早餐中的热餐、班车的末班车从凌晨 3 点 45 分提前到凌晨 1 点 30 分、关闭图书馆里咖啡店，等等。取消早餐中的热餐预计每年会节省出 90 万美元，不过相对于 120 亿美元的亏损，这些节流显然是不够的。

假如接下来两年文理学院无法减少 1.43 亿美元的开支，2011 学年将出现 2.2 亿美元的财政缺口。

1998 到 2008 的 10 年期间，哈佛管理公司的捐款基金的平均年回报率是 13.8％。整个哈佛的收益和损失，主要捐款都由该公司管理。在 1988 到 2008 的 20 年间，平均年回报率是 14.2％。这些都是超常的。自从 2008 年夏天，HMC 开始卖出那些认为价格到了峰值的投资，同时积极发现由于市场最近几个月的非正常表现而产生的投资机会。

虽然哈佛人心惶惶，但是大家对于自己到底损失了多少，却并没有很多了解，而且基金本身的操作也是秘密的，并不向外界公布。不过从 3 个方面，我们可以估计出哈佛的全部损失。

第一，从规模上看。目前而言，校方预计，2008～2009 学年，哈佛管理公司主管的哈佛大学捐款（endowment）会损失大约 30％，即 120 亿美元。HMC 由 11000 多个基金（funds）组成。由于数量大，金额多，哈佛决定在内部设立管理公司，以减少资金管理费，于是在 1974 年建立 HMC，负责大学所有捐款和退休金（Pension）等一系列资金的投资和管理。HMC

的投资结构是内部投资和外部投资的结合（A Hybrid Model）。所谓"内部投资"是指 HMC 自己的投资管理决定投资去向；"外部投资"是指 HMC 选择外面的投资管理人来管理投资一部分哈佛捐款基金。2002 年曼迪罗离开 HMC 时，外部投资已经增长到将近 70 亿美元，相当于整个哈佛捐款基金的 1/3。所以现在看来主要损失的还是外部投资的这部分，如果加上内部的投资失败，这个总规模就会进一步扩大。

第二，从哈佛的资金流出上看，特别是预算问题上。这是哈佛节流的部分，也就是部分的抵偿损失。这主要还是内部消化的手段。正常学费的收入仅仅承担了教育成本的 2/3。有些学院依靠 HMC 投资收入的比例甚至在 50% 以上。而 HMC 每年拨给哈佛大学支持正常运转的经费，仅占 HMC 资金总额的 4%～5%。

哈佛正在扩大借债比例，这就决定了未来可能有部分利息成本。哈佛准备利用其 Aaa/AAA 的借贷信誉（根据穆迪和标准普尔评级公司），从资本市场发放要缴税的固定利率债券，并且把一部分目前短期免税债务转化成长期债券，甚至准备动用 5% 以上的捐款，以保证必要的科研经费和家庭困难的学生的助学金。

哈佛大学运作经费的一半都用于支付教职员工的工资，为了减少工资支出，学校领导层已经达成共识，所有教授和较高级别的行政人员都不会加薪，节省两千多万美元的开支；鼓励 55 岁以上的行政人员提前退休。哈佛文理学院在 11 月下旬就停止雇佣任何新的行政人员。哈佛医学院减少经费 10%。据估计，大约有 1600 名行政人员符合提前退休标准，但多少人会选择参加这项计划还不得而知。

第三从收入方面看，哈佛大学本科学费明年增长 3.5% 到 33696 美元。助学金总量增长 18% 到 1.47 亿美元。实际上，这个策略是一种在价格方面的区别对待费用上涨，助学金上涨意味着那些有能力的家庭必须交纳更高昂的学杂费。

HMC宣布解雇员工，为了优化公司管理结构，雇佣了自己的运营主管（CEO）和其他队伍的负责人。裁减一部分人，增加几个主要的投资专业人才和行政管理人员，也是优化公司结构的一部分。经过重新调整投资战略和行政人员之间的平衡，曼迪罗相信公司的发展趋势会越来越好，完全可以保管好哈佛大学的投资资产，应对未来的投资环境。实际上，这也是所谓减员增效的手法。这可以提高哈佛的收入。曼迪罗解释了HMC对基金经理的薪酬原则。如果基金经理主动积极的投资业绩比相应市场指数高，他们就符合得到奖金的标准。奖金的一部分会在当年兑现，另一部分会被公司保留，抵消今后比相应市场指数低时的业绩。如果一个基金经理连续几年的业绩都比市场指数高，那么他会拿到全额奖金。这种情况很少见，但是一旦发生，这个人为HMC创造的附加值比他的全额奖金要高很多。

如果考虑这部分的成本，估计哈佛的总损失量可能要更多一些。显然目前的哈佛的损失，已经不是人们所想象的那么简单。预计未来哈佛的地位将因此受到打击。毕竟长时间以来，哈佛的最重要的优势之一就是自己的捐款收入。

第四节　企业是谁的：奥利佛·哈特和剩余所有权

雷格·沃克最近创建了一家名为 Firespotter Labs 的公司，这家公司得到了谷歌风投资助。沃克称，谷歌人力资源部门还帮助他招募工程师。

沃克说："风险投资公司经常会说，'我们不仅会提供资金，还会提供增值服务'，我始终对这种说法持怀疑态度。但在谷歌风投身上，这种说法被证明完全是正确的。"然而，并非所有获得谷歌风投投资的创业家都认同谷歌的做法。有些人说，相比其他风险投资公司，谷歌事无巨细分析一切数据的做法延缓了投资进程，即便是小规模投资。

谷歌风投还要求谷歌员工提供投资好点子。只要最终成功促成投资，将获得 1 万美元奖励。谷歌风投还向三名在谷歌成长阶段离职的前员工投过资。马里斯同创业家一样，也从谷歌那里汲取了宝贵经验：与创业公司创始人面对面交谈，即便他们的创业观点听起来很疯狂。

15 年前，马里斯的朋友安妮·沃西基建议他去见一下两个在她姐姐车库中创业的工程师，但马里斯拒绝了。两位工程师当时创建的公司就是现在的谷歌，这一经历至今让马里斯十分懊恼。马里斯说："颇具讽刺意味的是，我现在竟然掌管着谷歌旗下风投业务，或许是因为我错过了史上最伟大的创业创意吧。"

一名资深企业家和一名技术天才联合提出一项创业计划，将该名技术天才的产品推向市场。企业家拿出 100 万美元作为创业资本，获 30％股份；技术天才获 20％的股份。产品上市后显示出日益明显的成长态势，但企业初创时的 100 万美元以及少量贷款基本用完，企业进行了创业后首轮融资，风险投资注入 900 万美金，获 25％股份。后来，企业经过两年发展，正式发行股票（IPO），向社会公众发售 25％的股份，集资 7000 万元。IPO 之前，公司对聘用的高管层（公司副总、技术核心人员等）发行了相当于 15％股份的期权，向其他相关人员发行了相当于 10％股份的期权。IPO 之后，公众获得了 25％股份，原有股东股权相应稀释到现在为止，美国的历史上事实上出现了三种不同的企业，而且随着时代的发展，企业到底归属于谁，已经成为一个严重的问题。简单地说，经济学家们搞不清楚企业到底是谁的：工人的？企业主的？还是经理人的？或者还有其他的归属？

第一种企业，现在又被叫作业主资本主义企业。1840 年左右波士顿地区的主导纺织企业，大体上由几位股东集资，或租或买一幢三四层的厂房，雇佣两三百名工人。业主之一负责工厂的现场管理；另一个业主则担任财务管理，记账核算的同时也负责与棉花供应商和布料销售商打交道。这种企业毫无疑问，大家可以判断是归企业主所有。

第二种企业，叫作创业家资本主义企业。微软公司的创业资本基本是比尔·盖茨与保罗·爱伦两人自筹，而没有向外部资本所有者引进风险投资。公司股权就高度集中于两人之手。相反，太阳微系统公司虽也是高科技信息技术企业，但作为设备制造商，创业不仅有较大固定资产投入，而且产品销售也涉及较大流动资本需求。在这种情况下公司创业资金不可能靠四名创业者的个人资本来解决，因此公司创立之时就主要靠引进风险投资公司的资本，形成了较分散的股权结构；其后，公司在发展过程中为解决资本需求进一步扩股融资后，四名创业者的股本合起来也不足20％了。目前经济学家认为这种企业属于创业者、工人和股东、经理人共同所有。

第三种企业，叫作社会资本主义企业。思科公司上市时的大股东是作为创业者的那对斯坦福大学的教授夫妇，但因两人的长期兴趣不在创业经营而在服务社会与自然探索，故企业上市后不久，两人即把所持股份全部售出。此举显著改变了公司的股东构成，同时似乎也为钱伯斯走上总裁岗位并将公司建成世界上最有价值的企业之一打开了方便之门。这个目前经济学家还无法作出结论。

之所以让经济学家们如此为难，主要是因为科斯的交易成本经济学的出现，企业经营现在已经不再是一个像19世纪那样的简单问题了。企业就是企业主这样的话，对于大公司和多数新兴公司而言，是一句毫无意义的话。有的时候，企业主都不知道他的企业在哪里。就像王公们不知道自己的封地在什么地方一样。

哈佛的著名经济学教授，新制度主义经济学的代表人物，企业经济学的先驱奥立佛·哈特教授认为，企业归属于谁这个问题,现在应该分解为企业的剩余所有权归属问题。20 世纪 80 年代后期,格罗斯曼和哈特提出了不完全契约理论。这一理论认为,产权安排的重要性来自于契约的不完备性。契约之所以不完备,是因为人们不可能事前预料到未来可能发生的情况,或者即使预料到了,也写入了契约,但可能无法执行。当契约不完备时,就出现一个问题,即契约中没有规定的情况出现时,由谁来做出决策。这就是所谓剩余控制权问题。

格罗斯曼—哈特—莫尔模型从契约的不完备性出发,把企业所有权定义为剩余控制权。1995 年,哈特再次强调企业契约的不完备性,认为剩余索取权是一个没有很好定义的概念,又以剩余控制权定义企业所有权。财产所有权和企业所有权是没有区别的,但事实上,企业所有权是比财产所有权更为复杂的概念。

哈特认为"剩余控制权是资产所有者可以按任何不与先前合同、习惯或法律相违背的方式决定资产所有者的权利"。这与人们的想象相反,显然企业不是永远由资本说了算的,而是决定于一系列的约定。极端的情形下,比如企业破产,仅能支付工资的时候,企业的归属就是工人。如果事先规定企业的股份属于工人,那么同样无论起初出资人是谁,企业的控制权都在工人手里。

阿洪和博尔顿指出控制权的相机配置要求在企业债权融资时,如果能按规定偿还债务,则剩余控制权配置给企业家;如果不能按规定偿还债务,则剩余控制权配置给投资者。这相当于风险投资和企业的那种模式。

哈特在不完全合同框架下研究了最佳债务合同:如果融资方式是发行带有投票权的股票(普通股),则资本家掌握剩余控制权;如果融资方式是发行不带投票权的股票(即优先股),则企业家掌握剩余控制权;如果融资方式是发行债券,则剩余控制权仍由企业家拥有。前提是按期偿还债务本息,否则,剩余控制权就转移到资本家手中。

第十六章　为什么AA制是
美国情人们的惯例

第一节　你的消费习惯是长的还是圆的

"我突然接到来自哈佛的邀请。当时，哈佛的经济学系在全国是首屈一指的，如果以排名来看，第一是哈佛，然后是从缺、从缺、从缺，然后才排得上哥伦比亚及芝加哥大学。因此，哈佛的邀请是我绝对无法忽视的，我略带好奇地去了那里。

我在哈佛的那天真是特殊，碰到的第一件事就是受到系主任的接见，当时我还不知道他素以冷淡对待外国学者而著名。他是接到学校教务单位的指令邀请我前来哈佛任教的，他依令照办，在面谈时却说：'听着，莫迪利安尼，我们有像杜森贝利、亚历山大、古德温等有名的教授，你永远不可能赶得上他们。所以，假如你够聪明，就不会接受这项职务。你为什么不回新社会研究学院去，在那口小池塘当条大鱼。你可别想来这个池塘当大鱼。'当时我对是否接受哈佛的教职仍在犹豫，因为哈佛给我的薪水比原来少。在这样的情况下，我于是说：'也好，我想你的观点不错，我不来了。'

和系主任面谈之后，我和好几位哈佛的教授会面。我也和熊彼特及哈伯勒共进午餐，他们问我：'面谈进行得如何？'我就把经过的情形告诉他们。他们的回答是：'噢，你这个笨蛋，你不用管伯班克教授怎么说，你应该接受这项职位的。'不过，当时我已下定决心，如果是由那样的人来领导经济系，我根本就不想来哈佛。所以，我又回到新社会研究学院。"

这是美国经济学家、诺贝尔经济学奖得主莫迪利安尼离开哈佛的经过。要是他知道他不过和好几个同样傲慢的人得到一样的回应，他也不会如此回忆这段往事。因为当时被拒绝的还有萨缪尔森、斯威齐、加尔布雷斯等大人物。

莫迪利安尼在此期间开创了生命周期假说的两项研究，其一是个人行为部分，其二是总体行为部分。这个假说对储蓄形态的解释，基本上和先前解释厂商的生产形态有异曲同工之处：消费是受终生所得影响，两者之间存有相对稳定的比例关系。因此，在所得最高的时候，会作大量的储蓄；当所得较低的时候，例如年轻或退休阶段，则会有"负储蓄"。

生命周期假说认为，人一生可以区分为依赖、成熟、退休三个阶段。一个人一生的财富累积状况，就像驼峰的形状。财富在年轻时很少，赚钱之后开始成长累积；到退休之前的中年岁月，财富累积到最高峰；退休之后，则开始降低。财富的累积中，可能会有遗产或赠与，模型中也纳入这项因素。根据估计，可能有 1/5 财富是来自遗产与赠与，但剩下的 4/5——介于 75%～80% 之间——都是属于驼峰的形状。因为出现了类似循环的模式，所以，一般来说，生命周期的消费模式看上去是圆的。人们在某个时候的消费总是要重复过去的样子。

莫迪利安尼与布伦伯格就驼峰式的财富分配模型有一项重要发现，那就是把个别的储蓄加总时，即不再着眼于个别家庭，而是整个经济体系时，那么虽然不同国家里的每个人在生命周期中都有相同的行为，但各国的总合财富（总合储蓄）却大相径庭。换言之，有的国家没有任何储蓄，有的国家却数量可观，为什么？

试一下驼峰式财富的含义，你会发现国家总体储蓄的主要决定因素并不是所得——所得不致影响财富与所得的相对比例

——而是经济成长。一个国家的成长越快速，用以储蓄的所得也会越高；成长越慢，那么储蓄也将越少。假如没有成长，那么总和的储蓄率将为零。这种储蓄的宏观经济含义以及由此而衍生的一些推论非常重要，因为它对储蓄的过程提供了一个截然不同的观点。也就是说不储蓄的国家，主要可能是因为人家比较年轻。

人们常认为，日本人的储蓄多，是因为他们生性节俭；而美国人储蓄少，是因为美国人较为浪费。假如莫迪利安尼的模型是正确的，那么这种说法显然是无稽之谈。美国人和日本人一样节省。美国人每年有 8％ 的成长，而日本人只有 3％，这就是为什么美国人通常只储蓄 12％ 的所得，而日本人则超过 20％。

其实，有许多证据可以支持生命周期假说的观点。生命周期假说并不意味着个人的节俭完全不重要；而是认为个人储蓄率的降低，系受到两个因素的影响：其一是财富在一生中累积的轨迹形态，其二是经济成长的速度。如果财富累积的轨迹是固定的，那么储蓄将只取决于成长。但不管如何，轨迹的形态仍有其重要的影响，以日本为例，可能因为他们倾向于延后消费，因此他们的"驼峰"比较大。巧合的是，有些证据正可以用来佐证。日本的房价可以说是贵得出奇，而且直到不久之前，日本房贷的融资渠道非常少——抵押贷款并不多见，利率也相当高。所以，大部分日本人在年轻时就势必要作高额的储蓄，以便累积财富，供日后购屋之用，这就意味着，日本人必须在购买房屋以后，才能有较高的消费支出。

这个观点和弗里德曼的永久收入假说有相似之处，但弗里德曼的消费与储蓄决策，是假设无限延伸的时间，并且弗里德曼的假说是建立在人们总是向前看的，这样他不在乎自己有多少钱可以支付。这种消费类似于固定消费，也就是说每个人不管怎么花钱，总是和收入在长期是个固定的比例。一个人短期消费和长期消费之间并没有什么相同的交合点。所以看上去这个消费方式是一条直线。根据弗里德曼的估计，美国的高学历的人口消费和收入呈正相关关系。这其实类似于一个人按照不同的收入，或者说有着预定的一个财产总值，他们所做的就是按比例花费。

不确定的暂时性收入变动对消费并没有什么影响。在长期中，持久收入是最稳定的，消费也是稳定的。人们的消费是为了实现长期的效用最大化，并追求长期中消费的稳定。例如人们通常是在一月中的某一天得到工资收入，但决不会在这一天把收入用完，而要平均地使用这种收入。为了说明影响消费的收入，弗里德曼把人们的收入分为持久性收入和暂时性收入。持久性收入指长期有规律的收入，一般定义为连续三年以上的固定收入，例如工资收入或租金。暂时性收入指临时的、偶然的、不规律的收入。持久性收入是有规律的、稳定的、可预期的，决定人们的消费。暂时性收入受许多偶然因素的影响，无法预期。这种收入只有影响持久性收入水平时，才会影响消费。比如假日经济、文化消费等等。

既然消费取决于收入，那么如果收入水平不提高，就很难增加消费了。现在我们经济中的消费不足不在于高收入者没时间消费，而在于低收入者没钱去消费。当城市中失业人口和低收入者居高不下时，当农民收入增加缓慢，有些地区甚至出现农民收入水平下降的情况时，刺激消费就无从谈起。

如果一个地方的人不舍得花钱，就可能导致某种贫困循环的发生。不敢花钱结果也无法提高收入。在宏观上，显然会花钱的国家是因为他们赚钱的能力和效率高，而不是说靠节俭就行的。中国之所以比美国储蓄高，是因为中国的财富存量比美国要少。

问题是当消费者的日常生活中，圆形消费和长线消费的可能性都有的时候，我们是怎么消费的呢？

后来罗伯特·霍尔研究了这一问题，他指出，事实上人们的消费可能就是在两者之间徘徊，有的时候选择圆形消费，有的时候选择长线消费，就像掷骰子并没有一定的规律。这种说法叫作随机漫步，你是不是就是这种方式呢？

第二节 "偏好说法" 你喜欢哪一种

假如你是大学生，每年都面临找暑期工作的挑战。假设每年你面对的选择都是一样的十种工作，每种工作都对应着一定的福利（U）和得到这份工作的可能性（p），每种工作的预期福利就是二者的乘积（p×U 是 expected utility）。你知道，如果第一个暑期工作在事后看来，你很喜欢，你可以在第二个暑假干同样的工作；如果你不喜欢，在第二个暑假，你可以找另外的工作。十种工作都分别按照福利、几率和平均福利从大到小排列。给你福利最高的工作（你最喜欢的或者是回报最高的工作）是得到可能性最小的工作。这时你应该如何选择？如果你的同学也有类似的工作打算和你互换，你能相信他的看法吗？

大多数人会选择预期福利最高的工作。最保守的人会选择得到几率最高的工作。但实际上，最聪明的选择是福利最高（你最喜欢或回报最高）的工作，即使那个工作是得到几率最小的工作。

分析这个问题的关键在于，你还有时间，这个游戏是重复的，你还有第二次机会、第三次机会，甚至更多机会。你应该在有时间的情况下，选择回报最高的工作。即使失败，你还有机会再次选择。下次再选择保守的工作也不迟。

也就是说，只要你年轻，你就有时间，就有机会，就可以冒风险，就应该追求潜力最大的工作。当你选择在薪水丰厚的华尔街工作，你可能在想，成为一个艺术家、一个演员、一个政府职员、一个中学老师、一个记者怎么能够养家糊口呢？如果要成为大学里的英文系教授，不知道要在研究生院里熬多少年，写多长的博士论文才能毕业！

哈佛教授莱布森和施莱弗的观点是：人们通常关心的不是财富水平的多少，而是财富的变化，即一个行动的收益和损失有多少。他们设计了很多试验，让人们决策是否冒险赌博，然后分析了人们如何决策的大量数据。他们发现，人有很大的惯性，喜欢保持现状，规避风险，即使冒险有可能带来很大的收益；而当前提（环境）发生变化，当损失是一定的时候，人们愿意冒险来减少损失，展示了偏好风险的特征。

这个行为经济学的观点多少打破了过去的效用和偏好两极对立的状况。因为根据 19 世纪的马歇尔时代的技术效用理论，人们的选择结果是可以比较的。比如一杯咖啡和一杯啤酒的效用各是多少。后来帕累托对于这种依靠心理精确计量的说法表示怀疑。边际效用论的内容是主观的，而用来度量内容的数学方法是客观形式。这种"内容和形式的矛盾"使边际效用理论不能大规模应用数学方法，也限制了效用理论的进一步发展。

帕累托为了解决这个矛盾，提出消费偏好的概念。在回避效用在量上差异的同时反映了效用的连续性。这样，以消费者行为代替消费者感觉，帕累托为效用理论建立序数效用论。

帕累托把埃奇沃斯提出的契约曲线改造后，得到新的分析工具：无差异曲线。他认为，通过收集偏好随物价变动的资料可以分析和研究消费者行为，当获得足够的数据时就可以画出无差异曲线。

希克斯和艾伦在一篇名为《价值理论的再思考》的著名论文中，运用"无差异曲线"对效用进行了重新诠释，他们认为，消费者在市场上所做的并不是权衡商品效用的大小，而只是在不同的商品之间进行排序。

无差异曲线仍然招致了许多批评，许多反对者认为它还是以效用满足的数量关系为前提的。对于这些反对意见，萨谬尔森作了无懈可击的回答，他提出了新的消费者行为假定，形成了显示偏好理论。于是，"根据显示偏好的概念和对偏好的几个假定，能够相当确切地找到无差异曲线"。

然而，在"序数效用论"已经成为现代经济学主流范式的时候，黄有光、海萨尼和阿马蒂亚·森等经济学家，仍然坚守"基数效用论"的立场。1994 年诺贝尔经济学奖得主海萨尼（1997 年）对"知情偏好"的研究，1998 年诺贝尔经济学奖得主阿马蒂亚·森（1980 年）对"复合效用"的研究，以及著名华裔经济学家澳大利亚社会科学院院士黄有光（1996 年）对"偏好强度"的研究，都表现出一种明显的、向"基数效用论"回归的倾向。其实主要解决的还是一个问题，既然"序数效用说"无法比较人与人之间的效用，那么消费统计之类的所有行为都是没有意义的。因为这显然不会对市场上所有的人有相同的结果。

现在行为经济学在二者中间取得了折中，因为行为经济学的标价方式是财富，财富是可以在不同人之间比较的。而在每一个人的偏好上，它又采用的是序数效用的方式。仅仅比较大小而已。

莱布森让学生玩一个著名的游戏：任意选择两个素不相识的人，让他们分 10 元钱。一个人提出分配方案。另一个人选择接受不接受这个分配比例。如果第二个人选择不接受，那么谁也别想得到这 10 元钱，两个人得到的一样多，没有任何增长。如果选择第一个方案，两人的福利都会有所增长。

大量实验表明，对第一个人来说，最佳分配方案是让利 3～4 美元之间，以增加自己保住 6～7 美元的可能性。还有实验表明，如果第一个人是独裁者，他让利的均值只有 2 元，即 20%。如果这个游戏不透明，人们不知道第一个人到底有多少钱或有没有钱，那么第一个人让利的均值就降低到 6 毛钱，即 6%。第一个人很有可能把所有的钱都私吞了，反正其他人也不知道。这从一个侧面反映了公众知情权的重要性。还有学者设计更复杂的实验，模拟人们的报复心理等等。总之，行为经济学家在尝试各种方法摸索能解释人们偏好的最精简的规律。

生活中有很多小赌博，这种小赌博几乎每天都会发生。让我们把这些小赌博抽象为一个简单的例子。假设你有 50％的可能赢 110 元钱，有 50％的可能输 100 元钱，你愿意赌吗？

第三节　主妇和银行柜员谁说得对，花钱和存钱到底啥关系

巴菲特自己说，他 11 岁的时候就开始买股票，14 岁的时候用送报纸存下的钱买下一个小农场。对于这样天才的理财专家，区区我辈，不比也罢。这是银行经理们经常举的例子，前些年也流行小孩子用压岁钱、零花钱来炒股票、基金，据说有的还真赚了不少；但保不准最近又都赔进去了，这是年龄小的。也有年龄大的，说是门口老太太一不小心买了原始股成为富婆。

这是天上掉馅饼，砸到自己头上的概率太低。我们再去看富豪版，真是什么年龄层次的都有，但随着 IT、网络等兴起，年轻富翁多了起来，年龄与理财的关系似乎说不清楚。

哈佛教授们根据对一些主妇们的理财规划进行调查发现，20 多岁的年轻人以及 60 岁以上的老年人，出现这种不当理财行为的概率最高，而犯错误最少的是 50 来岁的中年人。在其他相关的理财项目上，犯错误最少的年龄分别为：汽车贷款用户是 49.7 岁，抵押贷款用户是 61.8 岁，小企业信用卡用户是 56 岁。

哈佛一位年轻教授说："你们觉得年轻人会理财，还是年长的人会理财？"那些博士生们比较自信，大都认为年轻人会理财。从直觉上看好像是这样，因为年轻人对新事物接受快，了

解很多新的理财手段；并且有些理财工具比较复杂，而年轻人脑子快，想得清楚，不会掉入一些陷阱。相反，一些老年人，往往会被漂亮的促销广告所蒙骗。对于这样的分析和回答，哈佛教授毫不客气地说："你们都错了。"根据他的一项合作研究，真正会理财的并不是年轻人，也不是老年人，而是中年人，这个年龄应该在 50 岁左右。有些读者听了可能会摇头。

其实最主要的是因为中年人更懂得花钱和存钱的黄金比例在哪。在美国，信用卡市场很发达。从而如何聪明地使用信用卡，就直接体现出一个人的理财水平。一般的信用卡发行商为了吸引顾客，都会推出各种各样的优惠政策，其中包括：信用卡用户若把当前余额转到一个新卡上，就能够享受较低的利率。借款人在六到九个月的时间里都可以对这个新余额支付很低的优惠利息，但是如果用新卡购物则要支付更高的年率。

经济学家们公认的最佳做法是：把余额从旧卡转到新卡上，所有新的购物行为都由旧卡来完成，至少在最初的几个月里要这样。但在现实生活中，很多人都是用新卡来买东西，从而支付更高的利息。与之相似的不当行为还有：信用卡用户因为没在规定时间内还款、超过了信用额度或是用信用卡取现等，这些都会支付更多的费用。

50 岁左右的人在这方面显然有优势。理财需要两个条件：一个是分析能力，一个是社会经验。年轻人分析能力强，反应快，但这一分析能力随着年龄的增长而下降。相反，社会经验却随着年龄的增长而增长。因此二者有一个交叉，也就是在中年的时候会达到一个平衡，既有较好的分析能力又有丰富的社会经验。从而中年人最能看紧自己的钱包。

同银行柜员比起来，可能主妇们更能看紧自己的钱包。通常女性的消费习惯和储蓄习惯都是强于男性。因为就性别而言，虽然不太理性，但爱冒险的女性比例比男性要少得多。

行为经济学家进而研究大公司对职工设置普及金融理财知

识等讲座或学习班的效果。他们发现，这些讲座和学习班对员工选择理财方式的影响并不大。即使当有关选择基金投资的数据（例如各个资金的费用和回报率等）都放在一个简单的表格加以比较，用高中生的英文水平加以解释的时候，大多数参加调查的人的理财选择还是一如既往的非理性。

所以，在莱布森眼里，信息披露、说服教育的力量对大多数人来说都是非常有限的；人有太大的惯性、惰性和非理性。以至于学生多听一个讲座，少听一个讲座；多学一门课，少学一门课，从长远来看，对这个学生生活的整体而言没有多大影响。

莱布森总结道，经历和经验才是最重要的。当然，一个从高收入家庭成长起来的孩子与一个低收入家庭的孩子会有截然不同的表现，因为家庭生活环境和条件对孩子的影响是长期深入的、潜移默化的。在这方面，通常主妇们可能更有理想的传统经验，因为她们和家庭的关系要更近一些。在不发达国家，女性通常都是作为家庭的重要留守成员的。母亲们能从上一代那里获得直接的信息。当然，也有不利的一面，比如"垮掉一代"的母亲学会了浪费，如今的美国人便再也没有办法改掉这个坏习惯。虽然穷人的错误理财可能导致下一代贫穷，不过在现今危机中的美国，有可能下一代的叛逆情绪让他们摆脱坏习惯。

从道理上说，一个人花钱不一定和银行柜员打交道，但是每个银行雇员总是由母亲那儿得来理财信息。所以，一般来说，他们的经验最多只能影响自己的职业上的事情。下班之后，他们可能也是一个理财不靠谱的人。

孩子的智商和生活态度对他今后的发展也起很大作用。这里很多因素是天生的，不可控制的。人不能选择自己的智商和家庭背景，但可以选择自己的经历。经历越多，经验就越多，就越有可能聪明智慧。所以想要你成为一个理财好手，首先需要的是经验，而不是说教。银行柜员能够给你的，还不如你自己从头学起。

既然人不可能做出明智的选择，那就引出了一个更深层次的问题：体系的设计者到底应该允许人们享有百分之百的自由，还是应该利用既定方案引导甚至限制人们的选择？如果是后者，那么以新加坡为代表的"保姆国家"或"家长式国家"就有一定的合理性。至于国家是否应该什么都管，管多少合适，应该替你做多少个人决定，在多大程度上允许个人自由，就只是一个程度的问题了。

第四节　花钱多少是个底线

资料显示，美国第一学府哈佛大学毕业出来的人，到后来都很富有，这并不是因为他们出身名校或收入丰厚，他们跟普通百姓不一样的地方就是不超额消费并强制储蓄。哈佛大学第一堂的经济学课，只教两个概念：花钱要区分"投资"行为或"消费"行为；每月先储蓄30％的工资，剩下来的才消费。储蓄是每月生活最重要的目标，每月坚持超额完成储蓄，剩下的钱会越来越多，这就是著名的"哈佛理财教条"。

通常关于消费的经济学课，都会告诉学生们，分辨储蓄和收入两个概念。

凯恩斯认为，储蓄和收入是一对互补概念。不管是穷人和富人，收入一部分拿来储蓄，一部分才用来消费。而富人之所以比穷人富，主要原因是，他们的储蓄倾向，也是储蓄占收入的比例更高。所以从富人的角度说，将每月收入的30％先存起来，剩下的才用来消费，这就是"反向储蓄"，即把每个月的消费金额定为"收入－固定存款"后的余额。这就是所谓的哈佛教条的由来。

不过过去的几千年里，犹太人也是持相同的观点的。因为通常金属货币的流动性更强，所以储蓄硬币和零钞快速而有效。硬币和零钞的面额虽小，但增加的速度却很快，你可以每天都成倍增长地往里扔。之所以要准备透明储蓄罐，因为事实证明，它能更清楚展示出钱币的多少，能刺激你投入硬币将其铺满填满的欲望，铺得越满刺激力越强。根据凯恩斯的交易性动机的说法，人们总是会准备一些零钱用于日常的必要开支。一般来说零钱占的比例应该是固定的。

不过多数人的流水就是从这跑掉的，他们从来都没有储蓄的概念，不太懂得量入为出，只知道发了工资就值得庆贺一番，还了信用卡之后再约上三五好友聚餐畅饮，这是典型的月光族甚至月欠族。现在信用卡大行其道，每个人的钱包少不了的都有几张。同样 50 万，甲买豪宅乙买名车，数年之后，甲的房子一路攀升，现值 80 万，而乙的车在二手市场标价 10 万都少人问津。

许多人不太区分储蓄和投资的差别。事实上，所谓投资，在经济学中，只是指经营企业的行为。而像买卖股票证券等行为，在经济学家看来，一般称为货币市场的投机性行为。目的是增加有价证券的收益。

一般来说，他们只不过是你手中的现金的替代形式。持有的现金，如上面所说，总是固定的比例，大多数人剩下的部分，实际上都可以用来投资，而不是浪费地花掉。显而易见，在正常的经济发展之下，可以预见的就是房子作为稳健投资产品可以起到保值增值的效果，而作为单纯消费品的汽车则会让你的财富一点点丧失。在进行每一次花钱之前，花点时间考虑下自己的行为是投资行为还是消费行为，相信可以为你节约下一大笔金钱。

在哈佛大学的经济课程中，有所谓家庭经济的课程。这些课程名义上告诉你理财和增值。但事实上，这些课程的内容涉及面十分广泛，涉及金融、风险、经济学和会计投资等方面。这主要是因为理财也不是单一的，而是多种行为的组合。美国流传着一个所谓的"百万富翁六步计划"，这六步是：

第一步，现在就开始投资。没钱投资怎么办？投资者强迫自己立即将收入的 10%～25% 用于投资；没时间投资怎么办？那就立即减少看电视的时间，把精力花在学习投资理财知识上。

第二步，制定目标。这个目标可以是为小孩准备好大学学费、买新房子或 50 岁以前攒足退休费。总之，任何目标都可以，但必须要定个目标，全心去完成。

第三步，把钱花在买股票或股票基金上。

第四步，每月固定投资，投资必须成为习惯，成为每个月的功课。不论投资金额多少，只要做到每月固定投资，就足以使你的财富超越美国 2/3 以上的人，因为他们平常只想到消费，到老才想到投资。

第五步，买了基金要长期持有。调查显示，3/4 的百万富翁买基金至少要持有 5 年以上。

第六步，限制财务风险。百万富翁大多都能量入而出，生活没有太多意外，稳定性是他们的共同特色。

实际上，这个计划是针对金融危机以前的华尔街的人们的。所以整个计划将有价证券的投资比例升格到最高。因为这是华尔街的金融制度造成的。但是在次贷危机后，银行大量倒闭后，这种制度就产生了部分的变化。美国人的存款在现下可能比有价证券更加安全些，在通胀率不够高的时候，显然储蓄比投资更加划算。这里要说的其实是，所谓哈佛的理财规律，也必须建立在凯恩斯所说的制度基础之上。一旦脱离制度基础，这个规律就失去了效率。

对于大多数的日本人来说，这个理财规律和摆设差不多。因为日本人的储蓄倾向比美国人高得多。这个国家的大多数人的财富表现为银行的存款，只有较少部分表现为股市债券。日本的股市通常碍于制度的原因，并不活跃。如果你贸然投资于此，很可能换来的是得不偿失。因为在长期，日本的股市表现平平，从投资中获益的可能性很小。

除此之外，这个储蓄定律是不考虑税收和政策变化的。假设美国的所得税率突然恢复到肯尼迪时代，那么这意味着收入越高，税收越高，这会刺激人们加大消费，而不是储蓄。因为不管你的收入多高，在 45％以上的边际税率下，你赚的总是少得可怜。依靠工资或者其他收入都是不靠谱的，只有赶快花掉，才不至于贬值。

所以，花钱多少也许并不存在完美的经验比例之说。只有在合适的机会、合适的环境下才可能出现理想的储蓄比例。

第五节 为什么不要向你的约会伴侣提钱

"在我父母那个年代，约会、决策和命运，这三件事都由男性（即"守护者"）处理。在我自己这一代，我只知道 AA。另一半和我在所有事物上都实行 AA 制，从晚餐到假期花费，再到房租。有时，他会给我个惊喜，送一束鲜花；我则会回赠电子游戏给他。如果晚饭是他请客，那么第二天就由我负责早午餐。我们一直过得很幸福。

"对，很幸福。"

"处理两个人的财务关系可能和处理恋爱关系一样，不可预料、复杂和充满压力。虽然 AA 制对我俩很管用，但我们仍然会为公平分配财务而争吵。譬如，在食品杂货方面，如何与那个饭量是我两倍的人公平分配支出（虽然我确实在冰淇淋的消费上得到了补偿）。为小钱吵嘴很容易成为日常争吵。"

这是一个女人对于今天美国如此流行约会和伴侣 AA 制的典型描述。一直也有流传的说法，大意是再没有别的国家的人像美国人那样喜欢这个制度。

据传，"AA"一词源自两截门（Dutch Door）——一种农舍门，由两个相等的部分组成。这好像是商人们的做法，很早以前荷兰聚时交流信息、散时各付资费，为了大家不吃亏，彼此分摊便是最好的选择。荷兰人精明、凡事都要分清楚，逐渐形成了美国人的"let's go dutch"（让我们做荷兰人）的俗语。情人们信用评分、债务、开支预算以及财务目标可能并不一致，但是，在财务及其他问题上，平等地对待对方，这是避免为金钱发生口角的方法。

事实上，美国夫妻喜欢各付一半的传言只是误解。夫妻其实都是用一个共同银行账号的。工资都放一起，同一个账号一起付每个月的支出。吃饭如果你多加留意，多数都是女方在付钱，因为美国多数家庭都是女方管财政。像上文那样的做法更多的是因为，从理论上说，AA制可能避免夫妻或伴侣产生不快。

但不管怎么说，和约会伴侣提钱是个坏主意。根据丹佛大学的一项调查，婚恋关系中的头号问题就是钱。美国运通公司的调查报告显示，情侣和夫妻之间引发焦虑的主要来源就是财务。因此，如果你们还未因钱而战，那么没准会在今后幸福快乐的日子里为钱争吵。

哈佛的克劳迪娅·高尔丁教授可能是同意这个观点的芝加哥派经济学者。1972年她从芝加哥大学获经济学博士学位，曾在明尼苏达大学、普林斯顿大学和宾夕法尼亚大学任教。主要研究领域为美国经济史、教育、性别差异、女性和家庭在经济中的作用，也涉及劳动经济学，是哈佛大学经济系几十名全职教授中屈指可数的几位女教授之一。

她分析，当男女双方都认为他们结合的价值大于他们各自生活的价值的和，他们就有可能结合。多出来的这部分价值就叫作"盈余"。但有盈余并不意味着他们会一定结合，因为他们生活在一个有 N 个男性、N 个女性的"婚姻市场"中，有 N 的平方个结合的可能性。只有在各个结合的盈余的总和最大化的情况下，这个婚姻市场才达到"均衡状态"。而当这种盈余变成负值时，人们就会决定分手，重新进入婚姻市场。

事实上，这里面的价值，多数情况下，是以双方各自的收入、财产甚至身高学术谈吐资历等可以转化为货币价值的东西为主的。

两位经济学家和一位心理学家最近组成了一个研究小组，专门对这一问题进行研究。阿里·霍达斯库、古恩特·希施和丹·阿里最近对一家大型约会网站上的资料进行了分析，分析的对象主要集中于 3 万名网络用户。超过 4％的网上约会者声称自己每年收入超过 20 万美元，但实际上只有不到 1％的约会者能够达到这个标准，有 70％的女性用户宣称自己的长相"比较出众"，其中有 24％的女性用户表示自己长得"非常好看"。男性用户大都也都很漂亮：67％的用户称自己"超出一般水平"，其中有 21％的男性用户声称自己"非常英俊"。只有 30％的用户说自己"长相一般"，1％的用户表示自己的长相"低于平均水平"，这说明大部分网上约会者不是吹牛鬼，就是自恋狂。

对于女性来说，真正重要的是一个男人的收入水平，一个男人越有钱，他所得到的电子邮件就越多；女性收入水平对男性的吸引力却像是一道抛物线：男人不喜欢跟收入水平过低的女性交往，可一旦女性的收入水平过高，他们又会对其敬而远之。同时，男性不喜欢那些头发干枯、毫无光泽的女性，他们更喜欢金发美女。在网上约会的时候，女性的一头金发能顶得上一个大学学位（染个头发只需要 100 美元，而读完大学要付 10 万美元学费，这笔费用显然小得多）。

由于"不完全信息"，就算是情侣，仍然面临不知道对方的真实想法的麻烦问题，"因为误解而相聚，因为了解而分离"。约会网站上的人们之所以那么选择，很重要的一点是，金钱和收入、相貌这些条件，可以看成是一种优质的信号。至少钱是很重要的。可是一旦争执发生的时候，自然因为钱发生分手的概率也比正常的时候大得多。

如果人们真的把恋爱、结婚和上升的离婚趋势想得这么清楚，那么结婚过程本身就是不值得的。人与人之间只需要契约进行合作，通过契约解散合作，一切仅仅是履行法律程序而已。恐怕没有比这一分析更能说明经济学的极端理性和有限的解释能力了。

正如我们解释的那样，通常美国人并不总是 AA 制，多数家庭还是女管家执政。这样充分说明了一个问题，婚姻不像钱那么简单，但也不是不提钱就可以解决的。